구루들의
투자법

구루들의 투자법

찰리 티안^{지음}

조성숙 옮김

INVEST LIKE A GURU

대가들이 말하는 가치투자의 공식

이콘

내 부모님과
아내와 아이들에게
이 책을 바친다.

목차

감사의 말

하루도 빠지지 않고 내 힘과 영감의 원천이 돼준 아내, 레이에게 제일 먼저 고맙다고 말하고 싶다. 언제나 격려와 신뢰를 보내준 부모님께도 감사한다. 고작 열두 살의 나이에 구루포커스 DCF 계산기의 1차 버전 프로그램을 만들어준 아들 찰스에게, 축구 경기를 펼치는 모습만 봐도 미소를 짓게 하는 딸 앨리스에게, 웃음과 행복을 전해주는 막내 아들 매슈에게도 고마운 마음을 듬뿍 전한다.

돈 리, 홀리 라폰, 데이비드 굿로, 베라 유안을 비롯해 구루포커스에서 일하는 모든 분들에게도 감사를 전한다. 그들이 있어서 구루포커스는 괜찮은 사이트에서 훌륭한 사이트로 거듭날 수 있었다.

30만 명의 구루포커스 사용자들과 1만 8,000명이 넘는 구독자들이 지난 12년 동안 지치지 않고 보내준 피드백과 조언에도 감사한다. 그들의 도움이 없었다면 우리는 구루포커스를 더 좋은 웹사이트로 변신시키지 못했을 것이다.

워런 버핏과 피터 린치에게는 어떤 감사의 말도 부족할 것 같다. 두 사람은 그런 말을 수도 없이 들었겠지만 말이다. 두 사람의 가르침에 나는 내 잠재력을 활짝 펼칠 수 있었고 인생에서 새로운 전성기를 맞이할 수 있었다. 미국에도 감사한다. 이 위대한 나라에서 나는 꿈을 실현할 수 있는 기회를 얻었다. 내 모교인 베이징 대학에도 감사한다. 그곳에서 11년 동안 받은 엄격한 훈련과 교육 과정은 어떤 분야에서도 빠른 학습을 가능하게 하는 밑거름이 돼주었다.

직접 인터뷰와 대화를 허락해준 구루들에게도 감사한다. 페어팩스 파이낸셜의 프렘 왓사, 초우 어소시에이츠의 프랜시스 초우, 고담 펀드의 조엘 그린블라트, 가드너 앤 루소의 톰 루소, 약트만 자산운용의 돈 약트만과 제이슨 서보트키, 옥시어 캐피털의 제프 옥시어, 마켈의 톰 게이어 등 귀중한 조언을 아끼지 않아준 모든 구루들에게 감사한다.

편집을 맡아준 에린 맥나이트와 제니퍼 애플러바크, 소중한 의견과 피드백을 들려준 친구 르안 첸과 웬후아 디에게도 감사한다.

나는 오랫동안 공부한 물리학을 사랑했고 언젠가는 물리학 교수가 되기를 꿈꾸었다. 내가 증시에 발을 담글 일은 절대로 없었다. 미국에 오기 전까지만 해도……

1998년 여름, 폭염이 몰아닥쳤고 텍사스도 불볕더위였다. 나는 텍사스 A&M 대학교에서 '한창 떠오르는' 물리학 분야인 광섬유와 레이저를 연구하게 됐다. 인터넷과 이동통신 산업이 미친 듯이 성장하던 시기였다. 기술붐과 관련된 모든 것이, 광섬유와 관련된 모든 것이 뜨거운 인기를 누리고 있었다!

나는 베이징 대학에서 광학과 레이저 분야의 물리학 박사학위를 취득했다. 나는 무한한 잠재력을 가진 분야에서 일하게 됐다는 사실에, 불러주는 곳이 아주 많다는 사실에 무척이나 고무됐다. 2년도 지나지 않아 나는 상장을 앞둔 한 광섬유 통신회사에 입사했다. 그 회사는 하루가 다르게 성장했다. 하룻밤만 자고 나면 사무공간을 확장했고, 엔지니어도 추가로 수백 명이나 채용했다. 이 회사가 인재를 채용하기 위해 내건 가장 큰 혜택은 스톡옵션 제공이었다. 나는 스톡옵션이 무엇인지도 몰랐다. 그냥 큰돈이 된다는 정도만 알고 있었다!

너나없이 주식과 스톡옵션을 말하고 다녔다. 내 속마음도 다르지 않았다. 재밌을 거야! 돈 좀 벌 수 있겠네! 나도 주식 사야겠어. 광섬유 주식 사야지!

게다가 나는 남들보다 조금 더 유리한 위치에 있었다. 어쨌거나 광섬유와 레이저는 오랫동안 내 전공 분야였다. 이 분야에 대해 연구 논문도 많이 발표했고, 특허도 32개나 땄다. 나는 광섬유 산업이 어떻게 움직이는지 정확히 알고 있다고 자부했다.

광섬유 회사들 하나하나에 대해서도 잘 알고 있었다. 나는 그 회사들의 제품을 연구에 사용했고, 광섬유 수요는 엄청났다. 인터넷 트래픽은 폭발적으로 증가하고 있었고, 인터넷 용량과 광섬유 네트워크를 필요로 하는 수요도 매년 1,000%씩 성장할 것으로 기대됐다. 글로벌 크로싱Global Crossing을 비롯한 광섬유 회사들은 대양을 가로지르는 광섬유 케이블을 깔았다. 월드콤WorldCom은 초당 1테라바이트의 대역폭을 광섬유 단 하나에 다 전송할 수 있다는, 듣기만 해도 짜릿한 테라바이트 챌린지Terabyte Challenge 사업을 앞장서서 주도했다. 광섬유 네트워크 용량에 대한 수요는 앞으로도 영원히 폭발적으로 증가할 것처럼 보였다.

애널리스트들은 이 1조 달러 시장에 패자가 없을 것이라고 자신했다. 광섬유 회사들의 주가는 3개월 만에 두 배로 뛰었다. 상장된 모든 광섬유 회사들이 다 그랬다.

나도 주식 쇼핑을 시작했다. 2000년에는 뉴 포커스New Focus, 옵링크Oplink, 코닝Corning 주식을 샀다. '늙은 개'인 코닝은 섬유광학이라는 새 기술을 습득하고 광섬유 네트워크에 사용되는 광케이블을 생산했다. 이 회사는 나를 실망하게 하지 않았다. 금방 두 배로 뛴 것으로도 모자라 3:1로 주식분할까지 했다. 어깨춤이 절로 났다!

하지만 그때의 나는 주식으로 큰돈을 벌지 못했다. 지금 생각해보니 어쩌면 다행스러운 일이었다.

대량 학살

파티는 오래지 않아 끝났다. 심지어 나는 지각생이었다.

나는 몰랐지만 내가 일하는 회사의 상황도 좋지만은 않은 쪽으로 바뀌고 있었다. 2000년 말부터 회사는 계약직 직원들과 임시직 직원들을 은근슬쩍 해고하고 있었다. 알고 보니 가장 큰 고객인 월드콤과 글로벌 크로싱도 이런저런 문제가 발생해 장비 구입을 중단한 상태였다.

9/11이라는 직격탄이 떨어지자 모든 것에 급제동이 걸렸다. 내가 다니던 회사는 전년도보다 매출액이 80%나 떨어졌고, 월드콤은 파산 직전이었다. 신제품 개발이 전면 중단됐고, 회사는 이제 대놓고 직원들을 해고했다. 2년도 못 돼 직원 수는 75%가 넘게 줄었고 회사의 생명 자체도 위태위태했다. 나를 포함해 아직 해고되지 않은 직원들은 직장에서 쫓겨나지 않은 것만도 다행이라고 생각했다. 더는 아무도 스톡옵션을 말하지 않았다. 회사의 기업공개IPO 계획은 캐비닛에 틀어박힌 지 오래였고 회사가 그것을 다시 꺼낼 일은 영원히 없었다.

그러면 내 광섬유 주식은 어떻게 됐을까? 다음에 나오는 도표는 2000년 1월부터 2002년 말까지 코닝 주가를 보여준다. 나는 2000년 1월 약 40달러에(분할 조정 가격) 코닝 주식을 샀다. 9개월 정도 뒤에 주가는 세 배가 돼 110달러까지 올랐다. 그리고 내리막이 시작됐다. 나는 아직 차익이 상당하다는 생각에 꿈쩍도 하지 않았다. 내리막만 계속 이어진 것도 아니었고, 등락을 반복했기에 기대를 꺾지 않았다. "언젠가는 반전될 거야" 나는 수도 없이 그렇게 되뇌었다. 그리고 2001년, 이동통신 산업에 대한 안 좋은 소식들이 연달아 쏟아지면서 폭락에

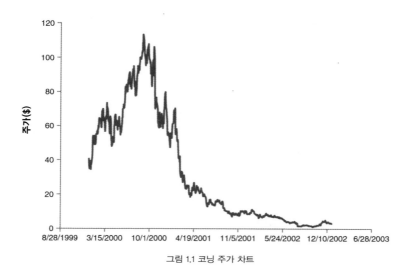

그림 1.1 코닝 주가 차트

가속이 붙었다. 2001년 중반까지 원금의 절반을 잃었다. 나는 바닥으로 추락하는 롤러코스터에서 내리지 못하고 있었다.

옵링크 주식은 더 안 좋았다. 나는 3개월 뒤에는 두 배가 될 것이라는 월가의 예상을 믿으며 IPO를 할 때 이 주식을 샀다. 헛된 희망이었다. 옵링크 주가는 한번도 IPO 가격 이상으로 오르지 않았다. 물론 이 종목 역시 오르락내리락했고, 나는 헛된 희망에 계속 빠져들었다.

증권계좌 잔고를 보아봤자 속만 쓰렸기 때문에 더는 쳐다보지도 않았다. 대신에 피터 린치Peter Lynch의 『이기는 투자Beating the Street』를 읽었다.[•] 광섬유 종목이 나에게는 최악의 투자라는 사실을 조금씩 깨달으면서 나는 2002년 마지막 분기에 완전히 백기를 올리고 90% 이상

● Peter Lynch, John Rothschild, "Beating the Street", *Simon & Schuster*, 1993.

구루들의 투자법

의 손해를 감수하며 가지고 있던 주식을 싹 팔았다. 주가가 바닥을 쳤을 때였고, 그후에는 주가가 훨씬 올라가기는 했다. 자세한 내용은 2장에서 설명할 것이다.

나스닥 지수가 2000년 정점 수준으로 회복하기까지는 무려 15년이 넘게 걸렸다. 시간이 제법 지난 후인 2016년 6월까지도 다우존스 미국 이동통신업종 지수Dow Jones U.S. Telecommunications Index는 2000년 정점의 50%를 겨우 웃도는 수준이었다.

한 산업이 호황에서 불황으로 바뀌었다. 거품이 터졌다. 이런 식의 호황과 불황은 역사에서 무수히 많이 반복됐다. 그리고 나는 그것을 뒤늦게야 배웠다.

거품

경제학자인 존 케네스 갤브레이스John Kenneth Galbraith는 『금융시장 희열의 짧은 역사A Short History of Financial Euphoria』•에서 1600년대 초부터 있었던 모든 투기 거품을 설명한다. 갤브레이스는 금융시장의 기억력은 "악명 높을 정도로 짧다"고 주장하면서, 새로운 것이 등장하고 레버리지로 돈이 넘쳐흐를 때 사람들은 투기를 하고 그 결과 거품이 생긴다고 정의한다.

마크 트웨인은 "역사는 되풀이되지 않지만 운율은 맞춘다"라고 말했다. 결국 광섬유 거품은 이전에도 있었던 거품의 또 다른 '운율'에

● John Kenneth Galbraith, "A Short History of Financial Euphoria", *Penguin Books*, 1990.

불과했다.

역사상 기록된 최초의 경제 거품은 1630년대 후반 네덜란드 튤립 투기였다. 가장 비쌀 때의 튤립 구근 가격은 숙련공의 몇 년 치 소득에 맞먹었다. 사람들은 땅도 팔고 집도 팔아 튤립 구근 시장에서 투기를 했다. 역사적으로 유명한 또 다른 거품은 남해주식회사South Sea Company 투자 열풍이었다. 18세기 초에 세워진 남해주식회사는 영국의 전쟁 빚을 대신 갚아주는 대가로 남해 무역 독점권을 얻어냈다. 투자자들은 독점이라는 말의 매력에 흠뻑 빠졌고 주가는 치솟았다. 거품이 늘 그렇듯이 높은 주가는 주가를 더욱 끌어올렸다. 투기에 면역력이 없기는 아이작 뉴턴Isaac Newton 경도 마찬가지였다. 1720년에 뉴턴은 남해주식회사에 얼마간의 돈을 투자했고 몇 달 후 세 배로 오르자 주식을 팔았다. 그런데 주가는 마냥 올랐다. 그것도 전보다도 훨씬 빠르게. 뉴턴은 친구들이 떼돈을 버는 모습에 주식을 판 것을 후회했고, 팔았던 가격의 세 배나 되는 금액을 치르고 전 재산을 남해주식회사에 투자했다. 주가는 당분간 계속 오르다가 이내 폭락했다. 뉴턴은 1720년 말에 큰 손해를 보고 가진 주식을 팔았다. 이 한 편의 드라마가 펼쳐진 기간은 1년이 채 되지 않았고, 뉴턴은 평생 모은 2만 파운드의 거액을 송두리째 날렸다.

역사상 가장 똑똑한 사람 중 하나인 뉴턴마저도 거품이 불러일으킨 폐해를 피하지 못했다. 그는 머리에 떨어진 사과에 영감을 얻어 고전물리학 이론을 창안했지만, 탐욕과 두려움이라는 감정은 극복하지 못했다. 그는 훗날 이렇게 적었다. "나는 별들의 움직임은 계산할 수 있지만 인간의 광기는 계산하지 못한다."•

내 전공 분야의 창시자라고 불리는 사람도 나처럼 주식 거품에 많은 돈을 잃었다는 사실에 그저 웃음만 나왔다. 그런 사실을 알아도 내 기분은 전혀 나아지지 않았다.

광섬유 거품도 새로운 것에 대한 탐욕, 흘러넘치는 돈, 레버리지와 관련이 있다는 점에서 과거의 거품들과 같은 전철을 밟았다. 이전의 거품들처럼, 사람들은 인터넷 사용의 폭발적 증가가 광섬유 네트워크 수요를 급증시킬 것이고 그런 네트워크를 구축하는 회사들이 많은 돈을 벌 것이라고 기대했다. 그 결과 투기 열풍이 치솟았다. 월드콤과 글로벌 크로싱 같은 기업들은 돈을 빌려 광네트워크를 구축했고 여기저기 케이블을 매설했다. 당연히 광네트워크 장비 수요도 늘어났다. 노텔Nortel과 알카텔Alcatel, 내가 다니던 회사 등 장비 업체들도 덩달아 호황을 맞았다. 업체들은 제품 개발과 생산시설 확충에 거액을 투자했고, 그러면서 광섬유 원료 수요도 늘어났다. 이렇게 해서 수백 개의 광섬유 원료 회사가 실리콘밸리에 생겨났다.

자금은 넘쳐났다. 프레젠테이션 한번이면 수천만 달러의 투자를 유치해 스타트업을 세울 수 있었다. 2001년 초에 광섬유 통신 총회에 처음으로 참석한 나를 반긴 것은 산처럼 쌓인 공짜 펜이었다. 한 움큼 집어가도 뭐라 하는 사람이 하나도 없었다! 기업들은 부스를 스쳐 가는 사람 누구에게나 갖가지 괜찮은 문구류를 나눠줬다. 이때가 2001년 3월이었다. 나스닥 지수는 1년 전 고점보다 벌써 60% 이상 빠진 상태였지만 광섬유 기업들은 여전히 잘 나갔다.

여느 닷컴 기업들과 다른 점이 있다면 광섬유 기업들은 진짜 매출을 거둔다는 것이었다. 옵링크는 2001년에 1억 3,100만 달러의 매출을

● John O'Farrell, "An Utterly Impartial History of Britain: Or 2000 Years of Upper Class Idiots in Charge", *Doubleday*, 2007.

올렸다. 그러나 적자도 2,500만 달러나 됐고, 대역폭 수요는 성에 찰 만큼 빨리 늘어나지도 않았다. 통신 기술 분야의 과잉 투자와 혁신 덕분에 인터넷 트래픽 용량은 필요 이상으로 늘어났다. 과잉 용량과 과도한 기반시설 구축으로 데이터 전송 비용은 극적으로 낮아졌다. 아주 많은 데이터를 광섬유 단 하나에 욱여넣을 수 있게 됐고, 그런 광섬유가 지천에 넘쳤다. 데이터 트래픽 가격이 폭락했고, 매설된 광섬유의 97%는 빛 한번 깜박이지 않았다. 월드콤과 글로벌 크로싱은 이자도 제때 지급하지 못하고 파산했다. 업계 전체가 바닥으로 추락했다. 2002년에 옵링크의 매출은 3,700만 달러로 추락했고 적자는 7,500만 달러나 됐다. 내가 있던 회사도 매출이 80% 넘게 줄었고, 다음 해에는 이동통신 장비회사 중 상당수가 완전히 망했다. 무너진 튤립 구근 시장처럼 광섬유 시장도 다시는 회복하지 못했다.

인간이라면 과거의 거품에서 교훈을 배우곤 한다. 문제는 새로운 거품이 끝없이 생겨난다는 것이다. 그리고 항상 보면 네 종류의 참가자들이 그런 거품을 부풀리는 데 일조한다.

1. 평범한 사람들: 새로운 아이디어에 열광하는 사람들이며 시장에 진입한 지도 비교적 얼마 안 된 사람들이다. 그들은 자신감에 넘치며, 친구와 이웃이 떼돈을 벌었으므로 자신도 당연히 그럴 수 있다고 생각한다. 나도 그런 사람 중 하나였다. 아이작 뉴턴 경도 그랬다. 당대 최고의 천재로 칭송받던 뉴턴도 주식시장에서는 그냥 평범한 사람이었다.

2. 똑똑한 사람들: 무언가가 이상하게 진행되고 있다는 사실은 알고 있지만, 자기는 거품이 터지는 시기를 재빠르게 포착할 수 있다고 자

신하는 사람들이다. 그들은 정점까지 순항하다가 남들보다 한발 빨리 빠져나갈 수 있다고 믿는다. 워런 버핏Warren Buffett이 2007년 주주들에게 보내는 편지에서도 농담 삼아 말했듯이, 2000년 초 닷컴 거품이 터진 후에 실리콘밸리에서는 "신이여, 딱 한번만 더 거품을 내려주세요"라는 범퍼 스티커가 유행했다. 거품은 또 왔고, 이번에는 주택시장이었다. 그 끝이 어땠는지는 모두가 다 안다.•

3. 숏셀러(공매도자): 이 사람들은 시장이 비정상적이며 그 사태가 오래 유지되지 못할 것이라는 사실을 안다. 그들이 보기에 주가가 너무 높다. 그래서 주식을 빌려서 파는 숏셀링, 즉 공매도를 한다. 그들은 나중에 주식을 사야 하는 시점에 주가가 훨씬 떨어져 있거나 회사가 파산해 아예 살 필요가 없게 되기를 바란다. 그러다가 고통이 시작된다. 주가가 계속 오르고 숏셀러들의 손해는 하루가 다르게 늘어난다. "비이성적 시장은 당신과 내가 감당할 수 있는 능력보다도 훨씬 오랫동안 이어질 수 있다." 경제학자 존 메이너드 케인스John Maynard Keynes가 한 말이다. 영란은행Bank of England 파산의 주모자이며 유명한 투자자 중 하나인 조지 소로스George Soros도 그런 일을 피해 가지 못했다. 1999년 초에 소로스의 펀드는 인터넷주 하락에 거액을 베팅했다. 소로스는 거품이 생기고 있으며 인터넷 열풍이 조만한 처참하게 막을 내릴 것이라고 생각했다. 그러나 인터넷주 열풍은 점점 거세져만 갔고 1999년 중반까지 그의 펀드는 20%나 가치가 하락했다. 소로스는 인터넷 거품이 언젠가는 터질 것이라고 확신은 했지만 당장은 빌린 주식을 사서 숏포지션을 청산할 수밖에 없었다. 그것으로도 충분하지

• Warren Buffett, "Berkshire Hathaway shareholder letter, 2007", http://www.berkshirehathaway.com/letters/2007ltr.pdf.

않았다. 실적 압박을 받은 소로스는 자신이 옳다고 생각하는 투자와는 정반대되는 투자를 했다. 그는 거품 시장의 네 번째 참가자인 '등 떠밀린 매수자'가 됐다.

4. 등 떠밀린 매수자: 이들은 대부분 단기 실적 압박에 못 이겨 거품 시장에 자의가 아니라 타의로 참가하는 전문 투자자들이다. 차세대 대박 투자에 동참하지 않으면 시대에 뒤처졌다고 여겨져 직장과 고객을 잃을 수 있다. 인터넷주 숏포지션을 청산한 소로스는 이 종목이 자신과 궁합이 맞지 않는다고 결정했다. 그래서 대신 투자할 사람을 고용했다. 이 포트폴리오 매니저는 소로스가 그토록 증오하는 인터넷주로 포트폴리오를 가득 채웠다. 그것도 모자라 그 매니저는 구경제 종목들에 대한 숏셀링도 시작했다. 얼마간은 괜찮았다. 1999년 말에 소로스의 펀드는 다시 35% 오른 상태로 그 해를 마감했다. 그러나 몇 달 후 문제가 터졌다. 인터넷주 거품이 터질 것이라는 소로스의 예측은 현실이 됐고, 이번에도 그의 펀드는 쭉쭉 하락했다.

거품을 알아보고 한발 물러나 기회를 기다리는 사람들이야말로 정말로 똑똑한 투자자들이다. 그러나 그들이 이런 결심을 실천하기는 쉽지 않다. 특히 남의 돈을 운용하는 매니저라면 더욱 현실의 벽에 부딪친다. 워런 버핏은 "마법의 손을 잃었다"는 비난에 시달렸다.[●] 헤지펀드계의 전설적 매니저인 줄리언 로버트슨Julian Robertson이 인터넷 종목을 외면했을 때는 그의 펀드 투자자들이 줄줄이 돈을 빼갔다. 로버트슨의 펀드는 하강 기류에 휩싸였고, 거품이 막 터지기 시작한 시점에 그

● Andrew Bary, "What's Wrong, Warren?", *Barron's*, 1999, http://www.barrons.com/articles/SB945992010127068546.

는 펀드를 닫아야 했다. 가장 합리적인 가치투자자로 손꼽히는 도널드 약트만Donald Yacktman도 상환 청구가 이어지면서 펀드 자산의 90% 이상이 빠져나갔다. 약트만 펀드의 이사회는 그를 퇴출하려 했고, 위임장 싸움까지 치른 후에야 약트만은 자신의 이름을 건 펀드에 간신히 남아 있을 수 있었다. FPA 크레슨트 펀드FPA Crescent Fund의 젊고 유능한 매니저 스티븐 로믹Steven Romick은 그나마 운이 좋았다. 로빅은 펀드의 85%를 상환해야 했지만 그가 보기에 나머지 15%의 주주들은 '이 펀드에 투자했다는 것조차 잊고 있는' 사람들이었다. 그는 쫓겨나는 사태만은 피했다.•

힘들어도 자신의 믿음을 고수하는 사람이 나의 진짜 투자 구루이다. 인터넷 거품과 광섬유 거품이 꺼지고 몇 년 동안 나는 주식시장의 대가들이 쓴 책을 남김없이 다 읽었다. 그들의 가르침은 사업과 투자에 대한 내 사고방식을 180도 바꾸었고 나를 더 좋은 투자자가 되게 해주었다.

구루포커스닷컴www.gurufocus.com

내가 피터 린치를 어떻게 알게 됐는지는 기억이 나지 않지만, 그의 책을•• 읽다가 워런 버핏과 버핏의 투자 멘토인 벤저민 그레이엄

● Steven Romick, "Don't Be Surprised—Speech to CFA Society of Chicago", *CFA Society chicago*, June 2015, http://www.fpafunds.com/docs/specialcommentaries/cfa-society-of-chicago-june-2015-final1.pdf?sfvrsn=2.
●● Peter Lynch, John Rothschild, "One Up on Wall Street".

Benjamin Graham에 대해 알게 됐다는 것은 기억난다. 그리고 40년 전부터 주주와 파트너들에게 보내는 편지도 다 읽었는데 이 편지들을 다 읽고나니 나는 기진맥진했다. 마치 평생을 굶주리던 사람이 처음으로 풀코스 정찬을 먹은 것 같은 느낌이었다. '그래, 이게 진짜 투자야!'

성공적인 투자에는 지식과 노력이 절대적으로 중요하다는 사실을 배웠다. 이것은 평생 학습이고 비결 따위는 없다. 배움만이 투자 결정에 대한 자신감을 높일 수 있다. 지식에 자신감이 더해질 때 우리는 이성적으로, 그리고 독립적으로 생각할 수 있다. 그리고 시장이 패닉과 희열에 휩싸일수록 투자자에게 더더욱 절실히 필요한 것은 이성적이고 독립적인 사고다. 그나마 다행은, 학습은 우리의 사고 능력을 향상시켜 준다는 사실이다.

나는 내가 그동안 공부한 내용을 사람들과 나누기 위해 2004년 크리스마스 연휴 때 구루포커스GuruFocus 사이트를 만들기 시작했다. 구루포커스를 개설한 후 이용자들이 나에게 배운 것보다는 내가 그들로부터 배운 교훈이 더 많을 것이다. 그럼으로써 내가 얻은 즐거움은 어떤 말로도 설명이 불가능하다. 내가 정성을 다 쏟은 것은 맞다. 나는 세 시간만 자고 새벽 4시에 일어나 8시까지 공부를 한 다음 간단히 아침을 먹고 일터인 광섬유 회사로 출근했다. 6시에는 퇴근을 해서 곧바로 구루포커스 작업에 매달렸다. 주말과 휴일이 좋았다. 중간에 멈출 필요 없이 계속 사이트에 매달릴 수 있었기 때문이다.

2007년에는 회사를 그만두고 모든 시간과 노력을 구루포커스 사이트에 퍼부었다. 나는 소프트웨어 개발자, 편집자, 데이터 분석가들로 이뤄진 팀을 서서히 구축하면서 구루포커스 작업을 했다. 우리는 여러 가지 스크리닝 도구를 개발했고, 구루 포트폴리오와 인사이더, 산업 특성, 기업 재무제표 등의 항목에 다양한 데이터를 추가했다. 처음에 나는 이렇게 구축한 스크리닝과 가치평가 도구를 내가 투자하는 데에만 사용했다. 그러다 현명한 이용자들이 보내준 피드백을 통해 도구들을 개선해 나갔다. 지금 나는 전적으로 이 도구들만 사용해서 투자 결정을 내린다.

그러는 동안에도 나는 계속 주식시장에 투자하면서 실수도 하고 교훈도 얻었다. 나는 훨씬 나은 투자자가 됐다고 자부한다. 내 아이들에게 들려줄 수 있는 교훈과 경험을 많이 얻었다고 자부한다. 내 아이들이 나와 같은 실수를 하지 않기를 바란다. 훗날 투자 분야에서 일할지 아닐지는 모르지만, 지금부터라도 내 아이들에게 올바른 돈 관리 방법을 알려주고 싶다. 그게 내가 이 책을 쓴 이유다. 그리고 투자 지식이 별로 많지 않은 사람들에게도 조금이나마 도움을 주고 싶다.

이 책은 크게 세 부분으로 이뤄져 있다. 첫 부분은 고수익-저위험 종목을 찾아내는 데 주력한다. 두 번째 부분은 이 종목들의 가치를 평가하는 방법, 각각의 종목이 가지고 있을 만한 문제를 찾아내는 방법, 그리고 실수를 피하는 방법에 초점을 맞춘다. 세 번째는 개별 종목의 가치평가와 시장 전체의 가치평가, 그리고 수익률 계산 방법에 대해 더 자세히 논한다. 사례 분석과 실제 용례들이 많이 등장하므로 책을 이해하기는 어렵지 않을 것이다.

제1장

시장의 구루들

"배움을 멈추지 않는 사람의 삶은 계속 오르막이다." *

- 찰리 멍거 Charlie Munger

닷컴 거품으로 주식시장에서 쓰라린 경험을 한 후에야 나는 내가 주식에 대해서는 진짜로 일자무식이라는 사실을 깨달았다. 그래서 나는 공부하기 시작했다. 그후 몇 년 동안 최고의 투자자라고 칭해지는 사람들의 책을 찾아 닥치는 대로 읽었다. 그들의 책을 읽고, 그들이 매 분기나 매년 주주들에게 보내는 편지를 읽고, 그들을 다룬 기사와 논문도 읽었다. 투자 아이디어를 얻기 위해 그들의 포트폴리오도 찾아봤다. 그리고 2004년, 나는 내가 배운 내용을 사람들과 나누려는 마음으로 구루포커스닷컴을 시작했다. 사이트를 연 후 수많은 투자자가 찾아와 '그들이' 배운 내용을 알려주면서 나는 훨씬 더 많은 것을 배울 수 있었다.

● Charlie Munger, "USC Law Commencement Speech", https://www.youtube.com/watch?v=u81l7rM2yl8.

나는 투자란 배울 수 있는 것임을 알게 됐다. 좋은 투자자가 되는 데에 잔재주 따위는 소용없다는 것을 알게 됐다. 우리는 배워야 한다. 최고의 사람들로부터 배워야 하며, 실수에서 배워야 한다. 타인의 실수만이 아니라 자신의 실수에서도 교훈을 얻어야 한다. 그리고 아주 열심히 노력해야 한다.

나와 나의 투자 철학에 가장 크게 영향을 미친 구루는 피터 린치, 워런 버핏, 도널드 약트만, 하워드 막스Howard Marks다. 린치와 버핏, 약트만에게서는 업종과 기업, 주식을 생각하는 방법을 배웠다. 막스를 통해서는 시장 순환과 리스크를 바라보는 방법을 다시금 고민하게 됐다. 이번 장은 내가 이 구루들에게서 배운 핵심 내용을 간단하게 정리한 것이라고 보면 된다.

피터 린치

종목 발굴에 대해 내게 가장 많은 가르침을 준 구루는 피터 린치다. 1980년대 피델리티Fidelity의 전설적 뮤추얼 펀드 매니저였던 린치는 수천 개 기업에 투자해 연평균 29%라는 놀라운 수익률을 달성했다. 그의 베스트셀러 『이기는 투자』와• 『전설로 떠나는 월가의 영웅』은•• 내가 처음 읽은 투자서였고 투자 지식의 기초를 마련하는 데 큰 도움이 됐다. 나는 이 두 권을 수도 없이 읽었지만 읽을 때마다 여전히

●   Peter Lynch, John Rothschild, "Beating the Street".
●● Peter Lynch, John Rothschild, "One Up on Wall Street".

구루들의 투자법

새로운 교훈을 얻는다. 린치의 투자 핵심은 그의 인용구 중 일부를 살펴보면 설명할 수 있다.

"순이익, 순이익, 순이익"

기업의 순이익과 그 순이익 대비 주가(주가수익비율)는 해당 종목이 좋은 투자인지 아닌지를 가늠하게 해주는 단연코 가장 중요한 요소다. 연방준비은행이나 실업률, 주간 업무 보고서, 또는 유럽발 헤드라인 뉴스로 인해 한순간 주가가 휘청거릴 수 있지만, 그런 잡음들은 시간이 지나면 가라앉는다. 린치는 이렇게 말했다.•

사람들은 지금 일본이 어떻고 한국이 어떤지를 궁금해하지만, 결국 주식의 운명을 좌우하는 것은 순이익이다. 사람들은 시장이 매시간 꿈틀거릴 때마다 돈을 걸지만, 장기적으로 그런 꿈틀거림을 움직이는 것은 순이익이다.

린치는 모든 주식을 6개 범주로 분류한다.

1. 고성장주Fast growers
2. 우량주The stalwarts
3. 저성장주Slow growers
4. 경기순환주Cyclicals, 경기민감주
5. 턴어라운드주Turnarounds

• "순이익, 순이익, 순이익"

6. 자산주Asset plays

　마지막의 자산주를 제외하면 모든 기업의 주식은 순이익에 따라 범주가 정해진다. 고성장주는 순이익이 매년 20% 이상 늘어나는 기업이다. 우량주는 연 10%의 순이익 성장률을 보이는 종목이고 저성장주는 순이익 증가율이 한 자릿수인 기업이다. 경기순환주는 순이익이 경기순환에 민감한 종목을 의미한다. 턴어라운드주는 적자에서 벗어나 이익을 내기 시작한 기업을 의미한다.

　린치는 자산주에 투자하는 것이 아니라면 기업을 자세히 분석하기 전에 제일 먼저 순이익, 순이익 성장률, 그리고 순이익과 관련된 가치평가 비율을 가장 먼저 봐야 한다고 생각했다. 순이익과 관련된 정보는 손익계산서에 다 나와 있다. 이 사실을 알고 난 후 나는 내가 매수한 광섬유 종목들의 순이익부터 확인했다. 옵링크의 2001년 연차보고서에는 이렇게 적혀 있었다.

　　우리는 1995년에 창립한 후부터 상당한 순손실이 발생했고 앞으로도 손실이 발생할 것으로 예상됩니다. 2001년, 2000년, 1999년의 회계연도 말인 6월 30일에 발생한 순손실은 각각 8,040만 달러, 2,490만 달러, 350만 달러입니다.●

　즉, 옵링크는 항상 적자가 나고 있었고 앞으로도 적자 행진이 이어질 것으로 예상됐다. 그런데도 이 주식에 좋은 결과를 기대할 수 있는

● Oplink Communications, 10K, 2001, https://www.sec.gov/Archives/edgar/
　data/1022225/000101287001502073/d10k.txt.

구루들의 투자법

가? 나를 비롯해 투자자들은 옵링크의 순이익을 잠깐 확인하기만 했어도 옵링크의 주식을 살 일은 없었을 것이고 회복하기 힘든 실수를 저지르는 사태도 피할 수 있었을 것이다.

나는 더 고민하지 않고 순이익 관찰을 내 투자 행동에 포함했다. 내가 사는 동네 뒤편의 광장에는 나란히 붙어있는 스타벅스Starbucks와 비디오대여점인 블록버스터Blockbuster가 있었는데 두 회사 중 어느 쪽 주식을 사야 할지 고민이었다. 그때는 2001년 10월이었고, 나는 피터 린치의 조언대로 리서치도 할 겸 두 매장을 수시로 방문해 영업 상태와 사람들의 출입을 관찰했다. 그러나 그냥 가보는 것만으로는 차이를 알 수 없었다. 두 매장 모두 사람들의 출입이 많다는 것은 매출이 괜찮다는 소리이기도 했지만, 나는 블록버스터가 미래의 어느 날 넷플릭스Netflix에 의해 완전히 밀려나게 될 것이라는 사실은 짐작도 하지 못했다. 결정적 차이를 알려준 것은 린치의 "순이익, 순이익, 순이익"이었다. 스타벅스는 그때에도 순이익률이 높았으며 매년 30%의 순이익 성장률을 보이고 있었다. 반면에 블록버스터는 1996년부터 2000년까지 5년 중에서 4년이 적자가 났다. 게다가 스타벅스는 부채가 거의 없었고 블록버스터에 비해 대차대조표도 훨씬 튼튼했다.

결정을 내리긴 어렵지 않았고 나는 2001년 10월에 스타벅스 주식을 샀다. 그리고 2003년 3월에 65%의 차익을 내고 주식을 팔았다. 공부할수록 스타벅스가 고성장주라는 사실도 깨달았다. 그래서 그 주식을 팔지 말았어야 한다는 후회도 하곤 한다.

기업의 수익성을 재는 가장 중요한 척도는 순이익이다. 이익률이 높은 기업의 주식은 이익률이 낮은 기업의 주식을 이긴다. 이익률이 증가하는 회사의 주식은 이익률이 하락하는 주식을 이긴다. 따라서, 아

주 당연한 말이지만 피터 린치는 이익률이 낮은 기업보다는 이익률이 높은 기업의 주식을 선호한다.●

"부채가 없는 기업은 파산할 리가 없다."

"순이익, 순이익, 순이익"이 기업의 수익성을 재는 가장 중요한 척도가 순이익임을 말한다면, "부채가 없는 기업은 파산할 리가 없다"는 대차대조표로 드러난 기업의 재무건전성을 나타내는 말이다.

기업의 재무건전성을 측정할 때 가장 중요한 요소는 부채 수준이다. 부채 원리금을 상환하지 못하는 기업은 아무리 자산 가치가 높아도 파산을 피하지 못한다. 기업의 부채 수준은 그 회사의 사업 성격 및 영업 상황과 밀접하게 관련이 있다. 큰 자본 없이도 성장할 수 있는 사업이라면 부채가 많이 쌓일 가능성은 낮다. 버핏이 선호하는 종목 중 하나인 신용평가사 무디스Moody's가 여기에 속한다. 반대로, 어떤 회사들은 영업 활동에 대규모 자본이 필요하기 때문에 자본집약도와 고정 자산 비중이 높다. 광업과 유틸리티 분야 회사들이 여기에 해당한다.

기업은 부채 수준에 따라 네 가지 범주로 분류할 수 있다.

A. 부채 없음

부채가 전혀 없거나 아주 적은 기업을 의미한다. 치폴레 멕시칸 그릴Chipotle Mexican Grill이 단적인 예다. 치폴레는 순이익이 매년 30% 성장하는 무부채 기업이다. 다음은 지난 5년 동안 치폴레의 부채 관련 항목들을 보여준다(단위는 백만 달러다).

● Peter Lynch, John Rothschild, "One Up on Wall Street".

회계 연도	2011/12	2012/12	2013/12	2014/12	2015/12
현금과 현금등가물, 시장성 유가증권	456	472	578	758	663
유동성 장기부채*	0.133	0	0	0	0
장기부채	3.5	0	0	0	0

* 장기부채 중 상환 예정일이 1년 미만인 부채―옮긴이

치폴레의 성장에서는 새로운 시장으로의 확대가 큰 몫을 했다. 치폴레와 같은 고성장 기업에게 닥치는 가장 큰 위험이라면 빠른 사업 확대와 성장을 위해 자본을 차입해야 한다는 것이다. 그러나 치폴레에 해당하는 위험은 아니었다. 뒤에 5장에서 설명하겠지만, 합리적 가격에 매수하기만 한다면 이 종목의 투자 위험은 낮다.

B. 부채가 약간 있지만 보유 현금이나 영업현금흐름으로 쉽게 상환이 가능

대다수 기업은 대차대조표상 어느 정도 부채를 보유하고 있다. 어떤 기업은 부채가 보유 현금보다 낮기 때문에 언제라도 쉽게 상환할 수 있다. 시험측정장비 제조사인 애질런트 테크놀로지스Agilent Technologies가 그렇다. 다음 표는 애질런트의 대차대조표와 손익계산서에 있는 부채 관련 항목들을 보여준다. 이번에도 모든 단위는 백만 달러다.

회계 연도	2006	2007	2008	2009	2010	2011	2012	2013	2014	2015
현금	2,262	1,826	1,429	2,493	2,649	3,527	2,351	2,675	2,218	2,003
유동성 장기부채	0	0	0	1	1,501	253	250	0	0	0
장기부채	1,500	2,087	2,125	2,904	2,190	1,932	2,112	2,699	1,663	1,655
매출	4,973	5,420	5,774	4,481	5,444	6,615	6,858	6,782	6,981	4,038
영업이익	464	584	795	47	566	1,071	1,119	951	831	522
순이자수익	109	81	- 10	- 59	- 76	- 72	- 92	- 100	- 104	- 59

애질런트는 부채가 어느 정도 있다. 2015년 10월 기준으로 부채는 16억 5,500만 달러지만, 현금 보유액도 20억 달러가 넘었다. 이론상으로만 따지면 이 회사는 당장이라도 부채를 현금으로 상환할 능력이 있다. 애질런트의 영업이익 역시 이 회사의 재무상태가 탄탄하다는 것을 확인시켜 준다. 심지어 경제 침체기인 2008~2009년 사이에도 이 회사는 영업이익만 가지고도 부채 원리금을 쉽게 상환했다. 이 회사의 미래 부채 상환 능력은 충분히 믿을만하다.

지금 당장 부채를 상환하기에는 보유 현금이 모자라더라도 영업 현금흐름이 넉넉하다면, 그 회사는 부채 상환에 문제가 없다. 오토존 AutoZone을 예로 들 수 있다.

구루들의 투자법

회계 연도	2006	2007	2008	2009	2010	2011	2012	2013	2014	2015
현금	92	87	242	93	98	98	103	142	124	175
유동성 장기부채	0	16	0	0	48	34	80	206	217	41
장기부채	1,857	1,936	2,250	2,727	2,882	3,318	3,718	4,013	4,142	4,625
매출	5,948	6,170	6,523	6,817	7,363	8,073	8,604	9,148	9,475	10,187
영업이익	1,010	1,055	1,124	1,176	1,319	1,495	1,629	1,773	1,830	1,953
순이자수익	-108	-119	-117	-142	-159	-171	-176	-185	-168	-150

오토존은 보유한 현금보다 부채가 항상 많지만, 경기 부침에 상관없이 영업이익이 부채 이자의 몇 배는 되기 때문에 부채 원리금도 쉽게 상환할 수 있다. 오토존의 대차대조표는 투자자의 이상적 목표는 아니지만 재무적 안정성을 걱정할 정도까지는 아니다. 더 자세히 살펴보면 오토존이 영업활동에서 나오는 현금흐름으로 자사주매입을 하고 있다는 것도 알 수 있는데, 이것이 회사의 현금 보유액이 줄어든 이유다.

C. 낮은 이자보상배율

나는 던킨도너츠Dunkin' Donuts의 도넛을 즐겨 먹지만 이 회사의 대차대조표는 마음에 들지 않는다. 이 회사는 현금보다 부채가 훨씬 많다. 오토존도 부채가 많지만, 던킨의 경우는 영업이익 중 부채 원리금 상환액의 비중이 훨씬 높다. 경기가 악화됐던 2009년에는 던킨은 영업이익의 절반이 넘는 금액을 금융비용을 지급하는 데 썼다.

다음 표는 던킨의 대차대조표와 손익계산서에 있는 관련 항목을 정리한 것이다.

회계 연도	2010	2011	2012	2013	2014	2015	2016
현금	0	134	247	253	257	208	260
유동성 장기부채	0	13	15	27	5	4	26
장기부채	0	1,852	1,458	1,831	1,826	1,803	2,428
매출	538	577	628	658	714	749	811
영업이익	185	194	205	239	305	339	320
순이자수익	− 115	− 113	− 104	− 73	− 80	− 68	− 96

이자보상배율interest coverage ration이란 영업이익을 부채 이자비용으로 나눈 값을 의미한다. 회계연도 2016년에 던킨의 영업이익은 3억 2,000만 달러였고 이자비용은 9,600만 달러였다. 따라서 이자보상배율을 구하면 320÷96=3.3이다.

신중한 투자자라면 대차대조표 상태가 이런 기업의 주식을 보유하고 있는 것에 마음이 불안해질 수 있다. 언제가 될지 모르지만 혹독한 경기 침체가 또 한번 불어 닥치거나 금리가 인상된다면, 던킨의 순이익은 곤두박질할 것이다. 최악의 경우에는 부채 비용도 제대로 지급하지 못하는 사태가 벌어질 수 있다.

던킨도너츠는 이처럼 대차대조표가 약하고 재무상태가 상대적으로 부실한 기업의 대표적 사례에 속한다.

D. 부채 상환 능력 없음

대차대조표가 훨씬 부실한 기업들은 불경기의 시험대를 통과하지 못하고 파산을 향해 가는 중이거나 이미 파산한 상태다. 이런 기업 중 하나가 샌드리지 에너지SandRidge Energy다. 이 회사는 대차대조표상의 부채가 높지 않을 때가 없었고 현금 보유액은 그에 비해 훨씬 적었다. 오토존과 비슷한 상황이기는 하지만 샌드리지 에너지는 영업이익이 충분하지 않았다. 이 회사는 심지어 유가가 역대 최고가 행진을 하던 호경기 때마저도 영업이익으로는 이자비용조차 제때 감당하기 힘든 수준이었다. 2015년 유가 폭락 후에 샌드리지 에너지는 거액의 영업손실이 나면서 부채 상환 능력을 완전히 잃었다. 그리고 2016년 5월에 파산 신청을 냈다.

회계 연도	2006	2007	2008	2009	2010	2011	2012	2013	2014	2015
현금	39	63	1	8	6	208	310	815	181	436
유동성 장기부채	26	15	17	12	7	1	0	0	0	0
장기부채	1,041	1,052	2,359	2,581	2,902	2,826	4,301	3,195	3,195	3,632
매출	388	677	1,182	5,91	9,32	1,415	2,731	1,983	1,559	769
영업이익	37	187	-1,338	-1,605	-7	429	325	-169	590	-4,643
순이자수익	-16	-112	-143	-185	-247	-237	-303	-270	-244	-321

투자자는 부채가 너무 많은 기업은 피해야 한다. 샌드리지의 시가총액은 한때 120억 달러까지 오르기도 했지만, 이 회사 주주들이 대차대조표와 순이익을 잠깐이라도 살펴봤다면 손해가 나는 일은 피할 수 있었을지도 모른다. 순이익, 순이익, 순이익. 무엇보다도 순이익이다! 나는 호경기건 불경기건 영업이익이 이자비용의 최소 10배는 되는 기업에 투자할 때에만 마음이 놓인다.

부채가 없는 기업은 파산할 리가 없다는 피터 린치의 말을 다시금 기억하자. 내가 기술주 거품 때 샀던 광섬유 소형주인 옵링크는 상장

후 처음 10년 중 9년 동안(2000~2009년) 쭉 적자였다. 이 회사가 두 번의 경기 침체를 겪으면서도 살아남은 이유는 오직 하나, 부채가 없었기 때문이었다. 옵링크는 나중에 4억 4,500만 달러에 코크 옵틱스Koch Optics에 매각됐다. 매출이 2억 7,000만 달러로 성장한 해도 있었지만 여전히 이익은 거의 나지 않는 상태였다. 노텔이나 월드콤, 글로벌 크로싱처럼 이동통신 시장의 대기업들도 오래전 망해 사람들의 기억에서 사라졌다. 다 부채가 너무 많았기 때문이다!

기업의 부채 수준은 기업 고유의 특성이나 영업 활동과 관련이 있다. 즉, 어떤 업종은 다른 업종보다 훨씬 낫다. 여기서 피터 린치의 세 번째 투자 핵심이 나온다.

"바보 천치라도 운영할 수 있는 회사에 투자하라."

피터 린치의 말을 다 옮겨 적으면 이렇다.

바보 천치라도 운영할 수 있는 회사에 투자하라. 늦든 빠르든 어떤 바보가 등장해 회사를 운영하게 될지 모르기 때문이다.[●]

바보 천치라도 운영할 수 있는 기업의 유형에는 두 가지가 있다. 하나는 제품과 영업이 단순한 기업이다. 이런 기업은 제품을 더 많이 파는 것과 지금까지의 행동을 더 많은 시장에서 반복하는 것으로 성장하는데, 제품 생산과 사업 결정에 딱히 깊은 통찰이나 지식이 필요하지 않다. 『전설로 떠나는 월가의 영웅』에서 린치는 이렇게 말한다.[●●]

● "Track Companies, Not Markets [Final Edition]," *USA Today*, p. 04.B, McLean, Virginia, March 7, 1989.

기업의 기본 사업을 이해하면 그 회사의 사정을 파악하기가 훨씬 쉬워진다. 그것이 내가 통신위성이 아니라 팬티스타킹 업종, 또는 섬유광학이 아니라 모텔 체인 업종에 투자하는 이유다. 나는 사업이 단순한 회사를 선호한다. 누군가가 "바보 천치라도 이 회사를 운영할 수 있어"라고 말한다면 나로서는 플러스 요소다. 늦든 빠르든 어떤 바보가 등장해 회사를 운영하게 될지 모르기 때문이다.

지금 블랙베리Blackberry가 된 리서치 인 모션Research-In-Motion을 생각해 보자. 2008년만 해도 미국 스마트폰 시장의 거의 절반은 이 회사가 차지했지만 몇 번의 잘못된 제품 결정과 굼뜬 행보로 그동안 이룬 시장점유율을 거의 다 갉아 먹었다. 천재들이 운영하는 애플Apple과 구글Google 같은 기업들에 대항하기 위해서는 천재만으로는 역부족이었다.

바보라도 운영할 수 있는 기업의 두 번째 유형은 강력한 경쟁우위가 있어서 경영진의 헛발질에도 안전하게 실수를 정정할 수 있는 회사다. 맥도날드Mcdonald's는 고객들의 바뀌는 입맛이나 니즈에 대응하는 속도도 느리고 너무 다양한 메뉴를 제공하는 등 실수를 여러 번 했다. 2013년부터 2015년까지 맥도날드는 요식업체 영업실적의 가장 중요한 지표 중 하나인 동일점포 매출same-store sales이 3년 내내 내리막이었다. 그 몇 년 동안 CEO도 툭하면 바뀌면서 맥도날드는 누가 보기에도 사정이 좋지 않았다. 그러다가 2015년 10월부터 아침 메뉴를 하루 종일 판매하기 시작했고 조리법에도 변화를 줬다. 2016년 1월이 되면

●● Peter Lynch, John Rothschild, "One Up on Wall Street".

서 동일점포 매출이 급상승했고 주가도 최고치로 치솟았다. 2007년만 해도 리서치 인 모션과 맥도날드의 시가총액은 600억 달러 정도로 비슷했다. 같은 기간 동안 리서치 인 모션은 여러 번의 판단 착오로 시가총액이 90% 넘게 사라졌지만 맥도날드의 시가총액은 1,000억 달러 이상으로 늘어났다.

버핏의 총애를 받는 종목인 무디스 역시 예로 들어보자. 이 신용평가사는 신용평가와 채권평가 시장에서 S&P 글로벌과 함께 시장을 독점하다시피 한다. 2000년대 중반 주택 거품이 이는 동안 무디스는 신용평가사로서의 힘을 남용해 위험이 아주 높은 주택저당증권mortgage-back securities, MBS에 트리플 A$_{AAA}$ 등급을 매겼다. 즉, 주택 위기에 무디스도 일부 책임이 있었기 때문에 무디스의 신뢰도에도 크게 금이 갔다. 주택시장 위기 이후 미국과 유럽의 유관 부처들은 채권 발행자의 신용평가를 소규모 경쟁사에 강제적으로 배정하는 등 무디스와 S&P 글로벌의 시장 지배력을 줄이려는 규제 조치를 단행했다. 그러나 이런 조치에도 무디스의 시장점유율은 크게 변하지 않았다. 지금 이 회사는 매출 신기록을 달성했고 순이익도 거의 타이기록 수준이다. 물론 주가 역시 새로운 고점을 기록하고 있다.

따라서 모든 조건이 같다면 다른 시장에서 똑같은 행동을 되풀이해도 성장할 수 있는 기업이나, 강력한 경쟁우위가 단단하게 보호해주는 기업을 골라야 한다.

워런 버핏

피터 린치가 내게 투자 방법론에 대한 가르침을 주었다면 워런 버핏은 사업을 이해하고 투자 철학을 가지는 데 영향을 주었다. 나는 버핏이 1950년부터 지금까지 동업자들과 주주들에게 쓴 편지를 다 읽었고 이 편지들은 사업과 투자 철학에 대한 내 생각을 완전히 뒤바꿨다. 투자자라면 버핏이 한 다음의 말을 절대로 잊지 말아야 한다.

멋진 기업을 적당한 가격에 사는 것이 적당한 기업을 멋진 가격에 사는 것보다 훨씬 낫습니다.●

린치는 주식을 6개의 범주로 분류하고 각 범주에 따라 어떤 식으로 행동해야 하는지를 가르친다. 반면에 버핏은 좋은 기업에만 투자해야 하고 그런 회사의 주식을 합리적 가격에 사야 한다고 말한다.

버핏이 젊은 시절에 한계기업의 주식을 싼 가격에 매수해 엄청난 성공을 거두었다는 것은 누구나 다 아는 사실이다. 그러나 그의 장기 수익의 대부분은 멋진 기업을 매력적인 가격에 매수한 데에서 나왔다. 씨즈캔디See's Candy와 가이코 보험회사GEICO Insurance 등이 이런 훌륭한 회사에 해당한다. 버핏은 60여 년 전부터 가이코를 "내가 가장 좋아하는 증권"이라는 애칭으로 불렀으며● 지금도 그 애칭은 여전하다.

여기서 우리는 두 가지 의문이 생긴다.

● "Track Companies, Not Markets [Final Edition]," *USA Today*, p. 04.B, McLean, Virginia, March 7, 1989.

1. 워런 버핏이 말하는 "멋진 기업"이란 어떤 기업을 말하는가?
2. "적정 가격fair price"이란 무엇인가?

멋진 기업

버핏은 멋진 기업에는 다음과 같은 특징이 있다고 말한다.

1. 폭넓고 지속 가능한 경쟁우위, 혹은 경제적 해자

경제적 해자economic moat는 기업을 경쟁사로부터 보호해주고 새 경쟁사가 시장에 진입하는 것을 막아준다. 경제적 해자 덕분에 기업은 큰 가격결정력을 가지고서 오랫동안 안정적으로 순이익을 증가시킬 수 있다.

이익률이 높고 이를 오랫동안 유지할 수 있으며 심지어 이익률이 계속 성장한다면, 그것은 그 회사가 강한 경제적 해자를 가지고 있다는 사실을 알려주는 지표다. 다시 한번 무디스를 예로 들어보자. 무디스에게는 채권 발행자가 필요하지만, 채권 발행자에게 무디스가 더더욱 필요한 입장이다. 무디스는 자사가 정한 평가 가격을 채권 발행자에게 요구할 수 있고 발행자가 이 가격을 받아들이지 않는다면 신용등급을 받지 못하기 때문에 채권 시장에서 더 비싼 비용을 치러야 한다. 앞에서도 잠깐 말했지만 미국과 유럽 정부들이 아무리 도와줘도 경쟁사들은 무디스의 시장점유율을 뺏어오기가 힘들다. 이런 해자 덕분에 무디스는 높은 이익률을 유지할 수 있다. 지난 10년 동안 미국에서 경영 상태와 실적이 가장 좋았다고 손꼽히는 두 회사인 애플과 구글, 그

● Peter Lynch, John Rothschild, "One Up on Wall Street".

리고 무디스의 영업이익률을 비교해 보자.

　영업이익률이란 부채 이자와 법인세를 차감하기 전의 이익률을 의미한다. 예를 들어 한 소매상이 60달러에 산 상품을 100달러에 팔았다면 총이익은 100달러-60달러=40달러가 된다. 여기서 소매상은 임대료, 직원 월급, 인터넷 비용 등 여러 사업 경비를 지급해야 한다. 사업 경비가 15달러라면 소매상의 영업이익은 40달러-15달러=25달러다. 이렇게 해서 그의 영업이익률은 25달러÷100달러=25%가 나온다. 영업이익률은 사업의 수익성이 어느 정도인지를 알려주는 척도이다.

　아래의 표는 애플과 구글, 무디스의 영업이익률이다.

회계 연도	2006	2007	2008	2009	2010	2011	2012	2013	2014	2015
애플	13%	18%	19%	27%	28%	31%	35%	29%	29%	30%
구글	33%	31%	30%	35%	35%	31%	25%	23%	25%	26%
무디스	62%	50%	43%	38%	38%	39%	39%	42%	43%	42%

　지난 10년 동안 무디스의 영업이익률은 꾸준하게 두 회사보다 아주 많이 높았다.

2. 낮은 설비투자 요건과 높은 투하자본수익률

　자본회전율이 낮고 투하자본수익률returns on invested capital, ROIC이 높다는 것은 그 회사가 필요로 하는 자본이 낮다는 것을 알려주는 지표다. 이런 회사는 사업에 순이익의 일부만 재투자해도 된다.

씨즈캔디의 1972년 순이익은 400만 달러에 불과했다. 2015년까지의 누적 순이익은 19억 달러에 달했다. 더 좋은 점은 이렇게 성장하는 데 필요한 재투자 비용이 4,000만 달러에 불과했다는 사실이다. 버크셔 해서웨이Berkshire Hathaway가 지분 100%를 보유한 40여 년 동안, 씨즈캔디는 설비투자capex 금액으로 4,000만 달러만 필요했고 버크셔 해서웨이는 19억 달러를 벌었다. 씨즈캔디의 설비투자÷세전 순이익 비율은 2% 남짓일 뿐이라는 의미가 된다.

나는 무디스, 애플, 구글의 설비투자÷세전 순이익 비율을 계산해봤다.

회계 연도	2006	2007	2008	2009	2010	2011	2012	2013	2014	2015
애플	23%	20%	17%	10%	11%	22%	17%	18%	18%	16%
구글	47%	42%	40%	10%	37%	28%	24%	51%	63%	50%
무디스	2%	16%	12%	14%	11%	8%	4%	4%	5%	6%

무디스의 성장에 필요한 설비투자가 애플과 구글보다 훨씬 적다는 것은 이 표에서 단적으로 드러난다. 무디스는 새 가구와 컴퓨터만 들여놓으면 성장 준비가 다 끝난다. 2015년에 무디스의 설비투자가 순이익에서 차지한 비중은 6%에 불과했다. 그리고 94%의 순이익에서 법인세를 빼고 난 나머지는 배당이나 자사주매입 등 주주에게 보상을 제공하는 데 써도 상관이 없다.

다음은 세 회사의 투하자본수익률이다.

회계 연도	2006	2007	2008	2009	2010	2011	2012	2013	2014	2015
애플				192%	92%	70%	59%	38%	35%	40%
구글	76%	53%	46%	54%	62%	57%	44%	37%	34%	33%
무디스	11,770%		639%	267%	307%	219%	253%	280%	195%	158%

애플과 구글도 투하자본수익률이 매우 높은 편이지만 무디스와는 비교조차 되지 못한다.

투하자본수익률은 기업이 사업에 투입한 자본에 비해 현금흐름을 얼마나 많이 창출했는지를 나타내는 척도로, 투하자본은 주주 자기자본과 부채의 합에서 현금을 차감해 계산한다. 투하자본수익률이 높을수록 기업이 자본을 효율적으로 사용하고 있다는 의미다.

경제적 해자와 필요한 설비투자로만 따지면 무디스는 구글과 애플보다 더 나은 회사다. 그러나 이것만으로는 장단기 주식 실적이 좋을 것이라고 보장하지 못하는데, 중요하게 고려해야 할 다른 요소도 있기 때문이다. 그것은 바로 멋진 기업의 세 번째 특징인 '성장'이다.

3. 이익 성장

다음 표는 세 회사의 매년 주당순이익earning per share, EPS 성장률을 보여준다. 마지막 열은 지난 10년 동안의 평균 주당순이익 성장률이다.

회계 연도	2006	2007	2008	2009	2010	2011	2012	2013	2014	2015	평균
애플	45%	73%	37%	69%	67%	83%	60%	- 10%	14%	43%	55%
구글	98%	34%	0%	53%	29%	13%	9%	18%	10%	9%	27%
무디스	40%	0%	- 28%	- 10%	27%	16%	22%	18%	28%	0%	19%

순이익 성장률은 애플과 구글이 무디스보다 훨씬 높았다. 두 회사의 높은 순이익 성장률은 내재가치intrinsic value, 즉 적정 가격이 올라가는 데 크게 기여했다. 과거 10년 동안 애플의 주가는 거의 1,000% 오르고 구글의 주가는 280% 오른 반면에 무디스의 주가는 80% 오르는 데 그친 주된 이유가 바로 여기에 있다.

적정 가격 / 내재가치

모든 주식은 해당 기업에 대해 일부 소유권을 가지고 있음을 나타내는 증서다. 그러므로 주식의 적정 가격은 그 기업에서 1주만큼이 가지는 가치인 '내재가치'를 말한다. 버핏의 설명을 빌리면, 내재가치는 원론적으로 기업이 앞으로 남은 수명 동안 벌어들일 수 있는 현금흐름의 할인된 가치다.

역사상 가장 성공한 가치투자자로 칭송받는 버핏이지만 성장을 잘못 이해한 적이 꽤 많았다. 그리고 대다수 사람들이 버핏이 성장에는 전혀 관심이 없다고 생각했지만 성장은 그가 멋진 기업을 정의할 때 가장 중요하게 여기는 요소 중 하나다. 1951년에 쓴 「가이코: 내가 가장 좋아하는 증권」이라는 글에서 그는 가이코를 성장기업으로 정의했다.

가이코는 진정한 성장기업으로 정의될 자격이 충분합니다……
가이코의 미래에 커다란 성장이 놓여 있다고 믿을 만한 이유가
있습니다.

물론 버핏이 말한 그 이유란 이익의 성장이었다. 그는 1992년 주주
들에게 보내는 편지에 이렇게 적었다. •

성장은 가치 계산에서 언제나 한 자리를 차지하는 요소입니다. 그리
고 성장이라는 변수의 중요성은 무시해도 좋을 만큼 작을 수도 있
고 아주 클 수도 있으며, 긍정적인 영향을 미칠 수도 있고 부정적 영
향을 미칠 수도 있습니다.

기업의 이익이 성장하고 양(+)의 투하자본수익률을 창출한다면 내
재가치도 같이 올라간다. 멋진 기업은 오랫동안 가치를 성장시킬 수
있으며 주주들에게 더 높은 수익창출력earnings power으로 보상을 해준
다. 반대로 한계기업은 장기적인 가치 창출은 힘들다고 봐야 한다. 사
실은 가치를 파괴할 가능성이 훨씬 높다. 한계기업의 주식은 아무리
멋진 가격에 나오더라도 그 투자 결과는 대단히 처참할 수 있다. 예전
에 버핏이 실수로 투자했던 섬유회사처럼 말이다.
　멋진 회사를 멋진 가격에 살 수 있는 것이 가장 좋지 않겠는가? 이

● Warren Buffett, "Berkshire Hathaway shareholder letter, 1992", http://www.
berkshirehathaway.com/letters/1992.html.

상적으로는 당연히 그렇다. 그러나 시장 여건이나 투자 규모로 인해 버핏은 가치투자의 조건을 1977년의 '아주 매력적인 가격'에서 1992년 에는 '매력적인 가격'으로, 그리고 최근 몇 년 동안은 '적정 가격'으로 변경했다.

버핏과 다르게 대규모 포트폴리오를 운용할 필요가 없는 대다수 투자자는 멋진 가격에 나온 멋진 기업을 찾아낼 수 있는 확률이 훨씬 높다. 이것은 소액 투자자들만이 가진 여러 장점 중 하나다.

"가장 좋은 선택이 아니라 스무 번째로 좋은 선택에 돈을 투자하는 것은 미친 짓입니다."

멋진 기업을 찾아내는 그 모든 힘든 일을 다 했다면 그 종목에 가 장 많이 투자하는 것은 당연하다. 좋은 종목은 스무 개는 고사하고 단 하나를 찾아내기도 대단히 힘들다. 그런데도 투자자가 첫 번째 선 택이 아니라 스무 번째 선택에 돈을 투자하는 이유는 무엇인가?

위에 적은 버핏의 말에 나는 머리를 한 대 얻어맞은 느낌이었다. 그 러나 이 말을 실행하기는 쉽지가 않다. 또한 집중 포트폴리오를 유지 할 만한 배짱을 가진 투자자도 많지 않다. 투자자가 자신의 리서치에 자신이 있다면 1951년 버핏이 가이코 투자에 그랬듯이 가장 좋은 투 자 아이디어 하나에 가능한 한 많은 돈을 투자하는 것도 어렵지 않게 생각할지 모른다. 1951년의 버핏은 가이코 본사에서 CEO인 로리머 데이비슨Lorimer Davidson을 4시간 동안 면담을 하고 가이코와 보험산업 에 대해 공부할 내용은 다 공부한 후에 총 포트폴리오 자금 9,800달 러 중 75%를 이 회사 주식을 사는 데 썼다. 그런데도 "나는 분산을 너무 많이 했다는 느낌이었습니다"라고 적었다.° 가이코 투자 성공으로 버핏은 투자자로서 훌륭하게 첫발을 내디뎠고 그의 순재산도 껑충 뛰어올랐다. 그는 훗날 이렇게 적었다.

분산투자는 무지에 대비한 보호책입니다. 만약 자신이 하는 일을 잘 알고 있다면 분산투자는 별로 좋은 행동이 아닙니다…… 투자자가 자신의 행동을 잘 이해하지 못할 때에나 폭넓은 분산투자가 필요합니다.

만약 포트폴리오 집중 전략을 택함으로써 투자자가 어떤 기업의 주식을 구입하기 전에 그 회사를 더 강도 높게 분석하게 된다면, 그리고 그 결과로 기업 고유의 경제적 특성을 투자자가 더 만족스럽게 느낄 수 있게 된다면, 집중 투자 전략은 당연히 위험을 줄여 줍니다.

집중 투자 포트폴리오의 핵심 비결은 기업 고유의 사업 특징과 기업이 속한 산업의 특징을 최대한 자세히 이해하는 것이다. 그래야 투자자는 충분히 자신감을 가지고 한 종목에 집중 투자할 수 있다. 확실하게 리서치를 하고 시간이 흘러도 흔들리지 않을 강한 신념까지 겸비한다면 한 종목에 집중 투자하는 것도 결코 어렵지 않다. 집중 투자의 조건은 배짱이 아니다. 버핏은 1993년 주주들에게 보내는 편지에서도 같은 말을 계속했다.••

다른 한 편, 어느 정도 지식이 있는 투자자라서 사업의 경제적 특

- Warren Buffett, "Berkshire Hathaway shareholder letter, 2010", http://www.berkshirehathaway.com/letters/2010ltr.pdf.
-- Warren Buffett, "Berkshire Hathaway shareholder letter, 1993", http://www.berkshirehathaway.com/letters/1993.html.

성을 잘 알고 있고 중요하고 장기적인 경쟁우위를 5~10개 정도 가진 기업을 찾아낼 수 있다면 전통적 분산투자는 전혀 맞지 않습니다. 오히려 투자 실적에 해가 되고 위험만 올라갈 소지가 큽니다. 그렇게 똑똑한 투자자가 왜 가장 좋은 선택에, 다시 말해 자신이 가장 잘 이해하고 위험도 가장 적으며 이익 잠재력도 가장 큰 기업에 대한 투자를 늘리는 대신에 스무 번째로 좋은 기업에 돈을 투자하는지 저로서는 이해가 되지 않습니다. 선지자라 할 수 있는 메이 웨스트Mae West: 미국의 배우이자 극작가—옮긴이가 한 말이 있습니다. "너무 지나치게 좋기 때문에 멋진 것이 될 수 있다."

버핏의 메시지는 간단하다. 최고의 투자 아이디어에 집중해야 한다는 것이다. 개인이 자신만의 고유한 통찰력을 가지고 있고, 여러 산업 분야에 걸쳐 수십 기업을 다 이해하고, 그러면서 이 회사들의 사업 활동을 오랫동안 다 파악하기까지 하는 것은 불가능하다.

벤저민 그레이엄이나 월터 슐로스Walter Schloss, 피터 린치와 같은 투자자들은 분산 포트폴리오로도 엄청나게 높은 수익률을 거두지 않았냐는 반문이 나올 수 있다. 그러나 그레이엄과 슐로스는 몇 가지 핵심적인 주가 매개변수에 의존하는 투자 원칙을 엄격히 고수하고 기업의 사업이나 경영에는 크게 관심을 두지 않았다.* 따라서 두 사람에게는 분산투자가 당연한 행동이었다. 린치도 수천 개 종목을 보유하기는 했다. 그러나 그는 여가 시간에만 종목을 발굴하는 투자자들에게는 8~12개 기업에만 투자하라고 충고한다. "주식을 보유하는 것은 아이

● Warren Buffett, "Berkshire Hathaway shareholder letter, 2006", http://www.berkshirehathaway.com/letters/2006ltr.pdf.

를 가지는 것과 같다. 감당할 수 있는 수준 이상으로 감당하려 해서는
안 된다"는 것이 그의 충고다.• 집중 포트폴리오를 구축한 덕분에 버핏
의 투자는 한결 쉬워졌다. 그는 80대의 나이에도 왕성하게 투자를 계
속할 수 있으며 린치보다 몇 배나 많은 자산 규모의 포트폴리오를 여
전히 직접 관리한다.

게다가 집중 투자의 중요한 장점은 보상이 더 크다는 것이다. 버핏
이 그토록 오랫동안 최고의 실적을 기록한 데에는 투자 경력 내내 집
중 포트폴리오를 운용한 것도 큰 이유로 작용했다. 현재 버핏이 운용
하는 주식 포트폴리오 규모는 1,280억 달러가 넘으며, 이 포트폴리오
의 70%가 상위 5개 포지션에 집중돼 있다. 금액으로는 900억 달러가
넘는다. 2016년 9월 30일 기준으로 이 5개 포지션은 모두 적정 가격
에 거래되는 멋진 기업들인 크래프트 하인즈Kraft Heinz, 웰스 파고Wells
Fargo, 코카콜라, IBM, 그리고 아메리칸 익스프레스American Express다.

합리적 가격에 거래되는 멋진 기업을 몇 개 찾아내고 여기에 집중
투자하는 일까지 다 마쳤다면 다음은 인내심을 가지고 기다려야 한
다. 이것이 내가 버핏으로부터 배운 핵심 교훈이다.

"우리가 좋아하는 보유 기간은 영원입니다."

투자자들이 흔히 저지르는 실수 하나는 차익이 나는 승리주를 너
무 빨리 매도하고 실적이 형편없는 패배주를 고집스럽게 보유하는 것
이다. 린치는 이런 행동을 일컬어 화초를 잘라내고 잡초에 물을 주는
것과 같다고 말한다. 멋진 기업을 합리적 가격에 투자하는 어려운 일

• John Kenneth Galbraith, "A Short History of Financial Euphoria", *Penguin Books*, 1990.

을 해냈다면, 그 주식의 펀더멘털이 변하지 않고 가치평가 비율이 합리적라는 조건 하에 팔지 말고 계속 보유해야 한다. 버핏은 1998년 주주들에게 보내는 편지에서 적절한 보유 기간에 대해 말했다.[*]

우리가 일부 보유한 뛰어난 기업이 경영진까지 뛰어나다면, 우리의 가장 좋은 보유 기간은 영원입니다.

주식을 보유하고 있는 동안 두 가지 일이 일어날 수 있다.

1. 내재가치와 매수가의 차이가 갈수록 근접해진다.
2. 기업의 내재가치가 시간이 지날수록 성장한다.

장기적으로 가치 성장이 주가를 크게 견인한다면 당장의 주가는 더는 중요하지 않게 된다. 버핏이 1972년에 매수한 씨즈캔디가 단적인 예이다. 당시 씨즈캔디의 오너 가족은 3,000만 달러를 원했지만 버핏은 2,500만 달러 이상은 치르고 싶지 않았다. 다행히도 매도자는 2,500만 달러에 거래를 받아들였다. 그렇지 않았다면 버핏은 500만 달러의 차이로 인해 훗날 19억 달러라는 어마어마한 순이익을 누리지 못했을지도 모른다.[**]

또한 장기 보유한다는 생각으로 주식을 매수하는 것도 좋다. 장기 보유를 염두에 두고 리서치를 한다면 주가에 스며든 잡음은 중요하지

● Warren Buffett, "Berkshire Hathaway shareholder letter, 1998", http://www.berkshirehathaway.com/letters/1998.html.
●● Warren Buffett, "Berkshire Hathaway shareholder letter, 2014", http://www.berkshirehathaway.com/letters/2014ltr.pdf.

않다는 것을 알게 된다. 투자자는 기업의 질, 기업이 속한 산업의 질, 그리고 내재가치와 같은 장기적 문제에 초점을 맞출 수 있다.

도널드 약트만

피터 린치는 6개로 분류한 기업 범주 전체에서 골고루 좋은 투자를 찾아낼 수 있었고, 워런 버핏은 그중 좋은 기업에만 투자해야 한다고 가르친다. 도널드 약트만은 한 단계 더 나아가 경기순환에 민감하지 않은 좋은 기업에만 투자해야 한다고 강조한다.

약트만은 린치와 버핏만큼 잘 알려진 인물은 아니지만, 그가 자기 이름을 따서 설립한 약트만 자산운용Yacktman Asset Management이 2016년에 운용한 자산은 170억 달러가 넘었다. 약트만은 1980년대에 아메리칸 셰어스 펀드American Shares Fund의 펀드매니저로 뛰어난 실적을 올리면서 명성을 쌓았다. 그는 1992년에 직접 펀드를 세웠고 1997년에는 펀드 운용 자산이 11억 달러로 늘어났다. 기술주 거품이 맹위를 떨칠 때였지만 약트만은 저평가되고 수익성이 좋은 기업에만 투자하는 구식 방법을 고수했다. 그의 펀드가 시장 실적을 크게 밑돌자 투자자들은 순식간에 돈을 인출하기 시작했다. 1998년에는 펀드 이사들의 일부가 그에게 퇴진을 종용했고, 치열한 위임장 싸움을 벌인 후에야 도널드 약트만은 약트만 자산운용의 대표 자리를 간신히 지킬 수 있었다. 2000년 약트만 펀드에 남은 자산이 7,000만 달러이던 시점에서 그의 가치투자 전략은 다시 빛을 발휘하기 시작했다. 2000년에 약트만 펀드는 S&P 500보다 20% 높은 수익률을 달성했고, 2001년에는 31%, 그리고 2002년에는 무려 33%를 앞서는 수익률을 세웠다. 그의 펀드는 2008년과 2009년 금융 거품과 폭락이 한창일 때에도 뛰어난 실적을 거뒀다. 시장이 붕괴한 2008년에는 S&P 500의 수익률을 11% 앞질렀으며, 시장 회복기인 2009년에는 33%를 앞질렀다. 약트만 펀드에서 돈을 인출해 고공행진 중이던 기술주 펀드에 돈을 집어넣은 투자자들에게는 심심한 애도의 말을 전하고 싶다.

약트만의 핵심 투자 철학은 한마디로 요약해 주식을 채권처럼 보라는 것이다. 즉, 주식에 투자할 때에도 채권처럼 수익률의 관점에서 생각해야 한다는 뜻이다. 그의 투자 전략에서 가장 중요한 부분은 사업의 유형, 경영진, 그리고 투자의 기준수익률hurdle rate이다.

경기순환에 민감하지 않은 좋은 기업을 사라

좋은 기업에만 투자해야 한다고 말하는 점에서는 약트만도 버핏과 비슷하다. 그러나 약트만은 여기에 그치지 않고 경기순환에 민감하지 않은 좋은 기업에만 투자해야 하며, 고객의 제품 재구매 주기가 짧고 제품의 사업적 수명주기가 긴 기업에만 투자해야 한다고 말한다. 이런 제품으로는 치약이나 베이킹소다, 콘돔 같은 생필품이 있다. 이런 제품들은 매일 소비되며 금방 다 쓰기 때문에 얼마 안 가 새것을 사야 한다. 게다가 기업들은 매번 신기술을 발명하지 않아도 되고 번번이 차세대 제품과 경쟁할 필요도 없다. 코카콜라는 똑같은 음료수를 수십 년째 팔고 있다. 제품 수명주기가 그만큼 길다는 의미다.

약트만 펀드가 이런 기업에만 투자하고 있다는 것은 포트폴리오에도 명확하게 드러나는데, 이 글을 쓰는 시점에 그의 포트폴리오에서 가장 큰 비중을 차지하는 종목은 프록터 앤 갬블Procter & Gamble, 펩시코, 코카콜라다. 코카콜라는 버핏의 포트폴리오에서도 가장 큰 비중을 차지한다.

버핏처럼 약트만도 성장에 필요한 자본 요건이 낮은 기업을 선호한다. 자본 요건이 낮은 기업은 성장하는 동안에도 차곡차곡 현금을 쌓을 수 있고, 설비투자가 낮기 때문에 차입이 크게 필요하지 않으며, 전반적인 사업 위험도 굉장히 낮은 편이다.

그러므로 투자자는 고객의 재구매 주기가 긴 기업은 피해야 하는데, 대표적인 예가 자동차회사다. 자동차 산업은 경기순환에 대단히 민감하고, 경쟁이 치열한 데다, 고객들도 경제적 여유가 있을 때에만 차를 구입한다. 자동차회사는 경쟁에 뒤처지지 않으려면 계속 신모델을 개발해야 하고, 최신 기술을 따라잡으려면 생산시설에도 끊임없이 투자해야 한다. 이 모든 것들은 성장을 위한 설비투자를 높인다.

내 과거 직장인 이동통신 장비 회사를 생각해 보자. 이 회사도 자동차회사와 비슷하다. 고객들은 주머니 사정이 좋을 때에만 구입을 하고, 회사에는 대규모 자본이 필요하고, 획기적인 신제품 개발에는 적어도 5년이 걸린다. 그러나 제품은 한 세대가 지나기도 전에 구식으로 전락해버린다. 나쁜 사업이다! 내가 거기서 발을 뺀 게 정말 다행이다.

경영진

경영진의 능력은 기업의 장기적 성공을 결정하는 핵심 요인이다. 특히 바보 천치 이상의 경영 능력이 요구되는 기업일수록 그 중요성은 더욱더 커진다. 버핏은 자신이 매수하려는 기업에 "정직하고 유능한 경영진"이 있기를 원한다고 거듭 말했지만, 헤지펀드 매니저인 모니시 파브라이Mohnish Pabrai의 말에 따르면 모든 CEO는 하나같이 노련한 세일즈맨이다. 경영진의 말만 들어서는 그들이 유능한지 아닌지 알기가 힘들다.

약트만은 경영진이 회사가 보유한 현금으로 무엇을 하고 무엇을 하지 않는지를 유심히 관찰한다. 약트만은 2016년 구루포커스 가치투자 총회 기조연설에서 주주 지향적 경영진은 몇 가지 행동을 보인다고 설명했다. 그런 경영진은 일단 과도한 보상을 받지 않으며, 회사가 창출한 현금을 아래의 분야에 순서대로 사용한다.

1. 재투자: 경영진은 사업 성장을 위해 현금을 재투자한다.
2. 인수: 필요한 데 쓰고도 현금이 남으면 경영진은 인수를 추진해 사업을 성장시키려 한다. 이 부분에서 투자자는 경영진의 과거 인수 활동이 어떤 성과를 거두었는지를 면밀하게 살펴봐야 한다. 대규모 인수거래가 기대했던 결과를 내는 경우는 많지 않기 때문이다.
3. 자사주매입: 그런 다음에도 남는 현금은 자사주를 매입하는 데 쓴다. 투자자는 회사가 너무 비싼 금액에 자사주를 매입하지는 않는지 확인해야 한다. 자사주매입에 과도한 금액을 치른다면 오히려 남은 주주들의 가치가 파괴되기 때문이다.
4. 남는 현금으로는 부채를 줄인다.
5. 마지막으로 배당을 늘린다.

버핏 역시 2012년 주주들에게 보내는 편지에서 경영진이 초과현금을 어떻게 사용해야 하는지 자세하게 설명했다.* 그의 생각은 약트만의 생각과 대부분 일치한다.

그러므로 경영진의 능력을 파악하려는 투자자가 조심해서 봐야 할 부분은 경영자의 말이 아니라 그들의 자본배분 방식이다. 바보라도 운영할 수 있는 기업이라면 경영진의 능력이 회사에 미치는 영향은 상대적으로 크지 않다. 앞에 언급한 맥도날드가 그렇다. 이 회사는 지난 10년 동안 CEO가 수도 없이 바뀌었고 문제도 여러 번 있었지만 여전히 잘 굴러가고 있다. 물론 제품과 영업이 더 복잡한 기업에서는 경영진의 능력이 실적에 크게 영향을 미칠 수 있다.

기준수익률을 세워라

야크트만이 장기적 성공을 거두는 핵심 요인은 자신만의 기준수익률을 세우고 철저히 지킨다는 것이다. 그는 기술주 거품이 한창일 때에도 잠재적 수익률이 말이 되지 않는다고 생각해 기술주를 매수하지 않았다. 그리고 2006년 금융시장에 거품이 잔뜩 꼈을 때에도 야크트만의 현금 보유 비율은 평소보다 높았는데, 종목이 많아지면 기준수익률을 달성하기 힘들 것이라는 생각에서였다. 2008년과 2009년에 금융 거품이 터지면서 야크트만이 오래 전부터 매수를 원했던 주식들이 그의 기준수익률보다 훨씬 높은 수익률을 달성할 수 있는 수준으로까지 폭락했다. 그래서 그는 가진 현금을 몽땅 쏟아부었다. 이렇게 기준수익률 원칙을 철저히 지킨 덕분에 그는 2008년 시장이 폭락할 때도 2009년 시장이 회복할 때도 시장을 웃도는 실적을 거두었다. 2008년 S&P 500이 37% 떨어졌을 때 야크트만의 펀드는 평소보다 현금을 많이 보유하고 있었기 때문에 시장보다 11% 높은 수익률을 달성했다. S&P

● Warren Buffett, "Berkshire Hathaway shareholder letter, 2012", http://www. berkshirehathaway.com/letters/2012ltr.pdf.

500이 26.5% 상승한 2009년에 그의 펀드는 65%나 상승했다. 차곡차곡 쌓아뒀던 현금으로 바닥까지 떨어진 주식을 매입했기 때문이었다.

기준수익률을 세우는 기준은 해당 종목의 가치평가나 배당률, 또는 기대수익률이다. 약트만은 이른바 '선행수익률forward rate of return'을 사용하는데, 주식이 앞으로 7~10년 뒤에 벌어들일 것으로 기대되는 연평균 수익률을 의미한다. 약트만의 선행수익률 계산과 응용은 9장에서 자세히 설명할 것이다.

기준수익률은 시장 상승기에도 하락기에도 투자자에게 여러모로 도움이 된다. 상승장에서는 투자자가 고평가된 주식을 매입하지 않도록 막아주는 보호막 역할을 해주고 하락장에서는 언제 매수해야 하는지 파악할 수 있다.

너무 쉽게 말하는 것 같은가? 절대로 말처럼 쉽지 않다. 시장이 오르기만 할 때에는 기준수익률에 부합되는 주식이 하나도 없기 때문에 투자자는 계속 한발 물러나 있을 수밖에 없다. 그런데도 시장이 상승을 멈추지 않는다면? 하염없이 하락하는 포트폴리오 수익률은 보기만 해도 속이 쓰리다. 놓친 모든 투자 이익이 머릿속에 맴돈다. 그리고 이런 상황이 몇 년이고 이어질 수 있다. 매일은 아니어도 매달 수익률을 평가받아야 하는 전문 투자자에게는 견디기가 더욱 힘든 시간이다. 기준수익률을 고수하는 투자자는 주가가 연일 새 고점을 갱신할 때는 남들보다 수익률이 낮아진다. 멀리 갈 필요 없이 약트만만 봐도 알 수 있다. 그는 2007년부터 2011년까지는 훌륭한 실적을 거두었지만 그후는 실적이 저조했다. 현금 보유를 늘렸기 때문에 그의 실적은 모든 현금을 다 투자하는 S&P 500을 밑돈다. 지금은 버핏마저도 시장보다 수익률이 낮다.

하락장에서도 기준수익률을 지키기는 마찬가지로 쉽지 않다. 어쨌거나 시장 전체가 하락하고 있고 당신이 그전부터 사고 싶었던 주식 중 상당수가 기준수익률 요건에 부합한다고 하자. 그러나 선뜻 매수를 하지는 못한다. 말 그대로 시장이 폭락 중이기 때문이다. 주식 시장은 원래 상승 속도보다 하락 속도가 더 빠르다. 거품이 만들어지는 것은 아주 오래 걸리지만 터지는 것은 금방이다. 매수하고 싶던 주식도 순식간에 하락할 수 있다. 지금 샀다가는 며칠도 안 가 10%, 20%, 아니면 훨씬 더 크게 손해를 볼 수 있다. 그러나 지금 사지 않고 더 내려가기를 기다리다가는 기회를 놓칠 수 있다. 하락장 역시 견디기 힘든 시간이다.

그렇기에 기준수익률을 정하고 그것을 철저히 지키기는 대단히 어렵다. 하지만 장기적인 성공을 원하는 투자자라면 반드시 지켜야 할 원칙이다. 단기 수익을 기꺼이 버릴 의지도 있고 그럴 만한 여유도 있는 투자자만이 장기적으로 시장보다 높은 수익률을 올릴 수 있다.

만약에 기준수익률에 부합되는 주식이 하나도 없다면 리서치를 하면 된다. 저가로 떨어졌을 때 살 만한 멋진 기업 목록을 만들어서 때가 오기를 준비하면 된다.

*

피터 린치, 워런 버핏, 도널드 약트만에게서 배운 교훈을 각각 요약하기는 했지만 사실 세 사람의 교훈은 모든 면에서 다 겹친다. 다른 위대한 투자자들의 책과 글 역시 내게 많은 영감을 주었다. 오크트리 캐피털Oaktree Capital의 하워드 막스, GMO의 제러미 그랜섬Jeremy

Grantham, 오크마크 펀드Oakmark Funds의 빌 나이그렌Bill Nygren, FPA 크레센트 펀드의 스티븐 로믹 등, 이름을 대자면 끝도 없다.

다시 말하지만 투자는 배울 수 있다.

역사상 가장 똑똑한 투자의 귀재로 꼽히는 버핏은 버크서 해서웨이 주주들에게 보내는 편지에 기업 지배구조, 경영진의 질, 회계, 세금, 인수합병 등 경제에서 사업 운영에 이르기까지 사업이나 투자와 관련된 모든 주제를 상세히 적었다. 그러면서 보험과 금융, 소매, 항공, 신문, 유틸리티, 그리고 물론 투자 업계에 대한 자신만의 통찰을 들려준다. 비즈니스스쿨 학생들은 물론이고 기업 경영과 투자를 진지하게 고민하는 사람이라면 버핏이 주주들에게 보내는 편지를 꼭 읽어야 한다. 아직 읽지 않았다면 이 책을 마친 후 당장 그의 편지부터 읽기를 강하게 권한다.

투자 공부는 나를 완전히 바꾸었다. 인생을 바라보는 내 시각이 180도 바뀌었다. 사업과 투자 뿐만 아니라 모든 것을 새로운 시각에서 바라보게 됐다. 물론 투자 리서치를 실행하면서 배운 것을 실제 투자에 적용하고 있으며, 여러분에게도 그 지식을 어떻게 사용해야 하는지를 다음 장부터 자세히 설명하려 한다. 나는 내가 세운 투자의 기본 틀이 올바른 것이기를, 그래서 여러분이 그것을 단단한 발판 삼아 투자를 하고 다른 투자자들이 쉽게 저지르는 실수를 피하게 되기를 그리고 궁극적으로는 장기적 성공을 달성하게 되기를 바란다.

버핏의 편지를 읽을 때마다 사업과 투자에 대한 그의 해박한 지식은 나를 새삼 놀라게 했다. 버핏은 "저는 태어날 때부터 자본을 배분

● Warren Buffett, "The Superinvestors of Graham–and–Doddsville", 1984, http://www8. gsb.columbia.edu/alumni/news/superinvestors.

할 운명이었습니다"나 "1달러짜리를 40센트에 살 수 있다는 가치투자의 개념은 많은 사람을 곧바로 끌어들입니다"라는 말을 자주 했다.[●] 하지만, 가치투자에 아무리 이끌릴지라도 우선은 40센트에 팔리는 1달러짜리 주식을 찾아내는 방법부터 알아야 한다. 버핏이 태어날 때부터 위대한 투자자가 될 운명이었던 것은 맞을지라도, 거기에 필요한 지식까지 타고 난 것은 아니었다. 그는 그의 아버지인 하워드 버핏 Howard Buffet, 벤저민 그레이엄, 필립 피셔Philip Fisher, 찰리 멍거 등 많은 투자자로부터, 그리고 산더미만큼의 보고서로부터 배웠다. 버핏의 오랜 파트너인 찰리 멍거는 그를 두고 "지구상에서 가장 뛰어난 학습 기계 중 하나"라고 말할 정도다. 그러면서 멍거는 이렇게 덧붙였다.

버핏의 참 좋은 점은 은퇴할 나이가 지난 후에도 여전히 효과적으로 배우고 실력을 쌓는 것입니다. 버핏의 투자 실력은 65세를 지나고 나서 눈에 띄게 늘었습니다.[●●]

어떻게 해서 그렇게 많은 지식을 쌓을 수 있었느냐는 질문에 버핏은 수북이 쌓아 올린 책과 보고서 더미를 가리키며 말했다. "이런 것을 매일 500페이지 정도씩 읽으면 됩니다. 그러면 복리가 붙듯 지식도

● Peter Lynch, John Rothschild, "One Up on Wall Street".
●● Morgan Housel, "The Peculiar Habits of Successful People," *USA Today*, August 24, 2014, http://www.usatoday.com/story/money/personalfinance/2014/08/24/peculiar-habits-of-successful-people/14447531/.
●●● Steve Jordon, "Investors Earn Handsome Paychecks by Handling Buffett's Business", *Omaha World-Herald*, April 28, 2013, http://www.omaha.com/money/investors-earn-handsome-paychecksby-handling-buffett-s-business/article_bb1fc40f-e6f9-549d-be2f-be1ef4c0da03.html

차곡차곡 쌓일 겁니다."** 알려지기로는, 버핏의 후계자 중 한 명인 토드 콤즈Todd Combs가 하루에 소화하는 양이 1,000페이지라고 한다.***

마지막으로, 이번 장 첫머리에 나온 멍거의 말에 살을 덧붙이는 것으로 마무리하겠다.

가장 똑똑하지도 않고 가장 부지런하지도 않지만 학습 기계인 사람들의 삶이 언제나 향상하는 것을 저는 자주 봅니다. 그들은 아침에 깨었을 때보다 조금은 더 현명해져서 밤에 잠자리에 듭니다. 그것은 정말 큰 도움이 되고, 일찍 시작할수록 더 큰 도움이 됩니다.*

● Charlie Munger, "USC Law Commencement Speech".

제 2 장

심층 가치투자와
본질적 문제

"정원의 아름다운 꽃에 그늘이 드리울 정도로 잡초를 무성하게 하지 마라."
-스티브 마라볼리Steve Maraboli •

　한때 하늘 높은 줄 모르고 치솟았던 기술주 대부분은 거품이 터진 후 과거의 영광이 무색할 정도로 헐값에 거래됐다. 내가 매수한 광섬유 회사인 옵링크 주식은 2002년 10월에 2년 전의 250달러에서 4.5달러로 뚝 떨어졌다(주식분할 조정). 공교롭게도 그러면서 옵링크의 1주당 순현금은 8달러가 넘었다. 다시 말해 만약 회사가 영업을 중단하고 자산을 다 처분하고 주주들에게 그 현금을 다 나눠준다면 주주들은 주가의 거의 두 배가 되는 현금을 곧바로 챙길 수 있었을 것이라는 뜻이다. 따라서 처음에는 대단히 나쁜 투자였을지라도 어느 순간 가격이 적정선에 다다르면 꽤 괜찮은 투자가 되기도 한다.

　이것은 자산 가치보다 훨씬 크게 할인된 가격에 주식을 매수하는 데 초점을 맞추는 심층 가치투자deep value investing의 전형적인 예다. 심

● http://www.raiseyourmind.com/motivational/dont-let-the-tall-weedscast-a-shadow-on-the-beautiful-flowers-in-your-garden/

층 가치투자의 접근법을 이론화한 사람은 가치투자의 시조이며 워런 버핏의 멘토인 벤저민 그레이엄이다.[•]

심층 가치투자

심층 가치투자의 개념은 단순하다. 투자 초기 시절에 심층 가치투자로 엄청난 성공을 거둔 버핏의 설명처럼 "1달러짜리를 40센트에 사는 것"이다.[••] 심층 가치투자자들은 기업의 주식을 자산의 평가 가치보다 훨씬 할인된 가격에 매수한 후에 주가가 가치에 근접하기를 기다린다. 그들은 주가와 가치의 차이가 최소로 정한 수준 이상일 때에만 주식을 매수한다. 이런 최소한의 차이가 가치평가에서 했을지도 모르는 실수로부터 투자자들을 보호해주는 안전마진margin of safety이다.

그림 2.1은 안전마진의 개념을 그래프로 보여준다.

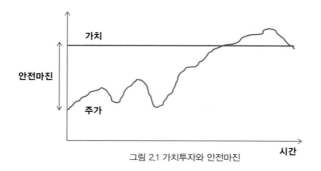

그림 2.1 가치투자와 안전마진

● Benjamin Graham, "The Intelligent Investor", *Harper Collins*, 2009
●● Warren Buffett, "Berkshire Hathaway shareholder letter, 1993", http://www.berkshirehathaway.com/letters/1993.html

시간이 지나고 주가와 가치의 차이가 줄어들면 심층 가치투자자는 높은 가격에 주식을 팔아 차익을 누리게 되는 것이다.

벤저민 그레이엄과 월터 슐로스는 심층 가치투자자였다. 그레이엄은 투자의 고전이 된 책 『현명한 투자자The Intelligent Investor』에서 실수를 피하려면 100개 이상의 기업으로 이루어진 분산투자가 더 안전한 길이라고 말한다.[*] 주식의 가치를 평가할 때 심층 가치투자자는 대차대조표에만 초점을 맞출 뿐 당장의 영업실적에는 관심을 가지지 않는다. 투자자가 얼마나 보수적인 방법을 적용하느냐에 따라 기업의 가치평가 방법은 네 가지로 나눌 수 있다.

유형순자산가치

유형순자산가치tangible book value 접근법에서는 모든 채무와 부채를 지급한 후 남은 현금이나 매출채권, 재고자산, 건물, 설비자산 등 유형자산의 가치만을 가지고 기업의 가치를 평가한다. 영업권, 특허, 상표권, 브랜드, 사업 운영권과 같은 무형자산의 가치는 포함하지 않는다. 이 접근법을 사용해 1주의 가치를 계산하면 다음과 같다.

1주당 유형순자산가치 = (총자산 − 총부채 − 우선주 − 무형자산) / 유통주식 수

상당히 보수적인 가치평가 접근법이지만 여기서 그치지 않고 더 보수적으로 평가하는 투자자들도 있다.

● Benjamin Graham, "The Intelligent Investor".

순유동자산가치

가치평가를 더 보수적이고 신중하게 하고 싶다면 건물이나 토지, 설비와 같은 장기자산을 가치평가에 포함하지 않는 방법이 있다. 유동자산만을 가치평가 계산에 포함하더라도 어차피 지급해야 하는 부채는 그대로다. 순유동자산가치net current asset value, NCAV 계산법은 아래와 같다.

1주당 순유동자산가치 = (유동자산 − 총부채 − 우선주) / 발행 주식 수

모든 유동자산의 가치가 장부 그대로일 것이라는 보장이 없기 때문에 아직은 안심하기 어렵다. 더 보수적인 가치평가 계산법은 순순운전자본Net-Net Working Capital, NNWC의 가치만을 따지는 것이다.

순순운전자본

여기서는 재고자산과 매출채권은 순자산가치로 할인하고 선지급비용은 가치에 포함하지 않는다. 물론 부채 금액은 그대로이다.

1주당 순순운전자본 = {현금과 단기 투자+(0.75×매출채권)+(0.5×재고자산)−총부채−우선주} / 발행 주식 수

순순운전자본법을 이용한 가치평가에서 현금의 가치는 장부가의 100%, 매출채권은 75%, 재고자산은 50%만 인정받는다. 나머지 자산에는 가치를 부여하지 않으며 부채는 전액 지급해야 할 비용으로 포함한다. 이 접근법은 사업을 급히 처분하고 주주들 몫으로 남게 되는 가

치를 계산하는 것을 가정한다.

순현금

순현금 평가법은 현금과 단기 투자만을 가치평가 계산에 사용한다. 나머지 자산은 가치가 없다고 가정한다.

1주당 순현금 = (현금과 단기 투자 − 총부채 − 우선주) / 유통 주식 수

기업의 일부를 청산가치보다 한참 낮은 가격에 매각하는 사람이 과연 있을지 의문이지만, 시장이 패닉에 빠졌을 때에는 실제로 그런 일이 일어난다. 2016년 7월에 증시는 역대 최고점을 기록했지만, 일부 종목의 주가는 여전히 청산가치보다도 훨씬 낮았다. 아래의 표는 그런 종목들을 일부 나열한 것이다.

기업	유형순 자산가치	NCAV	순순운전 자본	순현금	주가
에머슨 라이도	$1.99	$1.93	$1.75	$1.75	$0.68
애드베럼 바이오테크놀로지스	$8.92	$8.78	$8.73	$8.70	$3.07
카빌랜 테라퓨틱스	$1.64	$1.63	$1.59	$1.59	$0.59

* 날짜는 2016년 7월 19일이며, 모든 숫자는 1주당 가격과 가치다.

유형순자산가치에서 순유동자산가치, 순순운전자본, 순현금 접근법으로 진행할수록 1주당 가치가 줄어드는 것은 뒤로 갈수록 보수적인 계산법을 적용하기 때문이다.

위의 숫자들은 구루포커스닷컴에서 가져왔으며, 사이트에 들어가면

네 가지 가치평가 접근법에 따른 모든 종목의 현재와 과거 가치를 확인할 수 있다. 또한 구루포커스 스크리너스 코너의 올인원All-In-One과 •벤 그레이엄의 넷-넷Ben Graham's Net-Net에서•• 주가가 청산가치보다 낮은 모든 종목을 다 확인할 수 있다.

투자자가 청산가치보다 훨씬 낮은 값에 주식을 산다면 돈을 잃을 걱정은 당연히 하지 않아도 될 것이다. 그레이엄처럼 말이다. 그의 『현명한 투자자』에는 이렇게 적혀 있다.•••

순유동자산가치보다 가격이 낮은 주식들에만 분산투자를 할 수 있는 투자자는 당연히 결과도 만족스러울 수밖에 없다. 과거에도 그랬고 지금도 말해봤자 입만 아픈 사실이다.

뒤에서는 이런 말을 덧붙였다.

이 개념은 될 수 있으면 여러 주식을, 순유동자산의 순자산가치보다 낮은 가격에 사야 한다는 것이다. 즉, 시설이나 기타 자산에는 가치를 부여하지 말아야 한다. 우리는 이렇게 가장 기본적인 자산 가치만 따진 후 대개는 그것의 3분의 2가 안 되는 가격에 주식을 샀다. 최근 몇 년 동안 아주 넓게 분산해 그런 주식들에 투자했다. 적어도 100개 종목은 된다.

● http://www.gurufocus.com/screener/
●● http://www.gurufocus.com/grahamncav.php
●●● Benjamin Graham, "The Intelligent Investor".

그레이엄은 순유동자산가치의 3분의 2 이하 가격으로 거래되는 기업을 원했다. 구루포커스는 이런 순유동자산 염가주식을 스크리닝하기 위해 그레이엄 바겐 스크리너Graham Bargain Screener 코너를 만들었다. 다음 링크에서 확인할 수 있다.

http://www.gurufocus.com/grahamncav.php

이 기업들은 대부분 운영 상태가 부실하고 적자에서 벗어나지 못할 소지가 크다는 투자 위험을 가지고 있다. 구루포커스는 위험을 줄이기 위해 사용자들로 하여금 양의 영업현금흐름을 창출하는 기업을 걸러내도록 도와줄 특별한 옵션을 추가했다. 옵션으로 걸러진 기업들에 대해서는 영업 활동이 유지되는 동안 현금을 소진할 위험이 없을 것이라고 가정할 수 있다.

그레이엄의 설명에 따르면, 이렇게 염가로 나온 기업들 중 몇 곳은 상황이 악화되면 지급 불능에 빠지기 때문에 골고루 분산된 포트폴리오를 유지하는 것이 대단히 중요하다.

염가주식을 산다는 전략으로 그레이엄은 톡톡히 효과를 보았지만, 오늘날 분산 포트폴리오를 구축하려는 가치투자자들로서는 눈을 씻고 찾아봐도 염가주식은 찾기가 힘들다. 증시가 폭락을 거듭하던 2008년에는 염가주식 스크리너에도 제법 길게 목록이 떴지만 그것도 조금씩 줄어들었다.

내가 직접 경험한 벤 그레이엄 순유동자산 염가주식 접근법의 결과는 좋은 것도 있고 나쁜 것도 있었다. 그레이엄의 설명처럼 염가주식이 도처에 널려 있을 때에는 굉장히 좋은 전략이다. 그러나 염가주식이 많지 않다면 몇 종목 찾는다고 해도 성공하기 힘들다.

다음에 나오는 표에는 2008년 12월 26일에 염가주식 스크리너가 만들어낸 상위 20개 종목이 나와있다. 그때 S&P 500은 2007년 고점에서 40%가 넘게 빠진 872포인트였다. 지금 이 글을 쓰는 시점에서 S&P 500은 2,163포인트로 올라있다. 표는 2011년 7월까지 20개 종목들이 거둔 수익률도 같이 보여준다.

2008년 12월 순순운전자본 포트폴리오(S&P 500 = 872)

심볼	2008년 12월 26일 주가	2011년 7월 13일 주가	변화(%)	비고
힐리스	2.52	2.24	−11%	
밸피 피셔	1.45	2.7	86%	
솔타 메디컬	1.35	2.6	93%	
에머슨 라디오	0.51	1.97	286%	
오르보테크	4.06	12.35	204%	
실리콘 그래픽스 인터내셔널	3.76	15.87	322%	
누크리스트 제약회사	0.85	1.77	108%	인수됨
페코 II	2.1	5.86	179%	인수됨
데이터램	1.15	1.59	38%	
맷슨 테크놀로지	1.2	1.94	62%	
ACS 모션 컨트롤	0.91	1.4	54%	
아바넥스	1.04	3.256	213%	인수됨
링크톤	1.13	0.9701	−14%	
PDI	3.39	7.72	128%	
액션스 반도체	1.6	2.15	34%	
솝스톤 네트웍스	2.46	0.01	−100%	
트랜셉트 제약회사	5.45	8.59	58%	
밸루비전 미디어	0.29	8.29	2,759%	
알리안츠 SE	10.14	12.82	26%	
GSI 그룹	1.65	11.99	627%	
		평균	257.6%	

위의 종목들 중에서 가치가 완전히 사라진 것은 숍스톤 네트웍스밖에 없다. 3종목은 프리미엄 가격에 인수돼 모두 주가가 100% 넘게 올랐다. 20개 종목 전체의 평균 수익률은 257%였다. 이와 대조적으로 같은 기간 동안 S&P 500은 48.5% 올랐고, 나스닥 지수는 82% 올랐다. 20개 종목 중 17개는 양의 수익률을 거두었는데 그중에서도 밸루비전 미디어는 2년 반 동안 자그마치 2,700%가 넘게 올랐다. GSI 그룹은 600% 이상 상승했고, 실리콘 그래픽스 인터내셔널은 300% 이상, 에머슨 라디오는 280% 넘게 올랐다. (전부 배당은 제외한 수치다.) 순유동자산가치 염가주식은 말 그대로 수익률 대박을 냈다. 시장이 150% 이상 올랐던 12개월 동안의 수익률이 특히나 높았다.

그러나 시장이 오르막 행진을 계속하면서 염가주식의 수도 줄어들었다. 2009년 10월이 되자 S&P 500은 2008년 금융위기로 인한 하락을 일부 만회하면서 1,000포인트를 다시 넘어섰다. 염가주식은 12개였다.

2009년 순순운전자본 포트폴리오(S&P 500 = 1,020)

기업	주가($)
더나인	7.57
오르서스 젤렌트 테크놀로지스	9.36
힐리스	2.15
일롱	9.74
TSR	4.1
넷리스트	0.69
포워드 인더스트리즈	1.72
유나이티드 아메리칸 헬스케어	0.99
옵티베이스	6.35
매직잭 보컬텍	4.88

아메리칸 러닝	0.52
MGT 투자	15

이 주식들이 그후 4년 동안 거둔 수익률은 다음과 같다.

기간	염가주식 포트폴리오	S&P 500	나스닥
2009년 10월~2010년 9월	50.00%	9.75%	13.38%
2010년 10월~2011년 9월	−17.00%	−1.29%	1.88%
2011년 10월~2012년 9월	−2.00%	24.68%	25.69%
2012년 10월~2013년 9월	−28.00%	17.43%	24.23%

첫해에 염가주식 포트폴리오는 대단히 높은 실적을 거두었다. 만약 투자자들이 매수하고 12개월 후에 이 포트폴리오를 매도했다면 큰 차익을 벌었을지도 모른다. 그러나 보유 기간이 길어질수록 상승했던 주가는 서서히 떨어졌을 것이다.

순유동자산가치보다 낮은 염가주식의 실적을 계속 주시했더니, 우리가 2011년부터 만들었던 포트폴리오의 실적이 좋지 않았다. 포트폴리오 전체가 S&P 500보다 평균적으로 실적이 상당히 저조했다.

아래의 목록은 2011년 4월 S&P 500이 1,300포인트를 넘었을 때 만든 순유동자산가치보다 낮은 염가주식(이하 NCAV 염가주식) 포트폴리오의 주가다.

2011년 4월, 순순운전자본 포트폴리오(S&P 500 = 1,332)

기업	주가($)
차이나 테크페이스 와이어리스 컴	21.6
블루코라	8.79
차이나−바이오틱스	8.38

지앙보 제약	4.43
노아 에듀케이션 홀딩스	2.16
일롱	14.25
젠코 인더스트리스	7.85
바이콘 인더스트리스	4.75
TSR	4.99
맥시젠	5.21
코마로	0.31
액션스 반도체	2.44
미드 인스트루먼츠	3.66
브로드비전	14.45
퀄스타	10.74
메루스 랩스 인터내셔	1.62
피어리스 시스템스	3.16
사이토키넥틱스	9.06

다음은 2011년 4월에 만든 NCAV 염가주식 포트폴리오의 수익률을 12개월 단위로 정리한 것이다.

기간	염가주식 포트폴리오	S&P	나스닥
2011년 4월~2012년 3월	−10%	7.21%	12.70%
2012년 4월~2013년 3월	−20%	11.41%	5.69%
2013년 4월~2014년 3월	11%	18.38%	27.18%
2014년 3월~2015년 3월	−30%	10.51%	18.5%

NCAV 염가주식 포트폴리오는 처음부터 지수보다 실적이 나빴고, 그후 시장이 계속 오르는 동안에도 내내 크게 떨어졌다.

크게 할인된 염가주식으로 구성한 포트폴리오의 실적을 계속 관찰하기는 했지만, 애초부터 포트폴리오에 넣을 정도로 안전마진이 충분한 주식은 많지 않았다. 만약 보이는 대로 족족 염가주식에 투자했다면 별로 좋지 못한 투자였을 것이고 시장 실적에 훨씬 뒤처졌을 것이다.

청산가치보다 크게 낮은 가격에 거래되는 기업을 찾는 일은 기술 발전 덕분에 그레이엄 시절과는 비교도 안 되게 쉬워졌다. 그 결과 시장은 점점 붐비고 있으며 훨씬 싸게 거래되는 염가주식은 많지가 않다. 특히 최근 몇 년은 저금리 시대였기 때문에 모든 자산의 가치평가 비율이 전체적으로 크게 올라갔다. 그러다 보니 대차대조표의 순자산가치보다 훨씬 싸게 거래되는 기업을 찾기도 어렵다.

심층 염가주식의 투자 적기는 그런 주식을 많이 찾을 수 있을 때다. 특히 시장 붕괴로 패닉과 등 떠밀린 매도가 만연할 때가 가장 좋은 적기다. 이런 기간에는 더 높게 가치를 인정받아야 하는 주식들 대다수의 가격이 급락하며, 상대적으로 펀더멘털이 약한 종목일수록 그 하락폭은 더욱 큰 편이다. 시장 전체가 고평가돼 있고 모든 주식이 상승하는 시기에 심층 염가주식 스크리너에 나온 저가 종목들은 원래부터 낮은 가치로 거래되는 것들일 것이다. 이런 종목들의 주가가 낮은 데는 그만한 이유가 있고 싼값에 샀다가는 크게 낭패를 볼 수 있다. 내가 2011년 이후 몇 년 동안 그랬듯이 말이다. 그러므로 심층 가치투자를 하려는 투자자들은 이 접근법의 이러한 본질적 문제를 잘 이해하고 조심해야 한다.

심층 가치투자의 문제

버핏은 순자산가치보다 훨씬 낮은 가격으로 평범한 이류기업의 주식을 사는 전략에 '담배꽁초 투자cigar-butt investing'라는 명칭을 붙였다.

그는 이 접근법을 "길을 가다 딱 한 모금 빨 정도만 남아 있는 담배꽁초를 발견하는 것과 비슷하다. 연기는 많이 나지 않겠지만 '염가 구매'인 만큼 그 한 모금이 전부 이익이 된다"라고 설명했다.[●]

담배꽁초 투자 방법에도 몇 가지 문제점이 있다.

시간에 따른 가치 잠식

평범한 이류기업은 주주 가치를 창조하는 것이 아니라 시간이 지날수록 가치를 파괴한다. 이런 기업에서 가치와 주가의 관계는 그림 2.1과 같은 생김새가 아니라 그림 2.2에 나오는 것과 비슷하다.

따라서 기업의 가치는 떨어질 수 있고 주가가 오르지 않아도 처음의 안전마진이 조금씩 줄어들 수 있다. 이 주식의 투자자들에게는 행운이 따라야 한다. 늦지 않게 주가가 올라야 하고, 오른 주가가 다시 내재가치를 좇아 내려가는 사태가 벌어지기 전에 팔 수 있어야 하기 때문이다.

1989년 버핏이 주주들에게 보내는 편지에 적은 말을 유념해야 한

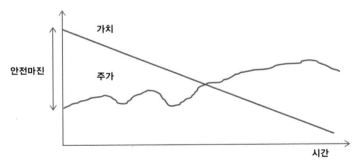

그림 2.2 이류기업의 주가와 가치

● John Kenneth Galbraith, "A Short History of Financial Euphoria", *Penguin Books*, 1990.
●● Warren Buffett, "Berkshire Hathaway shareholder letter, 1989", http://www.berkshirehathaway.com/letters/1989.html.

다. "시간은 멋진 기업의 친구고, 평범한 기업의 적입니다." ••

버핏 본인도 장래가 밝지 않은 기업을 비싼 값에 샀다가 혹독한 대가를 치렀다. 그는 버크셔 해서웨이의 지배주식을 매수한 것이 자신과 파트너들에게 결국 1,000억 달러의 피해를 입게 만든 큰 실수였다고 생각했다.• 순순운전자본 정도로 할인됐고 순자산가치의 절반도 안 되는 가격에 매수한 주식이기는 하지만, 버크셔 해서웨이의 순자산가치는 영업손실과 자사주매입으로 인해 1964년 5,500만 달러에서 1967년에는 2,200만 달러로 뚝 떨어졌다. 게다가 같은 시기에 버핏은 운영 상태가 괜찮은 소매회사를 순자산가치보다 크게 할인된 가격에 매수했는데, 3년 후 "다행히도" 매수가에 매도할 수 있었다.

앞에 나온 2009년 순순운전자본 염가주식 포트폴리오도 같은 결과를 빚었다. 처음 12개월 동안은 포트폴리오 수익률이 시장을 크게 웃돌았다. 하지만 다음 3년 동안 증시가 연일 상승장을 이어가는 상황 속에서도 순순운전자본 염가주식 포트폴리오는 상승분을 다 까먹었다.

시장 적기와 고통

염가주식이 여기저기 널려 있다면 이런 주식들로 포트폴리오를 이루는 것도 괜찮다. 그러나 2008년처럼 시장이 급락하면 염가주식 포트폴리오는 증시 전체와는 비교도 되지 않는 속도로 빠르게 가치가 하락할 수 있다. 경기 침체가 계속되면 포트폴리오에 속한 기업 중 상당수가 가파른 영업손실을 겪게되고 심하면 파산까지 할 수 있다. 시황이 나쁠 때에 이런 포트폴리오는 가지고 있는 것만으로도 잠을 설

● Warren Buffett, "Berkshire Hathaway shareholder letter, 1992".

　　　　　　　　　　　　　　　　　　　　구루들의 투자법

칠만큼 고통스럽다. 약세장이나 침체기에 이런 종목을 보유하는 사람은 누구나 다 그렇게 말할 것이다.

게다가 사업 가치가 빠른 속도로 잠식 중이기 때문에 자산 가치보다 훨씬 싸게 산 염가주식은 가격을 제대로 받지 못할지라도 빨리 파는 것이 상책이다. 이런 주식은 보통 매수하고 첫 12개월 이내 차익이 가장 크게 난다. 찰리 멍거도 이렇게 말하지 않았는가. "어떤 주식을 저평가됐다는 이유 하나로 매수했다면, 그 주식의 가격이 내재가치에 근접한다 싶을 때에는 파는 것을 진지하게 고민해야 한다. 힘든 고민이기는 하다."●

버핏은 단기 차익을 노리고 헐값에 이류기업의 주식을 사는 것을 결혼을 생각하지 않고 데이트만 하는 것에 비유했다. 이런 관계에서는 적당한 때에 결별하는 것이 서로에게 좋을 것이다.

자격에 들어맞는 주식이 많지 않다

심층 염가주식 포트폴리오에 있는 한두 종목 때문에 큰 낭패를 보는 결과를 피하기 위해서라도 분산해서 투자해야 한다. 그러나 증시가 전반적으로 고평가돼 있다면 분산투자 요건에 맞는 종목들을 찾아내기는 불가능에 가깝다. 2012년이 그런 상황이었다. 구루포커스의 순유동자산가치 염가주식 포트폴리오가 미국 시장에서 찾아낸 염가주식은 몇 종목에 불과했다. 시장이 계속 오르막이었기 때문에 염가주식은 씨가 말라 있었다. 제로에 가까운 저금리 기조가 모든 자산의 가치를 끌어올렸기 때문에 이런 상황이 생각보다 오래 이어질 수 있다.

● Charlie Munger, "USC Law Commencement Speech".

세금 비효율(미국 사례)

염가주식 포트폴리오는 보유 기간이 짧기 때문에 은퇴계좌에 포함된 투자가 아닌 한 이 포트폴리오에서 나오는 모든 차익에는 미국 투자자들에게 매겨지는 투자자 소득세율이 그대로 적용된다. 최고 세율 구간에 속한 투자자라면 매년 차익의 거의 40%를 세금으로 납부해야 한다. 장기 수익률은 당연히 크게 줄어들 수밖에 없다.

*

자산 가치보다 크게 할인된 염가주식을 산다는 전략은 높은 차익이 가능할지 몰라도, 투자자가 치러야 할 정신적 대가도 그만큼 높아진다. 게다가 경기가 악화되고 가치가 잠식되면 투자자의 위험은 급증한다. 따라서 투자자는 이런 염가주식 투자에서 분산 포트폴리오를 유지하고 결과가 좋든 나쁘든 12개월 내에 포트폴리오를 처분해야 한다는 규칙을 반드시 지켜야 한다.

염가주식 포트폴리오 전략은 대차대조표의 유동성이 높은 소형주 기업에 초점을 맞춰야 한다. 설비와 건물 같은 유형자산이 많은 기업이라면 청산 절차가 길고 비용이 많이 들기 때문에 그나마 있는 자산 가치가 전부 도루묵이 될 수 있다. 버핏도 이런 경험을 했다. 버크셔 해서웨이가 마침내 섬유 사업을 접고 청산 절차를 시작했을 때만 해도 원가가 1,300만 달러인 장비들은 여전히 사용 가능한 상태였고 장부가치도 86만 6,000달러였다. 그러나 장비를 매각하고 받은 총대금은 16만 3,122달러가 고작이었다. 매각 전후로 든 비용을 차감하면 순수 매각 대금은 0달러도 되지 못했다.•

| 구루들의 투자법

사업이 복잡하고 비유동자산이 많은 기업을 고집스럽게 보유하고 있으면 큰 손해가 날 수 있다. 투자자는 회사가 흑자로 돌아설지 모른다는 부질없는 희망에 차마 주식을 팔지 못한다. 버핏이 버크셔 해서웨이의 원래 업종인 섬유 사업을 놓지 못했던 것처럼 말이다. 단기 차익을 노리고 아주 헐값에 나온 이류기업의 주식을 사는 것이 결혼 생각없이 데이트만 즐기는 것과 비슷하다면, 이런 주식을 장기간 보유하는 것은 사랑 없이 결혼 생활을 이어가는 것과 비슷하다. 부부관계를 그럭저럭 유지하기 위해 다른 많은 것을 바로잡는다고 해도 절대로 행복한 결혼 생활이 되지는 못한다.

이런 상황이 페어홀름 펀드Fairholme Fund의 브루스 버코위츠Bruce Berkowitz에게 벌어졌다. 21세기 들어 첫 10년 동안 버코위츠는 가장 높은 실적을 거둔 뮤추얼 펀드 매니저 중 하나였지만, 지난 몇 년 동안은 아니었다. 그리고 그와 그의 주주들은 그 대가를 톡톡히 치렀다.

버코위츠는 10년 넘게 허덕거리는 소매회사인 시어스 홀딩스Sears Holdings 주식을 대규모로 보유했다. 분사 전 시어스 홀딩스의 주가는 160달러가 넘었다. 버코위츠는 이 회사의 소매 사업이 악화됐다는 사실을 잘 알고 있었지만 보유 부동산과 사업체들의 가치가 제법 크다고 굳게 믿었다. 그리고 사업체와 부동산을 처분하면 그 가치를 실현할 수 있을 것이라고 생각했다. 2014년 2월까지 시어스의 주가는 70%가 넘게 빠진 38달러 선에서 거래됐지만 버코위츠는 이 회사의 주당 순자산이 150달러를 넘는다고 판단했다. 2014년 2월에 그는 주주들에게 보내는 편지에 이렇게 적었다. "우리의 리서치가 정확하다면 지

● Warren Buffett, "Berkshire Hathaway shareholder letter, 1985", http://www.berkshirehathaway.com/letters/1985.html.

금 38달러인 시어스의 주가는 시간이 지날수록 순자산 정도로는 오를 것이라고 기대합니다."• 2년 반 뒤 주가는 10달러 아래로 내려앉았다. 분사한 랜즈 엔드Lands' End와 세리티지Seritage를 싼값에 매수할 권리의 가치를 더한다고 해도 여전히 70% 이상이 손해였다. 버코위츠는 시어스 주식을 계속 사들였다.

그러는 동안 시어스도 또 다른 실력 있는 가치투자자이며 금융 전문가인 에디 램퍼트Eddie Lampert의 주도 아래 아닌 말로 가치를 날려먹는 행동은 빼놓지 않고 다 했다. 시어스는 오차드 서플라이 하드웨어Orchard Supply Hardware를 2012년 1월에 주당 20달러가 넘는 가격에 분사했지만, 지금 오차드 서플라이의 주가는 20센트다. 시어스는 직영 매장이건 프랜차이즈 매장이건 홈디포Home Depot나 로우스Lowe's와는 아예 경쟁조차 되지 못했다. 또 다른 분사 기업인 시어스 캐나다Sears Canada는 2012년 10월에 주당 18.5달러에 분사한 이후로 한번도 이익을 내지 못했다. 시어스 캐나다의 주가는 80%가 넘게 하락했고 지금 이 회사는 파산을 향해 수직 낙하하고 있다. 세리티지는 아직까진 비교적 순조롭게 운영되고 있지만, 이 회사를 분사하면서 시어스 주주들이 받은 것은 다른 분사 때처럼 주식이 아니라 29.5달러에 주식을 매수할 수 있는 권리였다. 시어스 홀딩스는 5년 연속해서 적자가 났다. 주요 부동산을 세리티지에 매각해서 받은 대금은 2015년 한 해 동안의 영업손실로 인해 부족한 현금을 메꾸는 데 대부분 다 들어갔다. 얼마나 많은 가치를 날려버린 것인지 짐작조차 안 될 정도이다.

• "Fairholme Fund Annual Shareholder Letter", 2013, https://static1.squarespace.com/static/53962eb7e4b053c664d74f3d/t/5429b689e4b06a1d711a373a/1412019849559/FAIRX_11.30.13%2Bv2.1WEB_0.pdf.

게다가 시어스는 주주들에게 자본을 '돌려주기' 위해 여러 해 동안 자사주를 많이 매입했다. 그러나 적자가 이어지다 보니 주주들의 눈에 비친 현실은 눈덩이처럼 불어나는 투자 손실과, 눈 녹듯 빠르게 사라지는 사업 가치였다.

만약 시어스 주주들이 분사한 오차드 서플라이와 시어스 캐나다의 주식을 팔았다면 이익을 보지 않았겠냐는 의문이 들 수도 있지만 내 생각은 다르다. 시어스 홀딩스 주주들은 애초에 아주 일찌감치 주식을 팔아치웠어야 했다. 버코위츠도 그래야 했다. 버코위츠가 시어스 주가가 10년 전 160달러를 넘을 때 주식을 팔았다면, 아니면 6년 전 70달러를 넘었을 때, 아니면 4년 전 40달러 이상일 때, 또는 못해도 2년 전 30달러를 웃돌 때 팔았다면, 페어홀름 주주들에게도 훨씬 나았을 것이다. 지금 시어스 주가가 10달러 아래인데도 버코위츠는 여전히 고집을 버리지 못하고 있다. 오히려 심하게 '저평가' 됐다고 말하면서 매수를 늘리고 있다. 페어홀름 주주들이 입는 피해도 그만큼 가파르게 늘어났다. 지난 3년 동안 페어홀름 펀드의 수익률은 S&P 500보다 35%나 낮았고, 지난 5년 동안은 50%나 낮았다. 잃어버린 기회에 대해 굳이 더 말할 필요가 있을까?

아직 끝나지 않았다. 시어스는 반신불수가 돼 돈을 잃기만 하고 있는 소매 사업을 회생시키려 막대한 돈을 쓰면서 아마존이나 월마트 같은 거인들과 경쟁하겠다는 포부를 보이고 있다. 이런 행보 하나하나가 취해질 때마다 지금 이사회에 합류한 버코위츠는 심리적으로도 정신적으로도 당연히 힘이 빠질 것이다. 또, 시어스는 20억 달러의 연기금을 몇 년 동안 다 소진했다. 이 금액은 현재 시어스 시가총액의 두 배가 넘는다. 가치를 날려버리는 데 걸린 시간이 예상보다 길었다는 것은 앞으로 가치 잠식이 또 있을 것이라는 뜻이다. 2016년 5월이 돼 연준의 금리 인상이 거의 기정사실처럼 굳어진 후에야 버코위츠는 연기금 채무를 해결하지 않으면 안 된다고 생각했다.[●] 천만다행으로 금리가 추가로 인하됐다. 지금 그는 소매 사업의 손실이 2016년에서 멈추기를 바라지만, 매 분기 적자가 늘어나는 상황으로 보건대 그럴 가능성은 지극히 낮다. 그러는 동안에도 시어스는 2016년 1사분기에만 다시 7억 달러 적자가 났고, 현금을 충당하기 위해 엇비슷한 규모의 채권을 발행했다.

가도가도 끝이 보이지 않는 개미굴이 따로 없다. 투자자로서 내가 이런 진창에 들어가 스스로를 희망 고문하면서 암담함 그 자체인 회사를 지켜봐야 할 이유는 없는 것 같다. 혹여 회사가 살아난다고 해도 절대로 기운을 다 쏟을 만큼 가치가 있는 것은 아니다.

여기에 대해 버핏이 아주 훌륭한 말을 했다.[●●]

청산 전문가가 아닌 한, 그런 식의 접근법으로 주식을 사는 것은 바보짓입니다. 첫째로, 처음부터 '염가'라는 것이 알고 보니 전혀 염가가 아닌 것이 될 수 있습니다. 부실한 기업은 문제 하나를 해결하면 다른 문제가 터져 나옵니다. 부엌의 바퀴벌레는 한 마리만 있는 것이 아닙니다. 둘째로, 투자자가 확보한 처음의 우위는 기업의 낮은 수익률로 인해 순식간에 잠식될 것이 빤합니다……

● "Fairholme Fund Semiannual Shareholder Letter", 2016, http://www.fairholmefundsinc.com/Letters/Funds2016SemiAnnualLetter.pdf.
●● Warren Buffett, "Berkshire Hathaway shareholder letter, 1989".

더 좋은 투자 방법이 있지 않을까?

제3장

좋은 기업만 사라!

"단순한 아이디어를 선택하고 진지한 고민을 하라."
– 찰리 멍거

더 좋은 투자 방법은 당연히 있다!

가치가 하락하는 기업을 헐값에 사고서는 오르기를 부질없이 희망하기보다는, 시간이 지날수록 가치가 성장하는 기업을 사면 되지 않겠는가? 워런 버핏은 '염가주식을 사는 바보짓'을 한 후에 얻은 귀중한 교훈을 한 문장으로 요약했다. "적당한 기업을 멋진 가격에 사는 것보다는 멋진 기업을 적정 가격에 사는 것이 훨씬 낫습니다." 투자자들은 이 말을 언제나 머릿속에 새기고 있어야 한다.

도널드 약트만이 장기 수익률 신기록 중 하나를 세웠을 때도 이 철학은 그를 지탱하는 든든한 버팀목이었다. 1990년대 초 그의 아들이 크라이슬러를 매수하자고 제안했다. 크라이슬러 주가는 10달러 언저리로 얼핏 보기에는 상당히 싼값이었다. 그러나 약트만은 아들의 말에 반대했다. "돈은 벌 수 있을지 모르지만 나는 발을 들이고 싶은 생각이 전혀 없다. 그 회사가 마음에 안 들거든."

약트만은 2016년 구루포커스 가치투자 총회 기조연설에서 자신이 반대한 이유를 설명했다.

어떤 공장에 들어간다고 칩시다. 그 공장에는 회사의 모든 자산이 다 있기는 하지만, 제 기능을 하지 못하는 자산들이죠. 1달러짜리를 20센트 주고 사면 거저먹는 것이기는 하죠. 그런데 말입니다. 다른 공장에 가니까 기계들이 쌩쌩 잘 돌아가고 있는 겁니다…… 나는 자산이 아니라 현금흐름에 가치가 있다고 생각합니다. 자산이 창출하는 현금흐름, 바로 거기서 기업의 진짜 가치가 만들어집니다.

이해가 되십니까, 시어스 주주들? 시어스의 자산이 제법 가치가 있어 보인다고 칩시다. 그런데 말입니다, 시어스에서 물건을 산 게 마지막으로 언제였는지 기억은 나는지요?

약트만은 '이류사업체를 가진 기업을 염가에 사는 것'을 평지를 이동하게 해주는 무빙워크를 타는 것에, '좋은 기업을 사는 것'을 에스컬레이터에 타는 것에 비유한다. 가만히 있어도 기업의 가치를 올리는 것은 에스컬레이터다. 따라서 투자자로서 우리는 이런 가치 에스컬레이터에 집중해야 한다. 좋은 기업만을 사야 한다!

한계기업들의 경우 주가가 종종 엄청난 헐값으로 떨어지지만, 투자자들은 그러거나 말거나 좋은 기업에만 집중해야 한다. 싸다는 기분이 들지 않을지라도 좋은 기업만을 사야 한다.

그렇다면 어떤 회사가 좋은 기업인가?

어떤 회사가 좋은 기업인가?

좋은 기업은 영업실적이 좋아 가치가 계속 성장하는 회사다. 오늘보다는 내일 가치가 더 큰 회사다. 갈수록 가치가 잠식되는 이류기업과 반대로 좋은 기업은 약트만의 비유처럼 시간이 지날수록 가치가 꾸준하게 성장하는 기업이다. 시간은 이런 좋은 기업의 멋진 친구다.

좋은 기업에서 가치와 주가의 관계는 그림 3.1에 나타낸 것과 같다. 기업의 가치가 성장하고, 주가는 이렇게 오르는 가치를 따라 점점 더 올라간다.

사랑이 있는 부부관계처럼, 좋은 기업은 가치가 성장하기 때문에 문제도 어느 순간 사라져 있다. 이렇게 비유하면 이해가 쉬울 것이다.

한 부부관계 카운슬러가 세미나를 열었다. 세미나실에는 결혼 생활에 조언을 원하는 사람들이 빼곡히 앉아 있다. 카운슬러가 쏜 첫 슬라이드는 행복한 부부관계에 필요한 비결을 단 한 문장으로 나타내고 있었다. "서로 사랑하세요, 영원히." 참석자들은 고개를 절레절레 흔들면서 그러기가 말처럼 쉽지 않다고 투덜댔다. 그러자 부부관계 카운슬러는 두 번째 슬라이드를 내보냈다. "그럴 수 없으면 4가지 규칙을 따르세요. (1) 타협하고 참고 용서하세요. (2) 타협하고 참고 용서하는 습관을 들이세요. (3) 난 바보다, 라고 생각하세요. (4) 난 바보다, 라고 생각하는 습관을 들이세요." 참석자들은 4가지 규칙이 하나같이 불가능한 규칙이라며 크게 투덜댔다. 그들이 잠잠해지기를 기다린 후 카운슬러는 세 번째 슬라이드를 걸었다. "4가지 규칙을 따를 수 없다면 16가지를 잘 지키세요. (1) 서로 동시에 화를 터뜨리지 마세요. (2) 위급한 순간이 아니라면 고함을 치지 마세요. (3) 말다툼을 하고 있다 싶으면

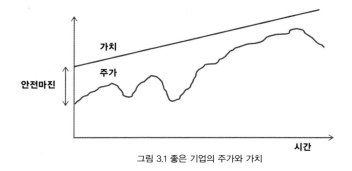

그림 3.1 좋은 기업의 주가와 가치

배우자에게 져 주세요. (4) 밤새도록 다투지 마세요. (5) 언제라도 사과할 준비를 하세요……" 이 슬라이드가 나가자 누군가는 웃고 누군가는 한숨을 내쉬었다. 카운슬러는 네 번째 슬라이드를 췄다. "16가지 규칙을 따르지 못하겠거든 256가지를 지키세요……"

결론적으로 말해, 가치가 성장하는 좋은 기업을 찾을 수 있다면 투자 인생도 훨씬 순탄해질 것이다. 그리고 좋은 기업에는 몇 가지 장점이 있다.

시장 적기는 신경 쓰지 않아도 된다

평범한 이류기업을 매수하는 투자자는 주가가 가치에 근접한다 싶을 때, 그리고 가치 잠식이 주가에 피해를 입히기 전에 팔아야 한다. 그러나 좋은 기업의 투자자는 합리적 가격에 주식을 매수하는 것에만 신경을 쓰고, 매도 시기는 걱정하지 않아도 된다. 가치가 계속 올라가므로 영원히 보유해도 상관이 없다. 물론 주가는 오르기도 하고 내리기도 한다. 그러나 전체를 놓고 보면 주가는 가치가 향하는 방향으로 따라서 움직인다.

구루들의 투자법

매수가를 더 관대하게 바라볼 수 있다

좋은 기업은 더 높은 가치로 평가받을 자격이 있다. 원하는 가격보다 살짝 높은 가격에 사야 해서 전체 수익률이 낮아지는 일이 생길 수도 있다. 그러나 시간은 좋은 기업 투자자의 편이고, 장기 보유는 다소 높은 매수가가 전체 수익률에 미치는 영향을 최소화한다. 또한 주가가 딱히 더 낮아졌을 때는 아닐지라도 가치평가 비율이 다소 낮은 편일 때 포지션을 늘릴 기회는 얼마든지 찾을 수 있다.

버핏은 1972년에 씨즈캔디에 2,500만 달러 이상은 지불하지 않으려 했다. 매도자가 그 가격을 받아들인 것이 천만다행이었다. 그때는 비싸다고 생각했지만 알고 보니 대단히 헐값이었기 때문이다. 좋은 기업을 합리적인 가격에 구입할 기회를 놓치는 것이야말로 훗날 훨씬 큰 손해로 돌아올 수 있다!

자본의 영구 손실 위험이 없다

피터 린치는 "부채가 없는 기업은 파산할 리가 없다"고 말했다. 좋은 기업은 대차대조표가 튼튼하고 일관된 이익을 창출한다. 가치는 계속 쌓이게 되고 좋은 기업의 주식을 보유한 투자자들은 언젠가는 차익을 누리게 된다. 게다가 좋은 기업을 사야 한다는 것을 아는 투자자들이라면 터무니없이 높은 주가에 살 리도 없다. 이번에도 시간은 투자자의 편이다.

세금 효율이 높다(미국 사례)

보유 기간이 길수록 투자자의 자본은 성장하고 팔기 전까지는 자본 이득세를 내지 않아도 된다. 혹여 파는 경우에도 차익에 붙는 세율이 낮은 편이다. 버크셔 해서웨이는 코카콜라 주식을 30년 동안 보유하면서 160억 달러의 자본이득을 벌었다. 그러나 버핏은 코카콜라 주식을 단 1주도 팔지 않았기 때문에 자본이득세는 단 1센트도 내지 않았다.

잠을 푹 잘 수 있다

꾸준히 성장하면서 현금을 차곡차곡 버는 기업의 주식을 보유한 투자자는 솥뚜껑 보고 놀라지 않아도 된다. 분기나 연차 보고서만 읽으면 된다. 잠을 푹 잘 수 있다. 투자자에게는 아주 중요한 부분이다.

*

좋은 기업인지 아닌지 어떻게 알 수 있는가? 과거 재무제표만 봐도 그 회사의 사정이 어떤지 아주 많은 것을 파악할 수 있다. 그러나 1년 동안의 재무제표만 보는 것으로는 충분하지 않다. 최소한 경기가 한 바퀴나 두 바퀴 정도 순환하는 동안 발표된 재무제표는 봐야 기업이 호경기와 불경기에 영업실적이 얼마나 달라지는지를 알 수 있다. 구루 포커스닷컴에 들어가면 미국과 다른 나라들에서 거래되는 모든 기업의 역사적 재무데이터를 다 볼 수 있다. 우리는 이런 목적에 특별히 맞게 역사적 재무데이터를 정리해 두고 있다.

물론 최소 한 바퀴의 경기순환을 조건으로 한다면 역사가 짧거나 새로 IPO를 한 기업들 상당수가 배제된다. 투자자들은 아직 입증되지 않은 신생기업들은 될 수 있으면 피하는 것이 좋다.

차세대 대박주를 놓칠지도 모른다고 걱정할 필요는 없다. 실수와 위험을 피하는 것이 장기 투자 실적에는 더 중요하기 때문이다.

점찍은 기업이 좋은 기업이 될 자격이 있는지 알아보려면 투자자는 세 가지 기본 질문을 염두에 두고 역사적 재무제표를 분석해야 한다.

1. 이 기업은 호경기이건 불경기이건 상관없이 꾸준하게 높은 이익률을 달성하고 있는가?
2. 이 기업은 투하자본수익률이 높은 자산최소화asset-light 사업 모델인가?
3. 이 기업의 매출과 순이익은 지속적으로 성장하고 있는가?

세 질문에 대해선 하나씩 자세히 설명할 필요가 있다.

1. 이 기업은 호경기이건 불경기이건 상관없이 꾸준하게 높은 이익률을 달성하고 있는가?

린치가 "순이익, 순이익, 순이익"이라고 말했듯이, 투자자들은 시장의 순간적인 흔들림에 투자할지 몰라도, 장기적으로 볼 때 그런 흔들림을 움직이는 것은 순이익이다.[•] 버핏이 기업을 인수할 때 필수로 따진 조건 역시 "겉으로 드러나는 일관된 수익창출력"이다.

안정적으로 돈을 버는 기업은 내재가치도 꾸준하게 올라간다. 주주들은 기업이 성장하면 자사주매입이나 배당의 형태로 보상을 받는다. 가치는 주가에도 큰 영향을 미치는데, 주가는 장기적으로는 언제나 가치를 따라가기 때문이다.

다음의 표는 2006년 7월부터 2016년 7월까지 증시에서 거래된

● Peter Lynch, John Rothschild, "Beating the Street".

S&P 500 종목 중 454개 기업들의 수익률을 보여준다. 첫 번째 열은 회계연도 2006~2015년 중 기업이 흑자를 낸 햇수이다. 두 번째 열은 같은 10년 동안 이익을 낸 기업들의 숫자이다. 세 번째 열은 주식들의 연평균 수익률이다. 네 번째와 다섯 번째 열은 그 10년 후에 마이너스 수익률을 기록한 기업의 숫자와 퍼센트를 보여준다.

흑자 햇수	기업의 수	연평균 수익률	손실 주식의 수	손실 주식비율
10	291	11.1%	6	2%
9	88	7.1%	15	17%
8	32	6.6%	9	28%
7	20	4.4%	7	35%
6	12	0.8%	4	33%
5	8	4.5%	3	38%
4	1	42.8%	0	0%
3	0			
2	1	-0.6%	1	100%
1	1	4.2%	0	0%

　　표로도 알 수 있듯이 기업의 이익과 주식 수익률 사이에는 상관관계가 뚜렷하게 존재한다. 지난 10년 동안 증시에서 거래된 454개 기업 중 291개(64%) 회사들은 2006~2015년까지 모든 회계연도마다 흑자를 냈다. 이 291개 회사들의 주식이 10년 동안 기록한 연평균 수익률은 11.1%였다. 다음으로 9년 동안 흑자를 낸 기업들의 주식 수익률은 연평균 7.1%로, 첫 번째 행의 10년 연속 순이익을 기록한 기업들보다 수익률이 4% 뒤처졌다. 또한 첫 집단에서 10년 동안 마이너스 수익률을 기록한 종목은 단 6개(2%)에 불과했지만, 두 번째 집단에서 투

자자들에게 손해를 입힌 종목은 17%나 됐다. 세 번째 행은 10년 중 8년 동안 흑자를 낸 기업으로 연평균 주식 수익률은 6.6%였다. 그리고 10년 보유를 가정했을 때 이 세 번째 집단에서 마이너스 수익률을 보인 종목은 28%였다. 이 경우에도 두 번째 집단보다 수익률이 낮았고 손실 종목도 더 많았다. 이 추이는 아래로 갈수록 계속된다.

그러므로 꾸준한 흑자 기업의 주식을 계속 보유한다면 투자자는 손해가 날 가능성이 그만큼 크게 줄어든다. 또한 평균 수익률은 훨씬 높아진다.

위의 표에서 나온 수익률이 지난 10년 동안의 S&P 500지수 수익률보다 높은 이유가 무엇인지 궁금한가? 지수 자체의 분석에 몇 가지 차이가 있기 때문이다.

- S&P 500을 구성하는 회사들은 지난 10년 동안 여러 번 바뀌었고 계산에는 그런 변화를 포함하지 않았다.
- 리밸런싱(자산재배분)은 계산에 포함하지 않았다.
- 주식의 가중치는 모두 동일하게 적용했다.

나는 10년 동안 미국 증시에서 거래된 미국 기업들의 흑자 햇수와 주식 수익률도 전부 계산했다. 결과는 아래의 표와 같다.

흑자 햇수	기업의 수	연평균 수익률	손실 주식의 수	손실 주식의비율
10	1,045	8.5%	61	6%
9	466	4.2%	96	21%
8	331	2.7%	100	30%
7	285	0.8%	91	32%

6	288	-1.4%	99	34%
5	306	-0.7%	88	29%
4	256	-3.3%	83	32%
3	208	-2.9%	68	33%
2	188	-4.2%	55	29%
1	204	-7%	79	39%

계산 결과는 S&P 500 기업들의 경우와 기본적으로 같다. 과거 10년 동안 미국 증시 상장을 유지한 기업들은 모두 3,755개였다. 이 3,577개 기업들 중에서 1,045개 회사(29%)는 10년 동안 매년 빠짐없이 흑자를 냈다. 이 첫 번째 집단 회사들의 연평균 주식 수익률은 8.5%로, 흑자 햇수가 9년인 두 번째 집단의 4.2% 평균 수익률보다 두 배 높았다. 흑자 햇수가 6년 미만인 기업들의 연평균 주식 수익률은 마이너스였다. 이것은 보유 기간이 10년이라고 해도 마찬가지였다. 전체적으로는 S&P 500에 속한 종목들의 평균 수익률이 더 좋았다. 그림 3.2는 전체 추이를 한눈에 보여준다.

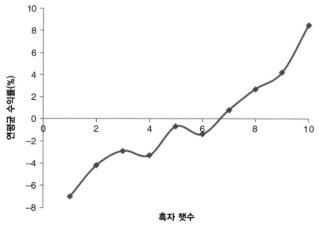

그림 3.2 미국 기업들의 주식 수익률과 흑자 햇수

꾸준히 흑자를 내는 기업에 투자하면 투자 손실을 입을 가능성이 크게 줄어든다. 투자자가 10년 동안 흑자를 낸 기업에 투자했을 때 손실이 났을 확률은 6%지만, 10년 중 흑자 햇수가 9년인 기업에 투자했을 때 손실 확률은 21%로 확 올라갔다. 그림 3.3이 보여주듯이 이런 추이는 아래 집단으로 내려갈수록 더 심해진다.

10년 전에도 상장돼 있었고 지금도 상장 중인 기업들만 포함한 계산이기 때문에 혹여 생존자 편향survival bias이 깔려 있지 않느냐는 의문이 생길 수 있다. 생존자 편향이 있기는 하다. 그러나 적자를 내고 있는 기업들 위주의 생존자 편향인 것도 사실이다. 계속 적자를 내다가 파산한 회사들은 계산에 포함하지 않았다. 그 회사들까지 포함했다면 적자를 낸 회사들의 평균 주식 수익률은 훨씬 낮아졌을 것이고, 그런 회사들의 퍼센트도 훨씬 커졌을 것이다. 예를 들어 1장에서 잠깐 언급한 샌드리지 에너지는 지난 10년 중 적자 햇수가 6년이었고 지금은 파산해서 상장이 폐지됐지만, 계산에는 이 회사의 마이너스 수익률을 포함하지 않았다. 연속 흑자를 냈지만 지금은 증시에서 거래되

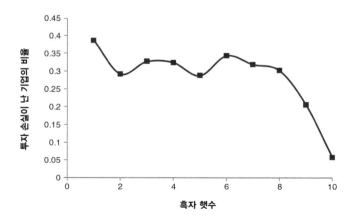

그림 3.3 투자 손실이 난 미국 기업의 비율과 흑자 햇수

지 않는 회사들도 있는데, 시장가격에 프리미엄이 붙어 다른 회사에 인수됐기 때문이다. 이번에도 역시나 시간은 좋은 기업의 친구이고 이류기업의 적이다.

항상 흑자를 내는 기업에만 투자함으로써 투자자는 손실을 피하고 평균보다 높은 수익을 벌 수 있다. 그러나 우리는 미래를 예측 하지 못한다. 항상 흑자가 났던 기업이라고 해서 미래에도 흑자가 난다는 보장은 없다. 이런 이유에서 우리는 평균 이상의 이익률을 꾸준히 내는 기업에 투자해야 한다. 어떤 기업이 평균이 넘는 이익률을 오랫동안 유지할 수 있다면, 경쟁이 심해져도 경제적 해자가 가격결정력을 어느 정도 보호해 준다는 뜻이다. 게다가 평균보다 높은 이익률을 가진 기업은 불경기에도 여유 있게 흑자를 낼 수 있다. 반면에 이익률이 낮고 불안정한 회사는 불경기에는 적자로 돌아설 수 있고 그 결과 주가에 된서리가 몰아칠 수 있다.

어느 정도의 이익률을 평균 이상이라고 쳐야 하는가? 그림 3.4는 앞에 나온 미국 증시에서 거래되는 미국 기업들 3,577개의 영업이익률 (2016년 6월까지 12개월) 분포를 보여준다.

대다수 기업의 영업이익률은 3~8% 사이이고, 중앙값은 10%다. 영업이익률이 20%를 넘는 기업은 전체의 약 29%며 영업이익률이 30% 이상인 기업은 16%다. 지난 10년 동안 계속 흑자를 냈고 영업이익률의 10년 중앙값이 20%가 넘는 기업의 비율은 전체의 12%다.

구루들의 투자법

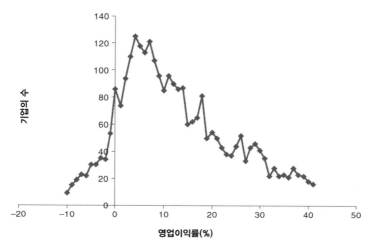

그림 3.4 영업이익률 분포

　따라서 10년간 일관되게 20% 이상의 영업이익률을 달성한 흑자 기업에만 투자한다는 조건을 적용한다면, 미국 상장기업 중에서는 429개(12%) 회사만이 자격에 부합한다. 이것만으로도 꽤 많은 숫자다.

　재미있는 사실이 있다. 기업이 10년 동안 일관되게 높은 흑자를 기록했다면 영업이익률의 절댓값이 다르다고 해서 주식 실적에 통계적 차이가 생기지 않았다는 점이다. 그림 3.5에 나오듯이, 과거 10년 동안 꾸준하게 흑자를 낸 1,045개 기업들에서는 주식의 연평균 수익률과 영업이익률 중앙값 사이에 확연한 상관관계가 존재하지 않는다.

　일관되게 영업이익이 나는 것이 영업이익률의 절댓값보다 중요하다. 그러나 우리는 영업이익률이 높은 기업을 선호하는데, 이익률이 낮으면 투자로 낭패를 볼 가능성은 반대로 더 올라가기 때문이다.

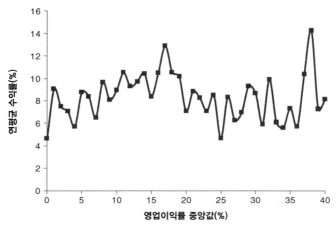

그림 3.5 주식 수익률과 영업이익률

예를 들어 아래의 표는 애플, 코스트코 홀세일Costco Wholesale, 알코
아Alcoa의 10년간 영업이익률을 보여준다.

회계 연도	2006	2007	2008	2009	2010	2011	2012	2013	2014	2015
애플	13%	18%	19%	27%	28%	31%	35%	29%	29%	30%
코스트코 홀세일	2.70%	2.50%	2.72%	2.49%	2.66%	2.74%	2.78%	2.90%	2.86%	3.12%
알코아	11.93%	9.69%	2.94%	-8.12%	2.61%	6.01%	2.00%	-6.03%	4.25%	3.32%

코스트코와 알코아보다 애플의 영업이익률이 훨씬 높기는 하다. 코
스트코는 영업이익률이 3%가 되지 않지만 그 수치를 꽤 안정적으로
유지해 왔다. 지난 10년 동안 코스트코의 주식 수익률은 연평균 13%
가 넘었다. 알코아는 2009년과 2013년 침체기에 영업손실이 났다. 이

구루들의 투자법

자비용까지 계산하고 나면 알코아는 10년 중 4년이 적자였다. 그리고 10년 동안 알코아의 주가는 64% 하락했다.

그러므로 좋은 기업인지 아닌지 판단할 때의 으뜸 조건은 이익의 일관성이다. 린치의 "순이익, 순이익, 순이익"을 한시라도 잊지 말아야 한다. 일단 기업을 세운 목표는 돈을 벌기 위해서다. 기업은 이익이 나야 유지될 수 있다. 꾸준하고 안정적인 이익이야말로 멋진 기업이 되는 데 가장 중요한 조건이다. 아주 당연하고 상식적인 조건이다.

2. 이 기업은 투하자본수익률이 높은 자산최소화 사업 모델인가?

사업을 해본 사람은 고정자산 비중이 높고 자본집약도가 높은 사업체를 운영하는 것이 얼마나 힘든지 아주 잘 안다. 그런 사업은 차리기도 힘들고, 일단 차린 다음에도 순이익에서 계속 큰 몫을 떼 매출채권이나 재고, 그리고 설비와 건물 같은 유형자산에 투자해야 한다. 현금은 언제나 빠듯하고, 사업 확장을 위해 걸핏하면 외부에서 돈을 빌려와야 한다.

내 친구 하나가 예전에 작은 소매회사를 차린 적이 있다. 그 친구는 아내에게 회사를 차려서 돈을 벌었다고 수도 없이 말했다. 그러다 어느날 그의 아내는 그 돈이 다 어디 갔냐고 묻자 그 친구는 창고에 수북이 쌓인 재고 상품을 가리켰다. "여기 있지."

이것은 자본집약적 사업에서 심심찮게 볼 수 있는 풍경이다. 손익계산서에는 이익이 많이 났는데 정작 회사가 쥐고 있는 현금은 얼마 없다. 순이익의 많은 부분이 설비를 사고 유지하고 재고자산을 늘리는 등 사업에 재투자됐기 때문이다. 경쟁력을 유지하고 사업이 성장하기 위해서는 이런 재투자가 꼭 필요하다.

자본집약적 산업에서도 새로 시장에 진입한 경쟁자가 기존의 경쟁자를 쫓아오기 힘들기는 하다. 그러나 자산 투자 비중이 가벼우면서도 자본요건 외에 다른 요소가 경쟁을 막아준다면 기존의 경쟁자에게 더욱 더 좋은 조건일 것이다.

버핏 본인도 자본을 끝도 없이 쏟아부어야 하는 버크셔 해서웨이의 섬유 사업과 캐시카우인 씨즈캔디에서 극과 극을 오가는 경험을 한 뒤로는 투하자본수익률ROIC이 높고 부채가 거의 필요 없는 자산최소화 사업을 가진 기업을 매수하는 쪽으로 성향이 완전히 기울었다. 오죽하면 "모든 순이익은 평등하지 않다"라고 말했을 정도이다. 자산 투자가 높은 사업의 매출을 두 배로 늘리기 위해서는 인플레이션 때문이건 실질 성장 때문이건 재고와 유형자산에 투입하는 자본도 두 배로 늘려야 한다. 재투자가 의미가 있으려면 적어도 재투자한 금액만큼은 시장가치를 창출해야 하지만, 그렇게 되기는 대개 쉽지 않다.

자산최소화 사업은 필요한 재투자가 적으며 주주들에게 창출해 주는 실질 수익률도 더 높은 편이다. 다시 말해 ROIC가 높고 주주를 위한 자기자본수익률returns on equity, ROE도 높은 편이다. 이런 기업은 필요한 자본이 적기 때문에, 경영진이 성장과 인수 자금을 마련하려고 과도하게 공격적으로 차입을 하지 않는 한 부채를 조달할 일도 적다.

그림 3.6에 나온 평균 ROIC과 영업현금흐름 중 설비투자율의 상관관계도 이 사실을 확인시켜 준다. 그래프는 앞에 나온 3,577개 상장회사의 ROIC 10년 중앙값 평균과 설비투자율의 관계를 나타낸다. 추이는 분명하다. 영업현금흐름 중 설비투자에 들어가는 돈이 적은 회사가 평균 ROIC도 더 높다.

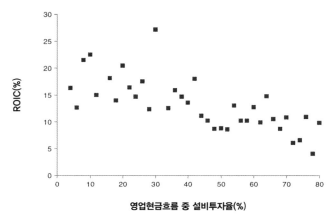

영업현금흐름 중 설비투자율(%)

그림 3.6 ROIC와 영업현금흐름 중 설비투자율의 관계

지난 10년 동안 꾸준하게 흑자를 기록한 기업들 중에서도 ROIC 평균이 20%를 넘은 기업은 아주 드물었다. 그림 3.7은 10년 동안 한 해도 빠지지 않고 흑자를 낸 1,045개 기업들의 ROIC 중앙값의 분포도다.

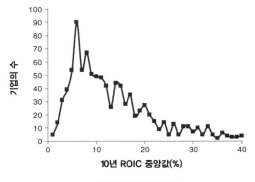

10년 ROIC 중앙값(%)

그림 3.7 ROIC 분포도

대다수 기업들의 10년 동안의 ROIC 중앙값은 15% 미만이다. 가장 많이 분포된 것은 6%대다. ROIC가 꾸준하게 20%를 넘은 기업을 찾기는 다이아몬드 원석을 찾으려는 것과 같다. 10년 동안 매년 흑자를 낸 1,045개 기업들 중에서 20% 이상의 ROIC를 기록한 회사는 20% 남짓에 불과하다.

군이 주식의 가치평가 같은 요소를 고려하지 않더라도 기업의 주식 수익률과 ROIC 사이에 강한 상관관계가 있다는 것은 말할 필요도 없는 사실이다. 그림 3.8은 꾸준히 흑자를 낸 1,045개 기업들의 10년 동안의 ROIC 중앙값과 평균 주식 수익률의 관계를 나타낸다.

주식 수익률과 10년 ROE 중앙값 사이에도 비슷한 상관관계가 존재한다. 1,045개 기업들의 10년간 ROE 분포도는 그림 3.9에서 한눈에 볼 수 있다.

이 ROE 분포도도 ROIC 분포도와 비슷한 추이를 그린다. 장기 평균 ROE가 15%를 넘는 기업은 얼마 되지 않는다. 그림 3.10에 나오듯, ROE가 높은 기업들은 주주들에게도 평균을 훌쩍 상회하는 주식 수익률을 제공해 주었다.

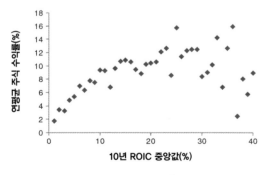

그림 3.8 주식 수익률과 ROIC

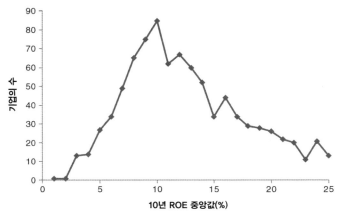

그림 3.9 ROE 분포도

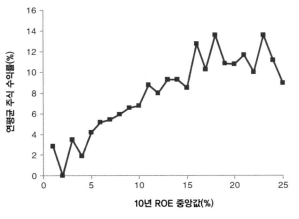

그림 3.10 주식 수익률과 ROE

투자자가 꾸준하게 흑자를 내고 ROIC와 ROE가 높은 좋은 기업에
만 투자한다면 평균보다 높은 수익률을 낼 수 있다는 것이 확실하게
드러났다. 좋은 기업만을 샀을 뿐인데도 훌륭한 수익률을 달성했다.
심지어 가치평가 비율은 아직 언급하지도 않았는데 말이다.

2006년의 증시는 그전 10년 순환의 꼭대기에 해당하는 2007년 10월의 증시에 꽤 근접해 있었다. 경기 변동을 감안해 산출한 10년 간의 주가수익비율price earning ratio, PER인 실러 경기조정 PERcyclically adjusted PER로 평가한 지금의 증시도 비슷한 수준이며 아마도 또 한번 정점에 가까워지고 있는 것 같다. 2006년부터 지금까지의 10년이면 경기가 한 바퀴 완전히 돌았다고 봐도 무방하다. 따라서 좋은 기업들 의 월등한 주식 수익률은 좋은 기업을 사는 것이 평균 이상 수익률로 향하는 지름길이라는 것을 보여주는 설득력 높은 증거다.

이런 식의 분석은 후방거울을 보는 것과 비슷하지 않느냐는 반문이 나올 수 있다. 꾸준하게 흑자를 냈고 ROIC도 높은 기업들의 주식이 지난 10년 동안 수익률이 좋았다고 해서 앞으로도 수익률이 계속 좋 다고는 보장하지 못한다고 주장할 수 있다. 맞는 말이다. 그러나 과거 한 해도 빠지지 않고 흑자를 냈고 주식 수익률도 높았다면, 그 주식의 가치는 다른 주식보다 앞으로도 계속 고성장할 가능성이 높다. 시장 이 한 바퀴 도는 동안 그 주식의 가치는 주가에 반영될 것이기 때문이 다.

버핏은 1987년 주주들에게 보내는 편지에서 비슷한 분석 결과를 보여준 〈포천〉의 한 연구를 언급했다.● 〈포천〉 연구에 따르면, 1,000개 대기업 중에서 1977~1986년까지 평균 20% 이상의 ROE를 달성한 기업은 단 25개에 불과했다. 이 회사들의 ROE는 아무리 나빠도 15% 아래로 떨어진 적은 한 해도 없었다. "이들 슈퍼스타 기업은 증시에서

● Warren Buffett, "Berkshire Hathaway shareholder letter, 1987", http://www. berkshirehathaway.com/letters/1987.html.

구루들의 투자법

도 슈퍼스타였습니다. 지난 10년 동안 그 25개 기업들 중 24곳이 S&P 500의 수익률을 앞질렀습니다."

가치가 오르면 언젠가는 주가도 가치를 추종한다. 어떤 것은 절대로 변하지 않는다.

3. 이 기업의 매출과 순이익은 지속적으로 성장하고 있는가?

기업의 성장은 좋은 기업을 가늠하는 아주 중요한 척도다. 기업의 매출과 순이익이 오랫동안 꾸준히 성장하면서 이익률까지 유지된다면, 이 기업은 업계 내에서도 대단히 유리한 위치에서 경쟁을 하고 있다는 뜻이다. 기업의 성장 속도가 빨라져도 고정비까지 같은 속도로 늘어나지는 않으므로 기업이 성장하면 이익률은 더 올라간다. 판매량이 똑같아도 벌 수 있는 돈은 전보다 높아진다. 일반적으로 이익률은 자산을 최소화할 수 있고 자본 요건이 낮은 사업일수록 더 가파르게 상승한다.

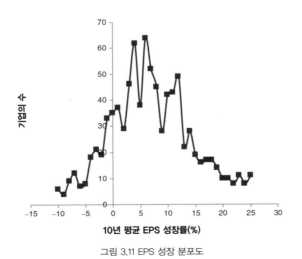

그림 3.11 EPS 성장 분포도

그림 3.11은 과거 10년 내내 흑자를 낸 1,045개 기업들의 10년 평균 주당순이익EPS의 성장률 분포도다. 연평균 EPS 성장률이 7%대인 기업들이 가장 많다. 대다수 기업의 연간 순이익 성장률은 10% 미만이다. 매년 흑자를 낸 이 1,045개 기업들 중에서 10년 EPS 성장률이 마이너스를 기록한 기업들은 13%가 넘는다. 그리고 매년 15% 이상 순이익이 성장한 기업들의 수는 15% 정도다.

순이익 성장률이 낮은 기업보다는 상대적으로 고성장하는 기업이 가치가 오르는 속도도 당연히 더 빠르다. 다른 조건이 동일하다면 그런 기업의 주식은 수익률도 더 좋다. 이런 성향은 전체적으로 나타난다. 그림 3.12에서 보여주는 것은 매년 흑자를 낸 1,045개 기업들의 10년 연평균 주식 수익률과 10년 연평균 EPS 성장률의 상관관계.

EPS 성장률과 주식 수익률 사이에는 양의 상관관계가 존재한다. 10년 동안 흑자를 냈지만 EPS가 하락한 종목들의 수익률은 최악이었

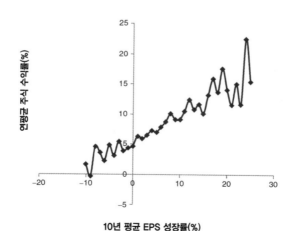

그림 3.12 주식 수익률과 EPS 성장률

다. 연간 EPS 성장률이 20%를 넘는 종목들은 성장률이 5%인 종목들보다 평균 6% 이상 수익률이 높았다. 고성장 기업 투자는 대단히 큰 이점이 있다. 고성장 기업들 전체가 더 높은 주식 수익률을 내는 길에서 한 걸음 더 앞서 있기 때문이다.

그래프를 보면서 한 가지 흥미로운 사실을 알 수 있다. 어떤 두 회사가 10년 전 PER이 똑같았다고 치자. A회사의 EPS는 매년 5% 성장했고 B회사는 20%씩 성장했는데도 현재 두 회사의 PER이 똑같다면, B회사 주식은 EPS 성장률의 상회분인 15%만큼은 수익률이 더 좋았어야 했을지도 모른다. 그러나 그림 3.12가 보여주듯이, 15%의 성장률 상회분 중에서 주식 수익률에 반영된 것은 절반에 불과했다. 이런 격차가 빚어진 이유는 10년 동안 고성장한 기업들의 PER이 축소됐기 때문이다. 수십 년 내내 매년 20%씩 순이익이 성장할 수 있는 기업은 얼마 없다. 보통은 고성장 기업의 성장 전망이 불투명해질 때 이런 PER 축소가 많이 생겨난다.

순이익 성장률 외에도 성장의 일관성도 주식 수익률에 영향을 미친다. 2008년에 구루포커스가 진행한 연구에 따르면, 순이익이 더 꾸준하게 성장하는 기업일수록 주식 수익률이 우수했다. 구루포커스는 기업별로 매출과 순이익 성장에 대해 일관성 점수를 매겨왔다. 같은 연구를 최근에도 진행했으며 결과는 비슷했다. 그림 3.13은 두 분석의 결과이다. 매출과 순이익 성장에서 일관성이 높은 기업은 그렇지 못한 기업에 비해 10년 평균 주식 수익률이 많으면 5% 정도 더 높았다. 결론은 하나다. 더 빠르게 그리고 더 꾸준하게 성장하는 기업의 주식은 투자자에게 더 높은 보상을 약속한다.

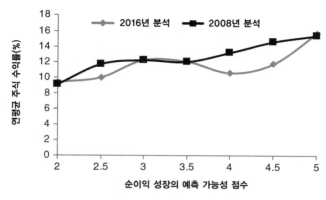

그림 3.13 주식 수익률과 순이익 예측 가능성

*

　세 가지 근본적인 질문을 다시 떠올려 보자. 질문의 답은 우리가 사야 하는 좋은 기업의 자격 조건에 들어맞는 기업을 떠올리게 한다.

　1. 이 기업은 호경기이건 불경기이건 상관없이 꾸준하게 높은 이익률을 달성하고 있는가?
　답: 그렇다. 이 기업은 10년 동안 매년 흑자를 냈다. 영업이익률은 경기 침체와 지난번 업계 불황에도 두 자릿수를 안정적으로 유지했다.
　2. 이 기업은 ROIC가 높은 자산최소화 사업 모델인가?
　답: 그렇다. 이 회사의 사업은 자본이 적게 든다. 영업현금흐름 중 설비투자에 쓰는 돈은 30% 정도에 불과하다. 또한 ROIC는 20%가 넘고 ROE는 15%가 넘는 고수익 사업이다.
　3. 기업의 매출과 순이익은 지속적으로 성장하고 있는가?

답: 그렇다. 지금까지 10년 동안 이 회사의 EPS는 매년 두 자릿수로 성장했으며, 순이익 성장도 일관적이었다. 경기 침체와 업계 불황에도 영향을 받지 않았다.

세 질문 모두에서 '그렇다'는 답이 나왔다. 뛰어난 영업실적을 거둔 기업을 찾아낸 것이다. 그러나 여기서 무작정 이 종목을 매수하기 전에 네 번째 질문부터 던져야 한다. 이 질문이야말로 기업의 질을 파악하는 데 있어서 더 중요한 질문이다.

4. 이 기업이 과거에 그토록 우수한 영업실적을 거둘 수 있었던 사업적 특징은 무엇인가?

앞으로도 예전만큼 기업의 실적이 좋을 것 같은가? 이제 이 회사 주식을 사려는 사람들이 얼마의 투자 수익을 낼지는 과거의 영업실적이 아니라 앞으로의 영업실적과 훨씬 관련이 있다. 야구 명예의 전당에 오른 요기 베라는 "예측은 힘들다. 특히 미래를 예측하기는 정말로 힘들다"라고 말했다. 그러나 심리학에서 인간의 행동을 예측할 때 자주 그러듯, 미래의 행동을 예측하려 할 때 가장 훌륭한 지표는 '과거의 행동'이다. 과거에 일관되게 영업실적이 좋았던 기업은 과거 실적이 형편없던 회사보다는 미래에도 실적이 훌륭할 가능성이 훨씬 높다. 기업이 과거에 성공을 거둔 이유는 다른 어떤 이유보다도 사업적 특성과 관련이 크다.

우리는 기업의 특성 몇 가지를 자문해봐야 한다. 이 회사가 지금까지와 똑같거나 아니면 거의 같은 제품을 계속 생산해도 괜찮은가, 또는 앞으로 5년 내지 10년 동안 똑같거나 비슷한 서비스를 제공해도 괜찮은가? 지금까지 했던 사업을 규모만 확대해 똑같이 진행해도 성장할 수 있는가? 가격결정력을 보호해주는 것은 무엇인가?

우리는 지금까지 했던 사업 방식을 그대로 유지하면서 규모만 확대해도 성장할 수 있는 기업을 선호한다. 버핏 역시 1987년 버크셔 해서웨이 주주들에게 보내는 편지에서 같은 주장을 펼쳤다.

> 하지만 경험이 말해 주듯이, 대개가 최고의 영업실적을 거두는 기업은 5년 전 또는 10년 전에 했던 일과 아주 흡사한 일을 지금도 할 수 있는 기업입니다.•

기업이 비슷한 상품을 오랫동안 생산해도 영업실적에 타격이 없다면, 효율성을 개선하고 경험을 쌓아가며 남들보다 경쟁력을 높일 수 있는 기회가 늘어난다. 또한 브랜드와 회사 인지도도 더 여유롭게 구축할 수 있으며, 심지어 습관적으로 자사의 제품을 찾게 만들수도 있다. 갈수록 회사의 경제적 해자가 넓고 깊어지기 때문에 경쟁사들로서는 높은 이익을 노리고 공격하기가 힘들고 혹여 한다고 해도 이익을 유지하기가 어렵다.

제품이나 서비스에 대한 감흥이 원래부터 무덤덤하고 소비자의 구매 주기가 짧다면 더욱 금상첨화다. 치약이나 베이킹소다, 콘돔 같은 생필품을 생각해 보자. 소비자들은 자신이 쓰던 브랜드가 있고 익숙한 기호가 있기 때문에 딱히 이리저리 재지 않고 상품을 구입한다. 이런 소비 습관은 기업들에게 엄청난 가격결정력을 쥐어준다. 이런 회사

• Warren Buffett, "Berkshire Hathaway shareholder letter, 1987".

들은 재미가 없으며 섹시하지도 않다. 버핏도 앞의 편지에서 〈포천〉 25개 슈퍼스타 기업들에 대해 같은 말을 했다.

이 기업들의 사업은 터놓고 말해 굉장히 심심합니다. 이 회사들 대부분은 전혀 섹시하지 않은 제품이나 서비스를 10년 전과 똑같은 영업 방식으로 판매합니다(물론 판매량도 늘어났고 가격도 높아지기는 했습니다). 버크셔도 비슷한 경험을 했습니다. 우리의 매니저들은 유별나게 뛰어난 결과를 만들어냈지만, 그것은 유별나지 않은 평범한 일들을 유별나게 잘했기 때문입니다.

빠르게 신제품이 쏟아져 나와야 하는 사업에서는 새로운 경쟁자가 시장에 진입해 더 좋은 실적을 거두는 일이 훨씬 비일비재하다. 새로운 경쟁사는 규모는 더 작지만 그런 회사의 경영자는 더 똑똑하고 야심도 더 크다. 그들은 결정도 빨리하고 위험을 감당하는 것도 겁먹지 않는다. 스마트폰 시장을 생각해 보자. 블랙베리가 스마트폰 시장의 제왕일 때 애플은 휴대전화 생산은 시작하지도 않았다. 13년 전에는 테슬라라는 회사는 있지도 않았지만, 지금은 전기 자동차 시장에서 시장점유율이 가장 높으며 세계에서 가장 섹시한 자동차를 만든다는 평을 듣는다. 버핏은 편지에 이렇게 적었다.

하지만 커다란 변화가 수시로 불어 닥치는 기업은 큰 실수도 많이 할 수 있습니다. 더욱이 경제적 지형 자체가 끝도 없이 격변하는 특성을 가지고 있다면 그런 지형에서는 요새처럼 단단한 사업적 지배력을 구축하기가 힘듭니다. 그러나 높은 실적을 지속하는 데에는 이런 사업적 지배력이 핵심입니다.

지금까지 나는 중요하게 고려해야 할 투자 요소로 사업의 질에 대해서만 설명했다. 사업의 질이 훌륭하지 않은 기업은 더는 고민할 필요조차 없다.

사업의 질은 사랑이 있는 부부생활과 비슷하다. 이번 장의 앞머리에서 나온 카운슬러의 일화처럼 부부 사이에 사랑이 없으면 더 많은 규칙을 따라야 부부관계를 유지라도 할 수 있다. 투자에 빗대면, 내가 아직 설명하지 않은 경영진의 역할, 기업의 재무적 견실함, 주식의 가치평가 등이 바로 이런 규칙에 해당한다. 이런 것들이 중요하지 않다는 소리가 아니라 사업의 질을 따진 다음에 봐야 한다는 뜻이다. 게다가 문제의 소지가 될 확률도 사업의 질보다는 낮은 편이다. 지금부터 이 요소들을 하나씩 살펴보자.

경영

경영은 기업의 영업실적에 큰 차이를 만들어 낼 수 있다. 그러나 기업이 경영의 질에 상관없이 바보라도 운영할 수 있는 회사가 되는 것이 훨씬 좋다. 이런 회사는 넓고 깊은 해자의 보호를 받으며 경영진의 결정에 일희일비하는 일도 줄어든다. 무디스나 맥도날드가 그런 사실을 잘 보여준다.

기업의 성공은 경영자가 아니라 결국 사업의 질에 의해 좌우된다. 최고의 경영진이 절대적으로 필요한 기업은 오랫동안 살아남기 힘들다. "늦건 빠르건 언젠가는 어떤 바보가 회사를 운영하게 될지 모르기 때문이다."•

구루들의 투자법

영업실적 역시 대개 경영진보다는 사업의 질에 많이 의존한다. 버핏은 부실한 사업을 물이 새는 보트나 고장 난 차, 또는 절룩거리는 말에 비유했다. 사공이 누구이건 운전자가 누구이건 기수가 누구이건 빠르게 달릴 수 있을 리가 없다.

내가 직접 경험하고 다른 회사들을 관찰하면서 내린 결론은, (경제적 수익성으로 측정했을 때) 훌륭한 경영 실적에는 어떤 사업 보트에 올라탔는지가 얼마나 노 젓기를 잘하는지보다 훨씬 중요하게 작용한다는 것입니다(그렇기는 해도 현명함과 노력은 어떤 사업에서든 좋건 나쁘건 크게 도움이 되기는 합니다).●●

나도 전적으로 동의한다.

재무적 견실함

기업이 장기적으로 생존하려면 당연히 재무적으로 튼튼해야 한다. 재무적으로 부실한 기업에 투자한 투자자는 되돌이킬 수 없는 자본 손실을 입을 위험이 있다. 꾸준하게 높은 흑자를 내는 기업은 성장에 필요한 현금보다 창출하는 현금이 대체로 훨씬 많기 때문에 돈을 빌려올 필요도 별로 없다. 이것은 튼튼한 재무 상태로 이어진다.

그림 3.14와 3.15에 나온 점들은 각 기업의 이자보상배율과 10년 투하자본수익률 중앙값의 관계를 나타낸다. 그림 3.14는 꾸준하게 흑자

● "Track Companies, Not Markets [Final Edition]", *USA Today*, p. 04.B, March 7, 1989, McLean, Virginia.
●● Warren Buffett, "Berkshire Hathaway shareholder letter, 1985".

를 내는 기업들의 분포도이고, 그림 3.15는 10년 중 흑자를 낸 햇수가
7년이나 8년인 기업들이다. 그림 3.14의 기업들에서는 이자보상배율이
5보다 낮은 기업들이 상대적으로 적다. 그림 3.14의 기업들 중 상당수
는 부채가 거의 없거나 전혀 없기 때문에 도표에는 이 회사들의 이자
보상배율이 표기되지 않았다. 그림 3.15는 그렇지 않다.

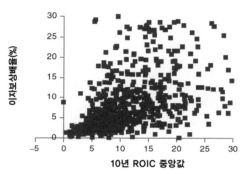
그림 3.14 10년 연속 흑자를 낸 기업들의 이자보상배율

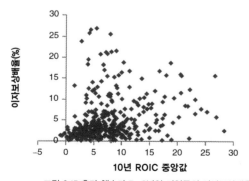
그림 3.15 흑자 햇수가 7~8년인 기업들의 이자보상배율

　　　　　　　　　　　　　　　　　　　　　구루들의 투자법

두 그래프 모두 10년 ROIC 중앙값이 15%이 넘는 기업들 중에서 이자보상배율이 5% 이하인 기업들은 거의 없다. 결국 꾸준하게 흑자를 내고 주식 수익률이 높은 기업은 자연스럽게 튼튼한 대차대조표와 재무적 견실함을 가지게 된다.

가치평가

가치평가도 투자 수익률 전체에 영향을 미치는 대단히 중요한 요소이다. 지나치게 비싼 값에 산 주식은 곧바로 그만큼의 투자 수익률을 갉아 먹는다. 하지만 꾸준하게 흑자를 내고 주식 수익률이 높은 종목이라면 보유 기간이 길수록 처음의 가치평가 비율이 미치는 영향도 점점 낮아진다. 어떤 주식을 20% 비싸게 샀고 만약 이 주식을 10년 동안 보유할 때 매년 낮아지는 수익률은 1.8%다. 같은 주식을 3년 보유할 때 낮아지는 수익률은 6.2%다.

꾸준하게 흑자를 내고 주식 수익률도 좋은 기업은 다른 기업보다 내재가치가 더 빠르게 성장하기 때문에 더 높은 가치평가를 받을 자격이 있다. 우리가 지금 보유한 두 종목의 10년 전 내재가치가 똑같이 100달러였다고 가정해 보자. A사는 내재가치가 매년 10%씩 성장했고 B사는 18%씩 성장했다. 10년 후인 지금 A사의 1주당 내재가치는 259달러로 올라있고, B사의 내재가치는 523달러로 올라있다. 시장은 10년 전에도 B사가 더 좋은 회사라는 것을 알았기 때문에 가치평가를 더 높게 매겼다. 그래서 우리는 A주식은 내재가치에서 50% 할인된 50달러를 지급했지만, B주식은 내재가치와 똑같은 100달러를 다 주고 매수했다. 10년 후, B사의 시장 인기는 시들해졌고 두 회사 모두 내재가치보다 50% 할인된 주가에 거래되고 있다. 투자자들이 10년 동안 두 종목에서 거둔 수익률은 연평균 10%로 동일하다. 물론 애초에 B주식의 매수가가 두 배 비싸기는 했다.

그런데 만약에 10년 전에 B주식을 100달러가 아니라 70달러에 매수할 수 있는 시장 기회가 있었다면, 이 주식의 연평균 수익률은 14.1%가 된다. 이때에도 투자자들이 B주식에 치른 가격은 똑같은 내재가치를 가진 A사보다는 40% 높았다. 그러나 B주식 투자자들은 10년 동안 연간 4.1%의 추가 수익을 올렸다. B사가 더 좋은 기업이고 내재가치도 더 빠르게 성장했기 때문이다.

B주식을 내재가치보다 50% 할인된 가격에 살 수 있었다면 더 좋았을 것이다. 그러나 증시는 좋은 기업을 대체로 더 높게 평가한다. 좋은 기업은 조금 더 비싸더라도 충분히 그만한 가치가 있다. 멋진 기업을 적정 가격에 사는 것이 적당한 기업을 좋은 가격에 사는 것보다 훨씬 낫다.

*

찰리 멍거는 이렇게 말했다. "좋은 기업은 잇따라서 쉽게 결정을 내리지만, 나쁜 기업은 번번이 힘들게 결정을 해야 합니다. 이것이 좋은 기업과 나쁜 기업의 차이입니다."● 좋은 기업에 투자할 때 투자자는 쉽게 결정을 내릴 수 있고 결단을 내려야 할 일도 줄어든다.

꾸준하게 흑자를 내고 높은 주식 수익률을 창출하며 성장이 빠른 좋은 기업을 사는 것이 가장 중요하다. 좋은 기업에서는 다른 문제들

● Charlie Munger, "USC Law Commencement Speech".

구루들의 투자법

은 저절로 알아서 해결된다.

　다른 말 않겠다. 좋은 기업만 사라!

제4장

좋은 기업만 사라,
그리고 좋은 기업을 어디서
찾아야 할지도 알라

"단순함을 유지하세요."

- 찰리 멍거

같은 제목을 또 썼다고 뭐라 하지 말기를 바란다. 이 책을 읽은 당신이 딱 하나만 기억해야 한다면, 그것은 좋은 기업만 사야 한다는 것이기 때문이다!

다른 기업들로는 수익을 내지 못한다는 말이 아니다. 오히려 돈을 더 많이 벌지도 모른다. 도널드 약트만이 크라이슬러에 투자하지 않은 이유는 이 회사로 수익을 내지 못할 것 같아서가 아니라 자동차 산업에는 투자하고 싶지 않았기 때문이었다. 좋은 기업만 산다면 수익을 낼 가능성이 훨씬 올라가고 투자길도 훨씬 즐거워질 수 있다.

피터 린치는 어떤 산업에서건 돈을 벌 수 있다. 그는 모든 산업에 해박하고 투자에 성공하려면 어떻게 해야 하는지도 잘 안다. 그래서 수천 개 종목을 보유했다. 하지만 우리가 린치를 따라갈 필요는 없다. 찰리 멍거의 말을 되새기자. "모든 것을 알아야 하는 것은 아닙니다. 화물을 얼추 나르는 데는 두세 가지 정말로 좋은 아이디어만 있으면

됩니다."•

한 여자가 세탁기가 고장나 수리기사를 부른다. 수리기사가 도착해 세탁기를 살펴보고는 망치를 꺼내 세탁기를 한번 세게 때린다. 세탁기가 돌아가기 시작하고, 수리기사는 200달러를 청구서를 내민다. "200달러요? 세탁기 한번 때린 게 다잖아요!" 그러나 수리기사는 청구서에 요금 항목을 적어준다. "망치로 때리는 비용: 5달러. 때려야 할 곳이 어딘지 알아낸 비용: 195달러."

사람들에게 어디에 어떻게 힘을 써야 할지 알려줘야 할 때 많이 사용하는 농담이다. 투자에서 중요한 것은 좋은 기업만을 사는 것이다! 단순한 충고지만 따르기가 쉽지 않은 충고이기도 하다. 매력적인 수익률을 낼 수 있다고 떠들어대는 투자 기회가 시장에는 무수히 많이 떠돌기 때문이다.

1장에서도 나왔지만 린치는 투자 기회를 총 6개의 종류로 나눴다.•• 좋은 기업만을 산다는 원칙을 이 6개 범주 각각에 적용하는 방법을 자세히 설명하면 다음과 같다.

자산주

자산주는 기업의 기본 자산이 어느 정도 가치가 있지만 그 가치가 주가에는 반영되지 않은 종목을 의미한다. 오늘날 가치 있는 자산은

● Charlie Munger, "Poor Charlie's Almanack: The Wit and Wisdom of Charles T. Munger", *Donning Company*, 2005.
●● Peter Lynch, John Rothschild, "One Up on Wall Street".

대개 낮게 계상된 부동산이다. 자산주는 자산 가치나 순유동자산가치, 또는 순순운전자본보다 주가가 훨씬 낮은 심층 염가주식 투자를 의미한다. 현금화가 아주 쉽다거나, 청산에 걸리는 시간이 짧다거나, 기업이 나쁘지 않게 굴러가고 현금흐름도 충분해서 자립에 문제가 없지 않은 한, 투자자는 자산주 투자는 절대로 피해야 한다.

워런 버핏은 자산주 투자를 '바보짓'이라고 말한다. 약트만은 자산주를 기계가 놀고 있고 팔아도 헐값만 받을 수 있는 공장에 비유한다. 시어스의 예를 기억하는가? 지금 이 글을 쓰는 순간에도 시어스는 여전히 '자산을 날려먹는' 짓을 하고 있다. 하지만 브루스 버코위츠는 2016년 주주들에게 보내는 편지에서 "생각보다 시간이 더 걸리고 있습니다"고 적었다.● 2016년 7월 28일에 발표된 이 편지는 "생각보다도 가치가 더 많이 잠식되고 있다"는 뜻으로 해석할 수 있다. 자산주를 피하라.

턴어라운드주

턴어라운드주는 "엉망으로 부서지고 무너졌으며 챕터 11Chapter 11, 파산 신청도 아주 간신히 할 수 있는"●● 기업을 말한다. 린치는 턴어라운드주로 여러 번이나 안타를 쳤다. 어쨌거나 주가가 바닥까지 떨어진 상태였기에 아주 강한 회복세를 보일 수 있었던 것이다. 그러나 그런

● "Fairholme Fund Semiannual Shareholder Letter", 2016, http://www.fairholmefundsinc.com/Letters/Funds2016SemiAnnualLetter.pdf.
●● Peter Lynch, John Rothschild, "One Up on Wall Street".

린치라도 절대로 사지 않았을 턴어라운드주는 끝도 없이 많았다.

턴어라운드주 투자를 피하라. 파탄 일보 직전의 재무 상태라는 사실만으로도 좋은 기업이 되기 위한 자격에서 탈락이다. 그리고 이런 문제들은 쉽게 사라지지 않는다. 버핏 역시 언제 무너질지 모르는 섬유 사업을 회생시키려 모든 수를 다 썼지만 쓰라린 고통만 맛본 후 1979년 주주들에게 보내는 편지에 이렇게 적었다.

> 우리는 운영 경험과 투자 경험을 통해 '턴어라운드주'는 어지간해서는 방향을 틀지 못한다는 결론을 내리게 됐습니다. 그리고 헐값에 산 나쁜 기업보다는 적정 가격에 산 좋은 기업에 똑같은 에너지와 재능을 쓰는 것이 훨씬 낫다는 결론도 내리게 됐습니다.[•]

몇 년 전 JC 페니는 턴어라운드를 위해 엄청난 노력을 쏟아부었다. 기업 사냥꾼이자 행동주의 투자자인 빌 액크만Bill Ackman이 주도하는 이사회는 회사의 회생을 위해 전직 애플 스토어의 유능한 경영자 론 존슨Ron Johnson을 영입했다. 그러나 존슨은 애플에서 부렸던 마법을 JC 페니에서는 부리지 못했고, 흑자 회생하려는 노력은 처참하게 실패했다. 액크만은 JC 페니에 투자한 10억 달러에서 60%를 잃고는 손을 뗐다.

섬유 사업을 회생시키려 여전히 힘겨운 노력을 하던 버핏은 1980년 주주들에게 보내는 편지에 고충을 토로했다.[••]

[•] Warren Buffett, "Berkshire Hathaway shareholder letter, 1979", http://www.berkshirehathaway.com/letters/1979.html.

[••] Warren Buffett, "Berkshire Hathaway shareholder letter, 1980", http://www.berkshirehathaway.com/letters/1980.html.

'턴어라운드' 기업을 매수하고 운영하다가 대체로 겪게 되는 실망감에 대해서는 앞서 보고서들에 적은 바 있습니다. 우리는 아닌 말로 지난 몇 년 동안 수십 개 산업의 수백 가지 턴어라운드 가능성에 대해 설명을 들었고, 지난 실적을 참가자이자 관찰자 입장에서 기대치와 비교했습니다. 우리는 결론을 내렸습니다. 아무리 뛰어나기로 정평이 난 경영자일지라도 근본 경제적 특성이 형편없다고 평을 듣는 회사에 뛰어들면, 결국 고스란히 남는 것은 그 회사의 평판뿐이라는 결론입니다.

론 존슨의 평판도 똑같은 전철을 밟았다. 그는 애플에서는 성공했지만 JC 페니에서는 아니었다. 무엇보다도 애플은 애플이고, JC 페니는 아무리 좋아도 JC 페니다.

잠깐, 버핏은 가이코의 흑자 전환으로 대박을 치지 않았는가? 그는 1976~1979년 동안 4,570만 달러를 주고 이 회사의 3분의 1을 소유했고, 나머지 지분까지 다 인수했을 때 처음 투자 가치는 23억 달러로 올라 있었다. 1970년대 초의 가이코 경영진은 청구될 보험비를 추산하면서 몇 가지 심각한 판단 착오를 했다. 이는 보험료를 낮게 책정하게 만들어 나중에는 회사를 파산 직전까지 몰고 갔던 큰 실수였다.

이런 심각한 문제가 있었지만 버핏은 가이코의 기본적인 경쟁력은 변하지 않았다고 봤기 때문에 주식을 매수했다. 그는 1980년 주주들에게 보내는 편지에 그 이유를 설명했다.●

●   Warren Buffett, "Berkshire Hathaway shareholder letter, 1980".

당시 그 문제로 인한 가이코의 처지는 샐러드유 스캔들 이후의 1964년 아메리칸 익스프레스의 처지와 비슷했습니다. 두 회사 모두 보기 드물게 훌륭한 기업들입니다. 재무적 폭풍우의 여파로 잠시 휘청거리기는 했지만 근본적으로 우수한 경제 구조는 무너지지 않았습니다. 가이코와 아메리칸 익스프레스는 국소암에 걸렸지만 절제가 충분히 가능하며 기본적으로는 훌륭한 사업 프랜차이즈입니다 (물론 유능한 외과 의사가 필요하기는 합니다). 이 상황은 경영자들이 기업이라는 피그말리온에 생명력을 불어넣고 싶어 하는(그리고 그래야 하는) '턴어라운드' 상황과는 구분해서 봐야 합니다.

그러므로 진짜 '턴어라운드주'인지 아니면 '절제가 가능한 국소암'인지를 구분하는 가장 중요한 시험대는 과거의 '기본적으로 튼튼한 경쟁력'과 '근본적으로 우수한 경제 구조'가 지금도 유효한지를 보는 것이다. 이런 시험대를 시어스와 JC 페니에 들이대 보면 아니라는 것이 확연히 드러난다.

게다가 투자자들은 시장의 조작과 진짜 턴어라운드주를 구분해야한다. 둘 다 주가 급락이 나타나는 것은 같기 때문이다. 이런 일이 캐나다의 가치투자자이며 버핏의 영향을 받아 보험업에 투자하게 된 프렘 왓사Prem Watsa가 세운 페어팩스 파이낸셜Fairfax Financial에도 일어났다. 왓사는 벤저민 그레이엄과 존 템플턴경Sir. John Templeton의 책을 읽고 성공적인 가치투자자가 됐다. 그의 경영 아래 페어팩스의 순자산가치는 1985년부터 한 해 20% 이상 성장했다. 2004~2005년에는 미국과 캐나다 증시 모두에서 1주에 200달러 선에서 가격이 형성돼 있었고, 그 순간 힘깨나 쓰는 숏셀러들의 목표물이 됐다. 페어팩스를 회계 조작으로 불명예를 뒤집어쓰고 파산한 엔론Enron에 비유하는 말이 돌자 페어팩스 주가는 50%나 떨어진 100달러로 내려앉았다. 그러자 페어팩스는 숏셀러들을 고소하는 한편 미국 증시 상장을 철회했다. 소동이 가라앉고 페어팩스의 순자산가치는 다시 연 20%의 성장을 기록했으며 2008년 금융위기에는 숏셀링으로 대박 수익을 냈다. 2016년 10월 기준으로 페어팩스의 주가는 700달러대이다.

페어팩스의 문제 발생은 숏셀러들의 주가 작전이 원인이었다. 숏셀러들의 공격으로 기업 평판에 금이 갔고, 잠시지만 이 회사의 보험업도 영향을 받기는 했을 것이다. 그러나 이 회사의 사업은 여전히 탄탄했고, 오히려 숏셀러들의 공격은 장기 투자자들에게 훌륭한 매수 기회가 됐다.

결론적으로 말해 턴어라운드주는 방향 전환에 성공하는 일은 거의 없기 때문에 좋은 기업이라고 간주해서는 안 된다. 그러나 투자자는 여기서도 좋은 기회를 찾을 수 있다. 비결은 잠깐 힘들어지기는 했지만 '기본 경쟁력'과 '근본적 경제 구조'에 문제가 없는 회사를 찾아내는 것이다. 턴어라운드주는 정말로 피해야 한다!

경기순환주

경기순환에 민감한 기업은 몇 년 주기로 제품 수요가 늘고 줄어드는 과정을 반복한다. 제품 수요는 대개는 경기순환과 겹쳐서 발생한다. 경기순환 기업은 자본투자가 많이 필요하고 고정자산 비중도 높은 편이다. 수요가 늘어났다고 해서 잽싸게 생산시설을 확충하기 힘들며, 수요가 떨어졌다고 해서 시설을 줄이기도 힘들다. 경기순환 기업은 수요가 높을 때 생산시설 확충에 투자하지만, 확충이 끝나는 순간 수요는 이미 줄어든 상태다. 이익이 확 줄고 부채가 크게 늘어나는 결과가 빚어질 수밖에 없다.

경기순환에 민감한 산업으로는 자동차, 항공, 철강, 석유와 가스, 화학제품 등이 있다. 가끔 순풍에 올라탄 경기순환 산업이 지난 몇 년 동안의 수요 확대가 아주 오래 이어질 성장인 것처럼 포장되기도 한다. 예를 들어 금리 하락에 힘입어 주택 산업이 거의 10년이나 호황이었다가 무너진 것처럼 말이다.

경기순환 업종은 장기 보유할 좋은 기업을 찾기에 적당하지 않다. 약트만은 자동차 업종이 경기순환을 심하게 타기 때문에 크라이슬러를 매수하려 하지 않았다. 투자자들은 경기순환 업종에는 가까이 가지 말아야 한다.

"대다수 산업은 결국은 경기를 타게 된다"•는 하워드 막스의 말이 있기는 하지만, 심하게 경기를 타는 산업이 있고 그렇지 않은 산업이 있다. 경기순환 산업을 알아내는 한 가지 방법은 적어도 10년 동안의 매출과 순이익 추이를 관찰하는 것이다. 특히 침체기의 추이를 잘 살펴봐야 한다. 그림 4.1은 한 가지 예를 보여준다.

이 그래프는 CVS 헬스CVS Health Corp.와 다우 케미컬Dow Chemical의 당기순이익 추이를 그린 것이다. 회색 부분은 미국 경제 전체가 침체기였던 시기이다. 다우 케미컬의 순이익은 침체기에는 크게 떨어졌다. 2002년 침체기에는 심지어 순손실마저 났고, 2008년에는 한때 40억

●   Howard Marks, "The Most Important Thing: Uncommon Sense for the Thoughtful Investor", *Columbia Business School Publishing*, 2012.

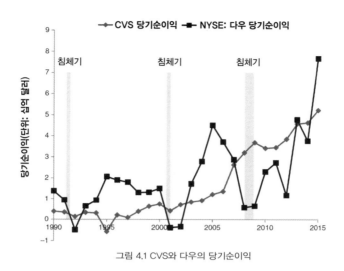

그림 4.1 CVS와 다우의 당기순이익

달러를 넘었던 순이익이 10억 달러 아래로 떨어졌다. 같은 기간 CVS의 당기순이익은 경기 침체에도 별로 영향을 받지 않았다.

　다우 케미컬은 경기순환 기업이고 CVS는 그렇지 않다는 것이 뚜렷하게 드러난다. 경기순환주는 장기간 보유해도 보상이 별로 높지 않다. 심지어 부채비율이 높은 경기순환주는 정말로 위험할 수 있다. 상당수 경기순환 기업들은 침체를 이겨내지 못하고 파산하기 때문이다. 자동차회사, 항공사, 광산회사, 석유탐사회사의 부도 뉴스가 우리 귀에 얼마나 자주 들렸는지 생각해 보자. 단정적으로 말해서 이런 회사들은 꾸준하고 장기적인 흑자라는 좋은 기업의 자격 조건을 충족하지 못한다. 경기순환주도 피하라.

저성장주

저성장주는 성장 동력이 사라진 성숙기업을 말한다. 이런 회사들은 매출 기반이 확대될 대로 확대돼 있기 때문에 새로운 성장 시장을 찾기가 힘들다. 그래서 매출 성장 속도가 경제 성장 속도를 따라잡지 못한다. 월마트, 마이크로소프트, 프록터 앤 갬블, 존슨 앤 존슨이 좋은 예다. 이 회사들은 대체로 막대한 흑자를 내고 있고 수익률도 높은 편이다. 앞장에서 좋은 기업을 따지는 세 가지 질문은 순이익 창출, 투하자본수익률, 성장이었다. 저성장주는 3장의 질문 1과(장기적이고 꾸준한 순이익) 질문 2에는(높은 투하자본수익률) 그럭저럭 괜찮은 답이 나오지만 질문 3에는(두 자릿수 성장) 아니다.

저성장주는 역사적 평균보다 상대적으로 낮은 가치평가 비율에 매수한다면 만족할 만한 수익률을 거둘 수 있다. 저성장주는 소득 포트폴리오를 구축할 때 높고 꾸준한 배당을 노린다면 좋은 선택이다. 여기에 대해서는 8장에서 자세히 설명할 것이다.

우량주

우량주는 두 자릿수 초반대의 성장률을 보이지만 앞으로 더 높아질 가능성이 높은 중소형주를 가리킨다. 우량주는 장기 순이익, 높은 자본수익률, 두 자릿수 성장이라는 조건을 다 갖춘 좋은 기업을 찾아내기에 딱 알맞은 영역이다. 우량주 회사들은 훌륭한 성장률을 보이고 있으며 과거 수익률도 좋다. 우량주에 투자하면 짜릿함과 재미는 덜하더라도, 이런 고품질 기업을 장기간 보유하면 투자 위험이 줄어들기 때문에 높은 보상을 기대할 수 있다.

우량주 기업은 어떤 해에는 느리게 성장하고 어떤 해에는 빠르게 성장한다. 그렇기 때문에 성장과 순이익, 여러 자본수익률 등의 분야에서 기업이 보이는 사업 실적의 장기적인 평균을 관찰해야 한다. 어떤 해에 기업의 성장이 전년도보다 느려졌다면 그 이유는 무엇인지, 그리고 둔화된 성장률이 미래의 평균이 될 소지가 다분하지는 않은지 분석해야 한다. 가끔은 산업 자체의 지각 변동이 회사가 누려온 경제적 해자를 파괴하거나, 기존 또는 새로운 경영진의 주도 아래 회사 자체가 과거의 궤도에서 벗어나기도 한다. 아무리 우량주일지라도 투자자들은 성장과 이익 추이를 관찰하는 것을 게을리하지 말아야 한다. 완벽한 기업은 없다.

구루포커스의 올인원 스크리너에 들어가면 우량주 기업을 찾아내는 데 도움이 될 좋은 기업 스크리닝 코너가 있다. 구루포커스닷컴→올인원 스크리너→구루포커스 스크린→더 굿 컴퍼니 순으로 들어가면 된다. 또한 2016년 8월 기준으로 스크리너에 등장한 종목들의 실적을 모니터링하는 포트폴리오도 따로 마련해 두었다.

이런 스크리닝 도구를 통해 우리는 오토존AutoZone, 아메텍AMETEK Inc., 잭 헨리 앤 어소시에이츠Jack Henry & Associates Inc. 같은 기업들을 만났다. 이 회사들은 이익을 내면서도 꾸준히 성장 중이며, 투하자본 수익률이 높고, 더 크게 성장할 잠재력도 있다. 게다가 지난 10년 동안 주식 수익률도 아주 좋았다.

린치는 50% 정도 수익을 내면 한두 해 정도 뒤에 우량주를 매도한다. 하지만 우량주들은 장기적으로 꾸준한 성장주가 되기도 한다. 이런 주식들은 장기 보유하는 것이 좋은데, 매도하면 자본이득세가 붙는데다 이만한 고품질 기업을 다시 살 기회를 놓칠 수 있기 때문이다. 오토존의 경우 이 회사를 팔아도 좋은 시기는 한번도 오지 않았다.

오토존은 매해 연간 15%의 매출 성장을 이뤘으며 경기 침체 때도 변함 없었다. 우량주 장기 보유에서 오는 보상은 정말로 아주 높았다.

고성장주

고성장주는 연간 성장률이 20%가 넘는 기업들이다. 보통은 작고 공격적인 신생회사가 많다. 린치가 가장 좋아하는 범주이며, 그가 고성장주에서 발견한 여러 투자 아이디어는 10배, 20배, 심지어 더 높은 수익을 냈다.

린치가 지적하다시피 고성장주는 반드시 고성장 산업에만 존재하는 것은 아니다. 이상적인 고성장 기업은 기존 기업들의 시장점유율을 뺏어오는 회사다. 고성장주 투자는 보상이 클 수 있지만 위험도 높을 수 있다. 너무 빨리 성장하기 때문에 부채도 많을 수 있다. 대체로는 고성장주에 대한 월가의 기대가 너무 높아서 가치평가 결과가 심할 정도로 올라가기도 한다. 성장이 조금만 비틀거려도 주가에 심하게 여파가 미칠 수 있다.

치폴레 멕시칸 그릴이 그런 예에 해당한다. 이 패스트푸드 회사는 지난 10년 동안 매년 평균 20%가 넘는 매출 성장을 기록했다. 2014년 주가는 PER의 50배가 넘었다. 새 매장이 계속 오픈하고 기존 매장들도 매년 두 자릿수 매출 성장을 보이는 등 회사가 기세 좋게 성장했기 때문이다. 그러다 2015년에 치폴레 멕시칸 그릴 식품에서 노로바이러스가 발견되고 연방정부의 조사까지 받게 됐다. 매장 평균 매출이 감소세로 돌아섰고, 주가는 2015년 정점일 때보다 거의 50% 가까이 하락했다.

고성장주들은 대체로 역사가 충분히 길지 않기 때문에 장기적으로 입증된 좋은 기업을 찾기는 어렵다. 그렇긴 해도 몇몇 기업들은 훌륭하게 발전을 해 우리가 찾는 좋은 기업이 된다.

지금까지 내용을 요약하면, 투자자로서 우리는 좋은 기업만을 사야 하므로 린치의 여섯 가지 주식 중에서 자산주나 경기순환주, 턴어라운드주는 아예 고민조차 할 필요가 없다. 저성장주와 고성장주에서도 좋은 기업의 조건에 맞는 주식들은 거의 없다고 봐야 한다. 가장 좋은 주식은 우량주이다. 우량주야말로 좋은 기업의 조건에 가장 잘 들어맞을 수 있다. 다시 말하지만 좋은 기업의 조건은 다음과 같다.

1. 장기적이고 꾸준한 이익 창출
2. 높은 사업 수익률. 즉, 높은 투하자본수익률과 자기자본수익률
3. 평균 이상의 성장

수리공은 때려야 할 곳을 제대로 알아야 한다.

업종의 순환성

업종의 순환성도 자세히 살펴볼 필요가 있다. 약트만도 기업을 관찰할 때 제일 먼저 보는 요소 중 하나다. 약트만은 제품 순환이 길고 소비자 구매 주기는 짧은, 다시 말해 경기순환에 민감하지 않은 업종을 선호한다. 하지만 하워드 막스의 말처럼 거의 모든 업종은 경기순환 산업이다. 이 사실은 뒤에 나오는 여러 산업 분야의 순이익이 잘 보여준다. 경기순환이 바닥일 때면 제품 수요도 둔화된다. 매출이 조금만

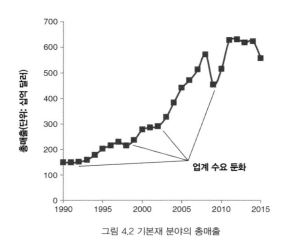

그림 4.2 기본재 분야의 총매출

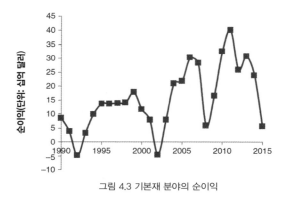

그림 4.3 기본재 분야의 순이익

줄어도 기업의 이익은 크게 주는데, 비용은 수요 하락처럼 금방 줄어
드는 것이 아니기 때문인 데다 비용을 줄이는 행동 자체에도 돈이 들
어가기 때문이다.

어떤 산업은 업종 특성상 주주에게 높은 수익을 꾸준하게 내주기
가 절대로 불가능하다. 좋은 기업을 산다는 것은 이런 산업을 피해야

구루들의 투자법

한다는 뜻이다. 앞에서 나는 경기순환 업종으로 자동차, 항공, 화학, 철강, 에너지 등을 예로 들었다. 몇몇 업종의 순환성에 대해서는 지금부터 자세히 설명할 것이다.

기본재 분야도 경기순환 업종 중 하나다. 그림 4.2는 미국에서 기본재 분야로 분류된 732개 기업들의 총매출 역사를 보여준다. 기본재 분야에는 농업, 건설자재, 화학, 석탄, 목재, 금속, 광업 등이 속한다.

1992년, 1998년, 2002년, 2008년, 2015년에 기본재 분야의 총매출이 감소했다. 이 중에서 1992년, 2002년, 2008년은 전반적인 경제 침체와 관련이 깊었다. 기본재 기업들의 총매출이 몇 년 전보다 2~3% 줄어든 때도 많았으며, 심지어 경기가 좋은 1999년, 2006년, 2010년조차도 평균 이익률은 6% 남짓이 고작이었다. 그림 4.3에서도 볼 수 있듯이 매출은 2~3% 정도 하락했을 뿐인데도 이익률은 와르르 무너지는 결과가 나왔다.

1992년과 2002년에 기본재 분야는 크게 적자가 났다. 2008년과 2015년에는 전년도보다 순이익이 80%가 넘게 줄었으며 분야 전체로 보면 이익이 났다고 말하기도 힘든 실적이었다. 이 부문은 자본과 자산 집중도가 높기 때문에 수요 둔화에 맞춰 비용을 빨리 줄이기가 힘들다. 기본재 산업의 제품은 대개 원자재이기 때문에 기업들은 수요가 하락한다고 해도 함부로 가격 인상으로 만회하기도 어렵다. 이런 요소들이 기본재 산업을 경기순환에 민감하게 만든다.

기본재 분야의 주주들은 기업이 몇 년 주기로 흑자와 적자를 크게 오가는 것을 지켜볼 수밖에 없다. 대다수 기본재 기업들은 불경기의 풍랑을 이겨내지 못해 파산한다. 버핏의 말마따나 "원자재 제품을 판매하는 기업이 가장 멍청한 경쟁사보다 훨씬 똑똑하게 구는 것은 불가능하다."● 결국 기본재 기업들은 가격 경쟁을 해야 하고, 순이익과 손실 패턴도 엇비슷하다. 이 분야의 기업들은 꾸준한 순이익을 오랫동안 창출할 수가 없다.

그러므로 농업, 건설자재, 화학, 석탄, 목재, 금속 등의 기본재 회사는 좋은 기업이 아니다. 심지어 린치는 원자재 제품 회사들에는 "경쟁이 치열할수록 인간의 부에는 위험할 수 있습니다"라는 경고 문구를 붙여야 한다고 말하기도 했다. 기본재 산업은 피해라!

에너지와 경기민감 소비재 분야도 비슷한 사실을 드러낸다. 그림 4.4와 4.5는 두 분야의 순이익을 보여준다. 그래프에도 나타나듯이 경기민감 소비재 분야는 경기순환을 굉장히 많이 탄다. 이 분야에는 자동차, 엔터테인먼트, 제조, 여행, 레저, 사치품이 포함되며 경제 침체가 오면 여지없이 이익률이 크게 떨어진다. 경기민감 소비재 분야에 속한 기업은 꾸준한 흑자를 내기가 힘들다.

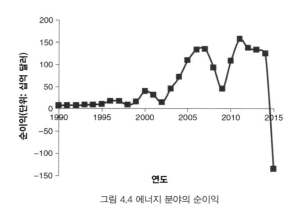

그림 4.4 에너지 분야의 순이익

●　Warren Buffett, "Berkshire Hathaway shareholder letter, 1990", http://www.berkshirehathaway.com/letters/1990.html.

구루들의 투자법

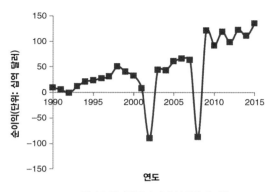

그림 4.5 경기민감 소비재 분야의 순이익

기술 분야에서는 하드웨어 기업과 소프트웨어 기업의 순이익 추이가 크게 다르게 나타난다. 이동통신 장비와 컴퓨터 제조사 등 하드웨어 회사들은 자산 비중과 자본집약도가 높다. 따라서 하드웨어 회사들은 경기순환에 더 민감하게 반응한다. 계속해서 신기술이 쏟아져 나오기 때문에 하드웨어 회사들은 오랫동안 경쟁력을 유지하기가 어렵다.

반대로 일부 소프트웨어 회사들이 개발한 제품과 서비스가 속한 분야는 시장 변화가 그렇게 빠르지 않다. 예를 들어, 마이크로소프트와 구글은 그동안 구축해둔 튼튼한 경제적 해자의 보호를 받으면서 꾸준한 수익창출력과 높은 투하자본수익률과 성장률을 내는 위대한 회사가 됐다. 엔시스Ansys Inc.가 만드는 시뮬레이션 소프트웨어는 항공우주, 방위, 자동차, 건설, 보건, 에너지 등 거의 모든 산업에 널리 사용된다. 실제 생산 단계에 맞게 여러 번 제품을 검사하고 확인하기 위해서는 엔시스의 소프트웨어가 반드시 필요하다. 이 소프트웨어를 믿

을 만하다고 판단한 고객은 섣불리 새 소프트웨어로 갈아탈 생각을
하지 않는다. 결국 엔시스는 아주 넓고 깊은 해자를 구축했다.

금융 분야는 지난 20년 동안 경기순환과 침체기에 대해 민감한 편
은 아니었다. 2007년 주택 시장 위기가 시작되기 전까지 주택 시장의
성장세를 타고 금융업도 순항했기 때문이다. 보수적인 주택 담보 대출
에 초점을 맞추는 소형 지방은행의 경우에는 사업이 그리 복잡하지
않다. 반대로, 어떤 은행은 장부를 봐도 무슨 소리인지 모를 정도로
사업이 굉장히 복잡하다. 버핏도 은행업은 별로 좋아하지 않는다. 그
는 1990년이 돼서야 웰스 파고 주식을 사면서 은행주에 처음으로 투
자했다. 그는 1990년 주주들에게 보내는 편지에 이와 관련된 설명을
적었다.[•]

금융업은 우리가 좋아하는 업종이 아닙니다. 자산이 자기자본의
20배가 되면(이 산업에서는 이것이 보통 비율입니다) 자산의 일부를 가
지고 한 실수일지라도 자기자본이 크게 훼손될 수 있기 때문입니
다. 그리고 대다수 대형은행에서 실수는 예외가 아니라 일상이었습
니다. 대부분의 실수는 지난해 우리가 '제도적 강박관념institutional
imperative'을 논하면서 설명한 경영진의 결함이 원인이었습니다. 제도
적 강박관념이란 다른 경영자의 행동이 굉장히 어리석은 것인데도
그것을 무작정 따라 하는 성향을 의미합니다. 대다수 은행가들은
대출을 하면서 마치 집단 자살을 하는 레밍 쥐처럼 선두를 그대로
따라 했습니다. 그리고 지금 그들은 레밍 쥐와 똑같은 운명을 맞이

●　　Warren Buffett, "Berkshire Hathaway shareholder letter, 1990".

구루들의 투자법

하고 있습니다.

찰스 프린스Charles Prince라는 CEO가 이끄는 시티그룹CitiGroup이 비극적 운명에 처한 것도 딱 이런 맥락이었다. 서브프라임 증권이 뿌리부터 무너지면 유동성이 줄지도 모른다는 우려에도 불구하고 시티그룹이 차입매수를 계속한 이유에 대해 그가 한 유명한 말이 있다. "음악이 계속되는 한 일어나서 춤을 출 수밖에 없다."

나는 예전에 이런 농담을 들은 적이 있다.

성공적인 은행가가 되려면 무엇을 해야 하는가? 세 가지 규칙을 따르면 된다. 첫 번째, 갚을 능력이 없는 사람에게는 돈을 빌려주지 마라. 두 번째, 정말로 돈이 필요한 사람에게는 돈을 빌려주지 마라. 세 번째, 당신 돈은 빌려주지 마라.

2000년대 초 주택 열풍이 계속되는 동안 대다수 은행가들은 세 번째 규칙만 기억했다.

버핏은 은행업의 성공에는 경영이 관건이라고 판단한다. 그는 1990년 주주들에게 보내는 편지에 이렇게도 적었다.

20:1의 레버리지는 경영진의 강점과 약점을 크게 부각시킵니다. 그래서 우리는 경영이 좋지 않은 은행의 주식을 '싼' 값에 사는 데에는 전혀 관심이 없습니다. 대신에 우리는 경영이 훌륭한 은행을 적정 가격에 매수하는 데에만 관심이 있습니다.

멍거 역시 자신이 이사장을 맡은 데일리 저널의 2016년 주주총회에서 같은 뜻의 말을 했다.[•]

경영진이 유능한지 아닌지 제대로 파악하지 못하는 사람은 은행주를 사지 말아야 한다는 것이 제 생각입니다. 은행업이라는 곳은 실제 이익을 창출하지 못하는데도 보고되는 큰 숫자로 인해 망상에 빠지기가 딱 좋은 분야입니다. 투자자에게는 아주 위험한 분야이죠. 은행업에 대한 깊은 통찰이 없는 사람은 피해야 합니다.

린치가 선호하는 은행 종목은 지방은행과 저축대부은행s&L이다. 이 소형 은행들은 사업이 단순한 편이고 대개 보수적인 은행가들이 경영자로 있기 때문이다.

의료보건과 소비방어 분야는 경기순환에 대해 덜 민감한 편이다. 아파서 의사에게 가는 것은 경기와 상관없기 때문이다. 소비방어 분야로는 식음료, 담배를 비롯한 저가의 일상 소비품을 들 수 있다. 소비자들은 이런 제품의 가격 변화에 민감하지 않고 가격이 올라도 어지간해서는 구매를 멈추지 않기 때문에 소비방어 분야의 기업들은 가격결정력이 제법 큰 편이다. 소비방어 분야의 제품들은 매일 소비되기 때문에 구매 주기도 짧다. 약트만이 좋아하는 특징이다. 게다가 제품이 단순하고 생명주기가 굉장히 길다는 장점도 있다. 예를 들어 버크셔 해서웨이는 1972년에 씨즈캔디를 인수했는데, 그때나 지금이나 씨즈캔디가 만드는 사탕과 초콜릿은 거의 변하지 않았다. 투하자본도 적

● http://www.gurufocus.com/news/394902/seeking-wisdom-fromcharlie-munger.

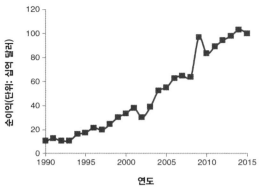

그림 4.6 의료보건 분야의 순이익

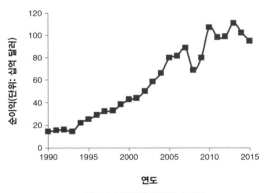

그림 4.7 소비방어 분야의 순이익

게 든다는 뜻이다. 소비방어 영역에서는 위대한 기업들이 많이 세워진다. 투자자들은 소비방어 분야의 성장에 동참해 주식을 매수하고 장기간 보유함으로써 상당한 보상을 얻을 수 있다(그림 4.6과 4.7).

저명한 가치투자자 톰 루소Tom Russo가 30년 넘게 투자한 것도 이 분야다. 그는 포트폴리오의 60% 이상을 네슬레Nestle, 하이네켄Heineken, 앤하이저-부시Anheuser-Busch, 페르노 리카Pernod Ricard와 같은 식음료 회사나 필립 모리스 인터내셔널Philip Morris International과 그 자매회사인 알트리아Altria 같은 담배 회사에 투자했다. 수익률이 높고 흑자도 꾸준하게 내는 종목들은 위험이 거의 없으며 팔아야 할 필요도 별로 생기지 않는다. 루소가 분기별로 포트폴리오를 처분하는 비율은 2%를 넘지 않지만 여전히 높은 장기 수익을 거두고 있다.

그러나 투자자들은 소비방어 종목에 속한 기업일지라도 소매 업종에 투자할 때는 신중해야 한다. 버핏은 1995년 주주들에게 보내는 편지에 소매 업종을 이렇게 평했다.•

소매업은 힘든 사업입니다. 저는 투자를 하면서 하늘 높은 줄 모르고 성장하면서 비할 데 없는 수익률을 보이다가 어느 순간 갑자기 수직 낙하를 하고 파산에 이르는 소매회사들을 수도 없이 봤습니다. 다른 제조업이나 서비스업보다 유독 소매업에서 이런 별똥별 현상이 자주 등장합니다. 소매회사는 한순간도 방심하지 말아야 한다는 것도 한 가지 이유가 됩니다. 언제라도 경쟁사가 기존 회사의 행동을 따라 하고 더 앞질러 갈 수 있습니다. 그리고 소비자의 눈앞에는 끝없이 쏟아지는 새 상품을 온갖 기상천외한 방식으로 시험해볼 기회가 펼쳐집니다. 소매업에서 관성에 젖는 것은 실패의 지름길입니다.

한마디로 요약해, 좋은 기업만 산다는 것은 아무리 매력적인 투자기회로 보일지라도 기본재나 컴퓨터 하드웨어, 이동통신, 반도체 등 경

• Warren Buffett, "Berkshire Hathaway shareholder letter, 1995", http://www.berkshirehathaway.com/letters/1995.html.

구루들의 투자법

기순환에 많이 민감한 분야는 피해야 한다는 뜻이다. 이런 업종은 높고 꾸준한 이익을 내는 기업을 원하는 투자자에게는 걸림돌이 너무 많다. 소비방어주와 의료보건주는 경기순환을 거의 타지 않는다고 봐도 무방하다. 두 분야에서는 수익률이 높고 꾸준하게 높은 흑자를 내는 기업을 찾기도 더 쉽다.

하늘의 별따기 vs 통 안의 물고기 잡기

좋은 기업만을 산다는 것은 최고의 종목들을 놓칠 수 있다는 뜻이기도 하다. 과거 10년 동안 시장에서 계속 거래된 3,577개 종목들을 실적순으로 정리해본 결과, 최고 실적을 내는 50개 종목들의 연평균 수익률은 25%가 조금 안 되거나 그 이상이었다. 50개 종목들 중에서 6개는 바이오테크주였고 5개는 소프트웨어주였다. 이 두 산업이 지난 10년 동안 스타 실적주들의 대부분을 차지했다. 우리는 장기 실적이 우수한 좋은 기업에만 투자해야 하기 때문에 두 업종을 사게 될 일은 거의 없을 것이다. 두 산업은 10년 전만 해도 좋은 기업의 자격을 갖춘 회사가 하나도 없었다. 심지어 지금도 그런 회사는 아주 극소수다.

일단 바이오테크 산업의 스타 실적주들의 현황을 살펴보자. 1등 실적주는 메디베이션Medivation Inc.으로 10년 연평균 수익률은 거의 50%에 달했다. 10년 전에 이 회사의 매출은 전무했고 한 해 수천만 달러의 적자를 냈다. 그때에도 시가총액은 1억 달러가 넘었다. 주식 시장이 매출도 전혀 없는 회사에 수억 달러의 가치를 매긴 이유는 무엇인가? 합리적인 투자자라면 이런 주식은 사지 않을 것이다. 메디베이션은 다음 해에도 돈 한 푼 벌지 못했지만 시가총액은 4억 달러로 늘어났다. 어쨌거나 이 회사는 성공했고 지금 한 해 매출액은 10억 달러이며 순이익은 2억 5,000만 달러가 넘는다. 이 회사가 이익을 내기 시작한 것은 2014년으로, 그때에도 시가총액은 70억 달러가 넘었다. 현재 시장은 메디베이션에 100억 달러가 넘는 가치를 매기고 있다.

어느 누가 10년 전에 그런 투자 기회를 발견할 수 있었겠는가? 돈 한 푼 벌지 못하는 회사가 10년 뒤에 10억 달러의 매출을 올리는 회사로 성장할 것이라고 누가 내다볼 수 있었겠는가? 지식이 깊고 업종에 대한 혜안이 뛰어난 사람에게도 거의 불가능한 일이다. 10년 전에 그런 기회를 탐색한다는 것은 하늘의 별따기나 마찬가지였다.

다음으로 볼 종목은 바이오테크의 2등 실적주인 바이오스페서픽스 테크놀로지스BioSpecifics Technologies Corp.다. 지난 10년 동안 이 종목의 주가는 매년 평균 43%씩 올랐다. 10년 전에 이 회사는 시가총액이 500만 달러 정도에 불과한 초소형주였다. 2005년 550만 달러였던 매출은 2006년에는 190만 달러로 줄었고, 적자도 330만 달러가 났다. 현재도 바이오스페서픽스의 한 해 매출은 2,300만 달러에 불과하며, 순이익은 1,000만 달러다. 시가총액은 2억 8,400만 달러로 훌쩍 늘어났다. 대단히 매력적인 수익이지만, 10년 전에 시가총액 500만 달러짜리 회사는 투자자의 눈에 띄기에 너무 작은 데다 적자에 허우적거리고 있었다.

소프트웨어 업종에서 10년 간 가장 높은 실적을 낸 2개 종목은 에빅스EBIX Inc.와 타일러 테크놀로지스Tyler Technologies다. 보험 소프트웨어 회사인 에빅스의 주식은 연평균 40%씩 올랐다. 지방 정부에 관리 소프트웨어를 제공하는 타일러의 연평균 수익률은 30%였다. 에빅스의 10년 전 매출은 3,000만 달러 미만이었고, 타일러의 매출은 2억 달러 미만이었다. 두 회사는 최근에야 흑자를 내기 시작했기 때문에 2006년에는 좋은 회사 후보에 오르지도 못했을 것이다. 좋은 회사의 자격 조건인 높고 꾸준한 흑자가 없었기 때문이다.

같은 이유로 10년 동안 스타 실적주들인 아마존, 애플, 프라이스라인Priceline과 같은 투자 기회도 놓쳤을 가능성이 크다. 이 회사들도 높고 꾸준한 이익이라는 문턱을 넘지 못했다. 우리가 어리석었는가? 그렇지 않다. 덕분에 손실이 날 확률이 훨씬 높은 회사들을 여럿 피할 수 있었다.

2006년에 시장에서 거래된 바이오테크주들이 어떻게 됐는지 알아야 한다. 2006년 초, 연 매출이 1억 달러를 넘지 않는 미국 소재 바이오테크 기업들의 수는 210개였다. 인수나 파산으로 인해 상장이 취소된 회사들도 포함한 수치다. 이 회사들 중 32%인 67개 기업이 이후 몇 년에 걸쳐 파산했다. 40%는 10년 동안 계속 보유했다고 가정해도 마이너스 수익률이다. 이 210개 회사들의 평균 수익률 중앙값은 마이너스 80%다. 당시의 매출액이 스타 실적주인 메디베이션과 바이오스페서픽스와 비슷했던 회사는 90개나 됐지만 이 중 70%는 파산해서 없다. 이 종목들의 87%는 90%가 넘는 투자 손실을 기록했다.

소프트웨어 산업은 그나마 나았지만 엄청난 투자 손실을 낼 종목을 고를 가능성은 여전히 극도로 높았다. 2006년에 미국 시장에서 거래되고 연 매출이 1억 달러 미만인 미국 소재 소프트웨어 기업들 357개 중에서 20% 언저리는 몇 년 안에 망했다. 투자자들은 지금도 소프트웨어주 중 57%에서 마이너스 수익을 기록하고 있다. 10년 동안 보유했다고 가정해도 마찬가지이다. 이 357개 소프트웨어주 수익률의 중앙값은 마이너스 28%였다. 여기서 스타 실적주를 찾아낼 확률이 얼마나 되겠는가? 승리주를 고른 것이 아닌 한, 망해도 아주 크게 망할 수 밖에 없었다.

2006년에 좋은 기업의 자격을 갖춘 회사들이라면 그전 10년 동안 안정적으로 흑자를 냈고 ROIC 중앙값도 20%를 넘겼을 것이다. 2006년 초에 그런 자격을 갖춘 기업은 205개였다. 이 종목들을 10년 동안 보유했다고 가정해 보자. 이들 중 파산한 회사는 5%였으며, 10년 뒤에도 마이너스 수익률을 보이는 기업은 31%이다. 우리가 찾아낸 205개 종목들의 10년 주식 수익률 중앙값은 34%로 앞의 기업들보다 훨씬 높다. 다시 말해 돈을 잃을 확률이 훨씬 낮다.

스타 실적주에 돈을 거는 것이 하늘의 별따기라면, 좋은 기업을 적정 가격에 사는 것은 수조 안에 있는 물고기를 낚는 것과 비슷하다. 스타 실적주는 찾아내는 것은 어렵다. 그러나 대신에 소매점 체인인 달러 트리Dollar Tree와 베이킹 소다와 콘돔 회사인 처치 앤 드와이트Church & Dwight처럼 좋은 기업을 잔뜩 살 수 있다. 더 중요하게는 큰 위험을 피할 수 있다.

그러므로 좋은 기업을 사는 데에만 집중한다는 것은 안전하고 좋은 동네를 찾는다는 뜻이 된다. 돈을 잃을 가능성을 없애기 위해선 수익률이 이미 입증된 좋은 기업만을 사야한다. 우리의 세상은 린치가 발굴한 종목들의 세상보다는 훨씬 작다. 우리는 좋은 기업들 옆에 바짝 붙어있어야 한다. 돈을 잃을 가능성이 십중팔구인 동네로는 한발짝도 내밀지 말아야 한다.

멍거도 다음과 같이 말했다. "죽을 만한 장소로는 절대로 향하지 않을 겁니다. 내가 알아야 할 것은 그게 전부입니다."

버핏의 지혜로운 말로 이번 4장을 끝내려 한다.[●]

투자를 하는 사람들 대부분에게는 얼마나 많이 아느냐가 아니라 자신들이 무엇을 모르는지를 얼마나 현실적으로 정의할 수 있는지가 중요합니다. 큰 실수를 피할 수만 있다면 투자자가 잘해야 하는 것은 몇 가지 되지 않습니다.

● Warren Buffett, "Berkshire Hathaway shareholder letter, 1992".

제5장

좋은 기업을
적정 가격에 사라

"가치가 있는 일이라면 느긋하게 해보는 것이 좋다."
- 메이 웨스트

앞서 두 장에서는 우리가 사야 할 '좋은 기업'의 자격을 갖춘 기업의 유형과 어디에서 그런 기업들을 찾아야 하는지 살펴보았다. 그러나 좋은 기업을 산다고 해서 좋은 실적이 보장되지는 않는다. 좋은 결과를 얻으려면 적정 가격에 사야 한다. 좋은 기업을 산다면 그 회사의 사업이 계속 좋은 실적을 거두고 그 가치가 계속 성장하는 한 자본 영구손실의 위험은 없다. 하지만 적정 가격을 훌쩍 뛰어넘는 가격에 산다면 수익률은 그만큼 줄어든다.

예를 들어 증시 거품이 한창이었던 1999년 말, 월마트 주식은 과거 3년 동안 500%가 넘게 올라 1999년 말에는 1주에 70달러 선에서 거래됐다. 만약 1999년 말에 월마트 주식에 투자한 사람이 있다면 원금을 만회하기까지 12년이나 걸렸을 것이다. 지금도 월마트의 주가는 16년 전이나 비슷비슷하다. 1999년의 월마트는 좋은 기업의 자격을 확실히 충족했다. 꾸준히 흑자를 냈고, ROIC는 10%대 중반이었으며, 순이익 성장률은 두 자릿수였다. 그러나 주가가 너무 고평가돼 있었다는 것이 문제였다. 1999년 말에 월마트의 PER은 60이었다. 지금의 PER은 16이다. 월마트의 순이익은 1999년의 4배로 늘어났지만, 1999년의 투자자들은 워낙 비싼 값에 샀기 때문에 순이익이 올랐어도 아무 수혜도 입지 못했다.

또 다른 예는 코카콜라다. 1998년 코카콜라의 주가는 43달러였다(주식 분할 조정 후). 18년 뒤인 2016년에도 코카콜라의 주가는 43달러 언저리였다. 코카콜라는 위대한 기업이다. 워런 버핏은 이 회사 주식을 1988년에 매수했다. 코카콜라의 1990년대 ROIC는 30% 이상이었지만, 1998년 중반부터 지금까지 주가 상승률은 그런 ROIC에 훨씬 못 미쳤다. 이유는 월마트와 같다. 게다가 고평가된 정도만 따지면 월마트보다도 훨씬 심했다. 1998년 중반에 코카콜라 주가는 PER 95였다. 투자자들이 18년 동안 얻은 수익이라고는 배당이 전부였고, 그나마도 연평균 2%라는 초라한 성적이었다. 18년 전에 버크셔 해서웨이가 보유한 코카콜라 주식 4억 주의 가치는 170억 달러였다. 지금도 그 금액은 거의 같다.

구루포커스의 인터랙티브 차트Interactive Chart 코너에서 역사적 PER과 배당률, 그리고 여러 다른 중요 통계량 데이터를 확인할 수 있다.

1999년 거품이 터진 후에는 버핏도 고평가된 주식을 팔지 않은 것을 후회했다. 2004년 주주들에게 보낸 편지에도 그런 내용이 적혀 있었다.●

● Warren Buffett, "Berkshire Hathaway shareholder letter, 2004", http://www.berkshirehathaway.com/letters/2004ltr.pdf.

그럼에도 저는 거품 동안 눈이 휘둥그레지게 높게 나오는 가치평가에 혀만 차면서 제 생각을 실천하지 않은 것에 대해서는 비난의 소리를 들어도 할 말이 없습니다. 그때 우리가 보유한 주식이 원래 가치보다 지나치게 높게 거래된다고 제 입으로 말하면서도 저는 그 고평가가 얼마나 심각한 수준인지는 얕잡아 봤습니다. 저는 움직여야 하는 순간에 말로만 떠들었습니다.

결론인즉, 만족스러운 주식 수익률은 합리적인 가격에 살 때에만 가능하다.

앞에서 위대한 기업의 주식을 보유하는 것은 결혼생활과 비슷하다고 말했다. 찰리 멍거는 기대치가 낮은 사람을 찾는 것이 행복한 결혼생활의 비결이라고 했다. 그의 말은 투자자가 좋은 기업과 결혼하는 것에도 그대로 해당한다. 시장의 높은 기대는 고평가를 만들고, 고평가는 투자자들에게는 전혀 성에 차지 않는 결과를 만든다.

그렇다면 어떤 종류의 가치평가가 적정한가? 기업의 가치를 평가하는 방법은 여러 가지가 있다. 기업마다 사업 자체의 특성에 따라 알맞은 가치평가도 다를 수밖에 없다. 다양한 가치평가 방법에 대해서는 9장에 자세히 설명할 것이다. 여기서는 가장 흔하게 사용되는 가치평가 방법인 현금흐름할인모델discounted cash flow model, DCF 모델과 PER에만 초점을 맞출 것이다. 두 방법 모두 한계가 있고 모든 기업에 다 적용하기에는 무리가 있지만, 우리가 찾는 좋은 기업을 평가할 때는 둘다 굉장히 좋은 방법이다. 기업의 가치를 평가하는 데 있어서는 둘 중 어느 것이 더 좋고 어느 것이 더 나쁘다고 할 수 없다.

현금흐름할인모델

DCF 모델, 즉 현금흐름할인모델은 존 버 윌리엄스John Burr Williams 의 1937년 하버드 대학교 박사논문에서 처음 등장했다. 그의 논문은 1938년 『투자 가치 이론The Theory of Investment Value』이라는● 제목의 책으로 출간됐다. "지금의 주식이나 채권이나 사업이 가진 가치는 자산의 남은 수명 동안 발생할 것으로 기대되는 현금 유입과 유출에 의해 (적절한 금리로 할인해서) 결정할 수 있다." 이것이 DCF 모델의 핵심이다.

그러므로 DCF 모델이 바라보는 것은 미래다. 그러나 우리가 아는 것은 과거다. 우리는 미래를 가정해야 하지만, 그런 가정 대부분은 과거의 사업 실적을 토대로 삼을 수밖에 없다. DCF 모델이 가정하는 부분은 다음과 같다.

- 미래의 사업 성장률
- 사업의 잔존수명 연수
- 할인율

기업이 잉여현금흐름free cash flow으로 버는 현재의 순이익을 $E(0)$라고 하고 사업 성장률을 g라고 할 때 n년 후 기업이 벌어들일 이익은 아래와 같다.

$$E(n) = E(0)(1 + g)^n$$

● John Burr Williams, "The Theory of Investment Value", *Fraser Publishing*, 1956.

구루들의 투자법

n년 후의 $E(n)$의 가치는 현재 $E(n)$의 가치와 같지 않을 것이다. 그러므로 이것을 현재가치로 할인해야 한다.

$$E(0)(1 + g)^n / (1 + d)^n = E(0)[(1 + g)/(1 + d)]^n$$

여기서 d는 할인율이다. 기업이 n년 동안 이 추세를 꾸준히 이어갈 수 있다면 n년 동안 벌어들일 순이익의 총합을 구할 수 있다.

$$E(0)\{(1 + g)/(1 + d) + [(1 + g)/(1 + d)]^2 + [(1 + g)/(1 + d)]^3 + \cdots \cdots$$
$$+ [(1 + g)/(1 + d)]^n\}$$
$$= E(0) \times (1 - x^n)/(1 - x)$$
$$x = (1 + g)/(1 + d)$$

영원히 성장하는 기업은 없다. 어느 순간이 되면 그 성장이 느려지다가 멈춘게 된다. 하지만 그때에도 기업이 오너들에게 현금을 창출해주고 있다면 기업의 가치는 사라지지 않는다. 따라서 사업은 두 단계로 나눌 수 있는데, 하나는 성장 단계고 다른 하나는 최종 단계다. 기업이 n년 동안 성장률 g로 성장하다가 최종 단계로 가면 성장률이 t가 된다고 가정하자. 최종 단계의 유지 기간은 m년이다. 기업의 최종 가치terminal value를 구하는 공식은 다음과 같다.

$$E(0)[(1 + g)/(1 + d)]^n\{(1 + t)/(1 + d) + [(1 + t)/(1 + d)]^2$$
$$+ [(1 + t)/(1 + d)]^3 + \cdots \cdots + [(1 + t)/(1 + d)]^m\}$$
$$= E(0)x^n y(1 - y^m)/(1 - y)$$

$y = (1 + t)/(1 + d)$

DCF 모델이 정한 대로 위의 모든 결과를 다 합치면 기업의 내재가
치를 구할 수 있다.

내재가치 = 성장 단계에서 벌어들일 미래 순이익 + 최종가치

$E(O) \times (1 - x^n)/(1 - x) + E(O)x^n y(1 - y^m)/(1 - y)$

$x = (1 + g)/(1 + d)$

$y = (1 + t)/(1 + d)$

이렇게 해서 할인된 순이익을 토대로 하는 내재가치 방정식을 도출
했다. 방정식에 사용한 매개변수를 정리하면 아래와 같다.

$E(O)$ = 현재의 순이익(순이익과 잉여현금흐름을 따로 구분하지 않았는
데, 어느 쪽이든 공식의 효과는 같기 때문이다.)

G = 성장 단계의 성장률

d = 할인율

t = 최종 단계의 성장률

n = 성장 단계의 연수

m = 최종 단계의 연수

구루포커스는 DCF 모델에 따라 2단계로 이루어진 적정 가치 공식
을 만들었다. 우리는 미래 10년을 성장 단계로 보고, 성장률은 지난
10년 동안 주당순이익의 성장률이나 20% 중에서 낮은 쪽을 기본값

으로 가정한다. 최종 단계는 성장률 4%, 기간은 10년을 기본값으로 잡았다. 계산에는 주당 잉여현금흐름 대신에 주당순이익(비경상 순이익은 제외)을 사용했다. 우리의 분석 결과에 따르면 장기적으로 주가는 잉여현금흐름보다는 순이익과 상관관계가 더 높은 것으로 나타났기 때문이다. 기본값으로 설정한 할인율은 12%다.

안전마진$_{MOS}$ = (내재가치 − 주가) / 내재가치

구루포커스에는 안전마진 계산 공식도 있다. 들어가면 DCF 모델로 계산한 전 세계 모든 상장 주식의 현재 내재가치와 안전마진을 알 수 있다. 예를 들어 월마트의 경우는 다음 링크에서 확인해 볼 수 있다. http://www.gurufocus.com/dcf/WMT

같은 방식으로 더 복잡한 3단계 DCF 모델을 세우는 것도 가능하다. 그러나 어차피 계산 자체가 추정이고 가정이 많아진다고 결과가 더 좋은 것도 아니기 때문에 그렇게까지 할 필요는 없다.

관심 있는 종목의 내재가치와 안전마진을 알아두면 도움이 되기는 하지만 DCF 모델에는 몇 가지 한계가 있다는 사실을 유념해야 한다. 첫 번째, DCF 모델은 사업의 미래 실적을 예측하려는 시도이다. 그러므로 예측 가능한 사업이어야 한다는 전제가 따른다. 성장이 안정적인 기업일수록 더 예측하기 쉽다. 이런 기업들은 구루포커스의 사업 예측 가능성Business Preditability 순위에서 높은 등수를 차지하는 편이고, 계산 결과도 더 믿을 만하다. DCF 모델은 사업 실적의 변동이 심한 기업에 적용하기에는 무리가 있다. 자산주나 턴어라운드주, 경기순환주의 경우에도 마찬가지다.

순이익의 예측 가능성이 높은 기업일지라도 매개변수를 어떻게 가정하느냐에 따라 계산 결과가 크게 달라질 수 있다. 기업의 실제 실적이 반영되도록 매개변수를 신중하게 선택해야 한다. 지금부터는 각 매개변수가 내재가치 계산에 미치는 영향과, 어떤 식으로 매개변수를 선택해야 하는지를 자세히 논해보자.

성장률

구루포커스의 DCF 계산기는 해당 기업의 차후 10년 성장 속도가 과거 10년 성장 속도와 비슷하다고 가정한다. 하지만 이렇게 하면 기업의 성장률을 과다 추정할 소지가 다분한데, 특히 과거 성장률이 빠른 기업일수록 과다 추정할 가능성이 더욱 커지게 된다. 성장률에 20% 상한을 정하면 과다 추정의 가능성이 줄어든다. 예를 들어 프라이스라인Priceline의 지난 10년 연평균 성장률은 40%였지만, 5년 동안의 연평균은 25%로 낮아져 있었다. 따라서 앞으로 10년 동안의 성장률은 약 20% 정도일 것이라고 가정하는 것이 합리적이다.

프라이스라인 같은 회사에 최종 성장 단계의 성장률 4%를 적용하는 것은 낮은 감이 있다. 이렇게 되면 내재가치가 과소 추정될 소지가 커지는데, 연 4%의 성장률은 장기 인플레이션 비율보다 아주 조금 높은 수준에 불과하기 때문이다.

표 5.1 성장률에 따른 가치

성장률	성장가치	최종가치	총가치
10%	7.9	3.8	11.7
11%	8.3	4.2	12.5
12%	8.7	4.6	13.3

13%	9.1	5.0	14.1
14%	9.5	5.5	15.0
15%	10.0	6.0	16.0
16%	10.5	6.5	17.0
17%	11.0	7.1	18.1
18%	11.6	7.8	19.3
19%	12.1	8.4	20.6
20%	12.7	9.2	21.9
21%	13.4	10.0	23.3
22%	14.0	10.8	24.9
23%	14.7	11.7	26.5
24%	15.5	12.7	28.2
25%	16.3	13.8	30.1

　　표 5.1은 성장률이 기업의 가치에 미치는 영향을 보여준다. 이 표에서는 주당순이익은 1달러, 최종 단계의 성장률은 4%, 할인율은 15%로 가정한다. 성장 단계와 최종 단계는 각각 10년이다. 1열에 나오는 성장률의 변화에 따른 총가치의 차이는 마지막 열에 정리돼 있다.

　　성장률이 높을수록 주식의 가치는 더 높아진다. 기업이 10년 동안 25%로 성장하다가 다음 10년 동안 4%로 성장하면 주식의 가치는 순이익의 30배가 된다. 이런 결과는 기업의 적정 PER은 순이익 성장률과 어느 정도 비슷하다는 피터 린치의 경험 법칙과도 일치한다. 물론 적정 가치의 계산 결과는 할인율에 따라 달라진다. 할인율이 12%가 아니라 15%라면 가치의 성장이 더 빨라지기 때문에 린치의 법칙은 다소 보수적인 것이 된다. 린치가 피델리티에 있을 때에는 금리가 두 자릿수였기 때문에 할인율도 더 높을 수밖에 없었다.

성장 단계와 최종 단계의 연수

성장 단계와 최종 단계를 몇 년으로 잡는지에 따라서 가치평가 계산 결과도 크게 달라질 수 있다. 합리적 연수 가정은 사업마다 다르다. 10대의 자녀를 둔 사람이라면 잘 알겠지만, 한때는 에어로포스테일 AeroPostale 티셔츠가 10대들에게 선풍적인 인기였다. 10대를 겨냥한 이 의류 회사는 2000년대 초에 연 50%의 무서운 성장세를 보였지만 어느 순간 벽에 부딪쳤다. 2010년대 초에 매출이 하락하기 시작하더니, 주가도 90% 이상 떨어진 것이다. 이런 상황에 DCF 모델을 이용해 에어로포스테일의 내재가치를 계산한다면 잔존수명은 20년도 안 될 것이다.

"짧고 굵게 산다"는 말은 사업의 수명에도 그대로 적용될 수 있다. 하지만 그 반대로 길고 가늘게 살 수도 있다!

버핏의 말처럼, 빠르게 변하는 산업에 속한 회사는 움직이지 않거나 잘못 움직이면 수명이 줄어든다. 반면 기대수명이 긴 회사는 5년, 10년, 20년 뒤에도 똑같은 제품이나 서비스를 팔 수 있다. 이런 산업은 기업에 최소한의 변화만 요구하며, 제품의 생산과 판매 방식을 개선할 시간적 여유도 준다. 그러면서 네트워크 효과, 브랜드 인지도, 소비자 기호, 중독 등을 구축할 수도 있게 한다.

대표적인 사례로, 100년이 넘는 세월 동안 코카콜라가 판매하는 음료는 거의 달라진 것이 없다. 성장 단계 10년, 최종 단계 10년이라는 식의 가정은 코카콜라의 내재가치를 크게 얕잡아 보는 것이다. 재미있게도 제품 탄생 거의 100주년이 흐른 후에야 코카콜라는 제품에 변화를 줘서 '뉴코크'라는 새로운 맛의 콜라를 탄생시켰다. 그러나 콜라 애호가들은 '옛 콜라'를 더 좋아하면서 새로운 맛의 콜라에 저항했다. 코카콜라는 결국 백기를 들고 옛날 맛으로 돌아갔다. 이 사태로 교훈을 얻은 코카콜라는 아마도 앞으로 한 세기 동안은 똑같은 맛을 계속 고수할 것이다.

경제적 해자가 내재가치에 얼마나 반영되는지에 따라 계산에 산입되는 연수도 달라지게 된다. 경제적 해자가 넓은 기업은 오랫동안 사업 영역을 보호하고 수익성을 유지할 수 있다. 이런 기업의 기대수명은 더 길게 잡아야 한다.

또 다른 예가 씨즈캔디다. 미래에 씨즈캔디가 벌어들일 많은 현금흐름을 감안해 버핏은 1972년에 2,500만 달러에 이 회사를 매수했다. 표 5.2는 1972년부터 1999년까지 씨즈캔디의 실제 순이익을 보여준다.• 버크셔가 1973~1975년의 순이익은 공개하지 않았기 때문에 나는 1972년부터 1976년 기간 동안 순이익이 선형 증가했다고 가정했다. 1972년 이후의 순이익은 인수 연도인 1972년에 맞춰 할인했으며, 할인율은 연 25%다. 마지막 열은 1972~1999년까지 씨즈캔디의 순이익 누계를 할인한 값이다.

표 5.2 씨즈캔디의 순이익과 할인된 순이익(단위: 백만 달러)

연도	세전 순이익	할인된 순이익	누계 순이익
1972	4.2	4.2	4.2
1973	6.0	4.8	9.0
1974	7.8	5.0	14.0
1975	9.5	4.9	18.9
1976	11.0	4.5	23.4
1977	12.8	4.2	27.6
1978	12.5	3.3	30.8
1979	12.8	2.7	33.5

● "Berkshire Hathaway shareholder letters, 1972-1999", http://www.berkshirehathaway.com/letters/.

1980	15.0	2.5	36.0
1981	21.9	2.9	39.0
1982	23.9	2.6	41.5
1983	27.4	2.4	43.9
1984	26.6	1.8	45.7
1985	29.0	1.6	47.3
1986	30.4	1.3	48.7
1987	31.7	1.1	49.8
1988	32.5	0.9	50.7
1989	34.2	0.8	51.5
1990	39.6	0.7	52.2
1991	42.4	0.6	52.8
1992	42.4	0.5	53.3
1993	41.2	0.4	53.7
1994	47.5	0.4	54.0
1995	50.2	0.3	54.3
1996	51.9	0.2	54.5
1997	59.0	0.2	54.8
1998	62.0	0.2	55.0
1999	74.0	0.2	55.1

내가 25%의 가파른 할인율을 이용한 이유는 버핏이 버크셔 해서웨이의 순자산가치를 매년 25% 성장시켰기 때문이다. 버크셔가 씨즈캔디의 매출과 순이익을 마지막으로 별도 보고한 1999년까지 씨즈캔디가 벌어들인 세전순이익은 1972년 가치로 환산하면 5,500만 달러였다. 할인율을 12%로 잡으면 버핏에게 돌아간 순이익은 1972년 가치로 1억 1,400만 달러다. 세후순이익으로 따져도 1억 달러나 된다. 버핏이 1972년에 비싸다고 생각하면서 지불한 2,500만 달러의 씨즈캔디 인수대금은 세후 금액으로는 1달러 당 70센트도 되지 않았다. 씨즈캔디가 지닌 사업의 질을 생각하면 대단히 싼 금액이었다.

게다가 씨즈캔디의 수명은 1999년 후에도 계속 이어졌다. 주주총회 동안 씨즈캔디의 사탕과 초콜릿을 사려고 길게 줄 서 있는 버크셔 주주들이 그 증거다. 솔직히 말해 씨즈캔디의 일반 초콜릿은 내 입맛에는 너무 달고 그나마 견과류가 든 초콜릿이 입맛에 맞다. 내가 버크셔 해서웨이 주주가 아니라면 씨즈캔디 초콜릿을 살 일도 없을 것이다. 하지만 씨즈캔디 상품들은 여전히 인기가 높다. 2000년부터 2014년까지 15년 동안 이 회사가 버크셔 해서웨이에 벌어준 세전순이익은 10억 달러가 넘었다.[•] 12%의 할인율을 적용해 2000년 가치로 환산해도 5억 달러가 넘는다. 버핏이 2000년에 씨즈캔디를 팔았어도 5억 달러는 받았을 것이다. 물론 그동안 인수대금 2,500만 달러는 회수하고도 남을 현금흐름은 창출한 뒤이다. 씨즈캔디의 수명은 2014년에도 끝나지 않았다. 현금은 계속 들어오고 있다.

나는 코카콜라와 씨즈캔디에는 DCF 모델 적용을 강조했다. 여기서 중요한 것은 어떤 종목을 사려고 할 때에는 사업 수명이 중요한 고려사항이라는 점이다. 천천히 변해도 되는 여유를 부릴 수 있는 기업은 사업을 더 오래 유지할 수 있고 주주에게도 더 많은 가치를 창출해줄 수 있다.

거북이가 더 오래 사는 것도 이런 이유 때문인가? 문득 거북이와 토끼 중 평생 이동 거리가 더 긴 것은 어느 쪽인지 궁금해지기는 한다.

다음의 표는 최종 단계의 햇수가 내재가치에 미치는 영향을 보여준다. 여기서도 이 기업의 현재 주당순이익은 1달러라고 가정하며, 할인율은 12%다. 성장 단계 기간은 10년이고, 성장률은 12%로 잡았다. 최

• Warren Buffett, "Berkshire Hathaway shareholder letter, 2014".

종 단계의 성장률은 4%다.

최종 단계의 연수	성장가치	최종가치	총가치
10	10.0	6.8	16.8
15	10.0	8.7	18.7
20	10.0	10.0	20.0

위의 표에서도 알 수 있듯이 최종 단계의 햇수가 10년에서 20년으로 늘어나면 주식 가치도 약 20% 정도 늘어난다. 최종 단계 햇수가 더 늘어나도 할인율 때문에 주식 가치가 거기에 비례해 늘어나지는 않지만, 수명이 긴 사업이 가치가 더 높다는 것은 분명한 사실이다.

할인율

씨즈캔디의 가치를 계산하면서 할인율의 영향에 대해 잠시 설명했다. 표 5.3은 1972년부터 1999년까지 씨즈캔디가 번 세전순이익 8억 5,900만 달러에 다양한 할인율을 적용해 버핏이 이 회사를 매수한 해인 1972년으로 할인한 내재가치를 보여준다. 할인율은 내재가치 계산 결과에 큰 영향을 미쳤다.

할인율	1972년 환산 가치(단위: 백만 달러)
25%	55.1
23%	62.1
20%	75.8
17%	95.6
15%	114
12%	153
10%	192

그렇다면, 내재가치를 계산할 때 투자자에게 합리적인 할인율은 무엇인가? 학술적으로는 가중평균자본비용weighted average cost of capital: 기업이 조달한 모든 유형의 자본에 비중별로 비용을 매겨서 계산한 평균 자본 비용 - 옮긴이을 할인율로 사용하는 것이 좋다. 그러나 합리적 할인율은 그 돈을 다른 곳에 투자해서 벌 수 있는 수익률을 뜻하는 것이기도 하다. 주식에 투자한다면 인덱스펀드나 ETF처럼 수동적 투자에서 벌 수 있는 기대수익률을 할인율로 삼아야 한다. 우리가 씨즈캔디의 할인율을 25%로 잡은 것도 이런 이유에서다. 같은 기간 버핏이 버크셔 해서웨이의 순자산가치를 늘려 버는 수익률이 25%기 때문이었다. 만약 그가 2,500만 달러를 다른 곳에 투자했어도 25%의 수익률이 가능했을 것이다.

채권이나 부동산처럼 다른 곳에 투자해서 벌어들일 수 있는 투자 수익률에, 주식 투자에서 생기는 위험 프리미엄을 합한 것도 할인율이 될 수 있다. 예를 들어, 예금계좌로 벌 수 있는 무위험 수익률이 3%라면 여기에 주식 위험 프리미엄 6%를 더한 9%를 할인율로 삼아야 한다.

합리적 할인율은 다른 투자에서 벌어들일 수 있는 수익률에 크게 의존한다. 현재의 제로 금리 환경에서는 부동산이건 채권이건 벌 수 있는 투자 수익이 줄어든 추세다. 그러므로 할인율도 같이 낮아져야 한다. 이 말은 주식의 가치가 올라갔다는 뜻이기도 하다. 현재 주식들은 역사적 수준에 비해서는 꽤 높은 가치평가로 거래되고 있지만, 역사상 최저 금리라는 것을 생각하면 말이 된다고 볼 수 있다.

위 내용에 대한 이해를 돕기 위해 할인율이 미치는 영향을 다음 표에 정리했다. 성장 단계와 최종 단계는 각각 10년이며, 성장률은 12%, 최종 단계 성장률은 4%로 가정했다.

할인율	성장가치	최종가치	총가치
18%	7.59	3.16	10.75
16%	8.29	4.05	12.34
14%	9.08	5.23	14.31
12%	10	6.8	16.8
10%	11.06	8.91	19.97

이것이 금리가 할인율에 미치는 영향이다. 버핏은 금리를 중력이라고 부른다. 낮을수록 모든 것이 더 높이 날아오르기 때문이다.

초과현금

버핏이 씨즈캔디를 인수하면서 치른 대금은 사실 2,500만 달러가 아니라 3,500만 달러였다. 그러나 씨즈캔디가 보유한 현금 1,000만 달러는 사업 운영에 필요한 돈이 아니었기 때문에 버핏은 이 현금을 비용으로 치지 않았다. 사업의 내재가치를 추정할 때에는 초과현금을 할인된 순이익에 추가해야 한다. 현재 마이크로소프트와 애플은 사업 운영에 필요하지 않은 막대한 현금을 쌓아놓고 있다. 정확한 가치평가를 위해서는 이런 초과현금을 미래의 순이익 총계에 합산해야 한다.

구루포커스의 적정 가치 계산에는 '유형순자산가치'라는 항목이 있다. 이 항목의 일부나 전부를 계산에 더하면 기업이 가진 초과현금이 산입되는 효과가 있다.

순이익과 잉여현금흐름

내재가치 방정식을 다시 적으면 다음과 같다.

$$E(O)x(1 - x^n)/(1 - x) + E(O)x^n y(1 - y^m)/(1 - y)$$

내재가치는 성장률과 할인율만이 아니라 과거의 순이익인 $E(0)$에도 비례한다. 순이익과 잉여현금흐름$_{FCF}$은 구분하지 않고 어느 쪽을 사용해도 상관없다. $E(0)$ 대신에 주당순이익이나 주당잉여현금흐름을 대신 집어넣어도 좋다.

구루포커스의 DCF 계산기는 잉여현금흐름이 아니라 순이익을 사용했는데, 분석 결과 역사적으로 주식 실적은 잉여현금흐름보다는 주당순이익과 상관관계가 더 컸기 때문이다. 잉여현금흐름이 기업이 사업 활동을 통해 버는 진짜 현금을 의미하기 때문에 이 발견은 다소 놀라웠다. 그러나 한 해의 잉여현금은 그 회사가 그 해에 부동산이나 공장, 설비 같은 고정유형자산$_{PPE}$에 얼마를 썼는지에 따라 달라질 수 있다. 꾸준히 영업 활동을 하고 DCF 모델을 적용할 수 있는 기업에서는 임시로 늘어난 설비투자가 순이익에 미치는 영향은 감가감모상각비$_{DDA}$를 통해 고루 분산된다.

앞서 본 베이킹소다 및 콘돔을 생산하는 처치 앤 드와이트를 예로 들어보자. 이 회사는 EPS는 꾸준히 늘었지만 잉여현금흐름은 아니다. 심지어 PPE에 초과현금을 많이 쓴 탓에 잉여현금흐름이 마이너스를 기록한 해도 있다(그림 5.1) 고정유형자산·월마트 역시 영업실적과 순이익은 꾸준하지만 잉여현금흐름은 기복이 심한 편이었다.

$E(0)$에 어떤 매개변수를 사용할지 결정할 때에는 1회성 효과를 조심해야 한다. 사업 매각이나 세금 환급은 1회성으로 순이익을 늘어나게 하는 왜곡 효과를 만들고, 재고자산이나 기타 자산의 상각은 순이익을 1회성으로 줄이는 효과를 만들 수 있다. 잉여현금흐름은 훨씬 무작위로 영향을 받을 수 있는데, 경영진이 어떤 해에 설비투자를 늘린다면 잉여현금흐름이 팍 줄어들 수 있기 때문이다. 여러 해에 걸쳐 평균화한 순이익이 훨씬 낫다. 구루포커스는 지난 12개월 동안 비경상

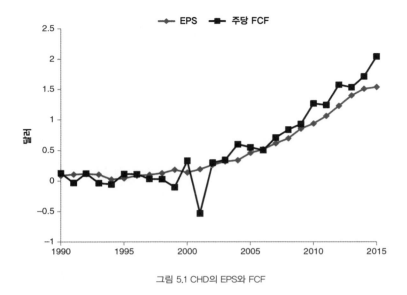

그림 5.1 CHD의 EPS와 FCF

항목이 없는 순이익을 기본값으로 사용한다.

안전마진

안전마진은 이렇게 정의할 수 있다.

안전마진 = (내재가치 − 주가) / 내재가치

다시 말해 안전마진은 내재가치와, 그 내재가치에 대비해 투자자가 치르려 하는 주가의 차이를 의미한다. 충분한 안전마진이 어느 정도 수준인가는 누구나 궁금해 할 것이다. 충분한 안전마진이란 없다. 안전마진은 높을수록 좋다.

우아한 공식을 만들고 원하는 만큼 정확하게 내재가치를 계산하게 됐다고 득의만만할 수도 있지만, 실제로 그 정확성이라는 것은 할인율과 성장률, 사업의 수명 등 산입한 매개변수에 의존한 정확성이다. 이 매개변수들은 사업의 장기적 경제 특성, 경영진, 미래의 세율과 인플레이션 같은 외부 요소 등에 따라 달라진다. 전부 미래의 문제고 불확실성도 크다. 필요한 안전마진은 이런 요소들을 어느 정도나 자신할 수 있느냐에 좌우된다.

더욱이 기업의 내재가치는 절대로 상수가 아니다. 사업 진행에 따라 시시각각으로 변한다. 좋은 경제적 특성에 유능한 경영진까지 합쳐지면 내재가치가 빠르게 늘어나는 반면, 경제적 특성이 나쁜 사업은 순식간에 가치가 무너질 수 있다. 버핏의 버크셔 해서웨이는 계속해서 내재가치가 자랐지만, 시어스, JC 페니, 블랙베리를 비롯해 무수한 기업들은 사업 가치가 과거와는 비교도 안 되게 내려앉았다는 사실을 떠올리면 이해가 쉬울 것이다.

DCF 계산을 맹신하는 투자자들이 있다. 가끔 자신들은 주당 내재가치 계산이 60.01달러가 나왔는데, 구루포커스의 DCF 계산은 왜 59.99달러가 나왔느냐는 식으로 묻는 투자자들이 있다. 내재가치 계산에는 불확실성이 무수히 깔려있고 결과로 나온 값도 추정치에 불과하며 오차는 60달러의 ±1센트보다 더 크게 나올 수 있다. DCF 계산에서 중요한 것은 대략적인 내재가치 추정이다. 존 케인스의 말을 기억하자. "정확하게 틀린 것보다 대략이나마 맞는 것이 낫다."

DCF 모델이 쓸모없다고 무시하는 투자자들도 있다. 굳이 변명을 하자면 DCF는 상대적으로 꾸준하게 실적을 내는 기업들의 가치를 평가할 때는 꽤 합리적이다. 버핏의 최근 인수 결정이 그 증거다. 버크셔 해서웨이는 2010년에 BNSF 철도_{BNSF Railway}를 주당 100달러에 인수했고, 그 당시 구루포커스가 DCF로 계산한 이 회사의 내재가치는 91달러였다. 2012년에 버크셔는 정밀화학기업인 루브리졸Lubrizol Corp.을 주당 135달러에 인수했지만, DCF로 이 회사의 내재가치를 계산했더니 주당 114달러가 나왔다. 2016년에는 버크셔는 부품 제조사인 프리시전 캐스트파츠Precision Castparts Corp.를 주당 250달러에 인수했고 DCF가 추정한 이 회사의 내재가치는 주당 249달러였다.

DCF 모델의 불확실성을 감안한다면 안전마진은 높을수록 좋다. 계산 결과로 나온 내재가치보다 훨씬 할인된 가격에 구입한 주식은 훗날 투자자에게 더 높은 수익을 안겨준다. 내재가치와 주가가 근접하는 순간이 초과 실적을 거두는 시점이다. 게다가 내재가치 계산이 정확할지라도 될 수 있는 한 크게 할인된 가격에 주식을 구입하는 것이 더 높은 수익을 약속한다.

물론, 시장은 바보가 아니다. 우리가 원하는 종목이 원하는 가격에 매물로 나오는 경우는 많지 않다. 우리 개미 투자자들은 약트만처럼 투자의 기준수익률을 정해야 한다. 투자의 기준수익률은 지금 치르려는 주가와 훗날 얻게 될 가치 사이의 최소 차이를 의미한다. 이 기준수익률이 안전마진이다.

역 DCF

역 DCF 가치평가 모델reverse DCF valuation model은 말 그대로 DCF 모델을 거꾸로 뒤집은 것이다. 이 방법은 사업의 내재가치를 추정하는 것이 아니라 지금의 주가가 합리적인지 알아보기 위해 미래의 성장률을 계산해보는 것이다.

구루포커스는 몇 가지 매개변수를 역 DCF의 기본값으로 설정했다.

- 주당순이익: 과거 12개월의 EPS(이번에도 잉여현금흐름이 아니라 순이익을 사용).
- 성장 단계와 최종 단계의 햇수: 각 10년
- 최종 성장률: 4%
- 할인율: 12%

위의 수치들은 구루포커스 DCF 계산법이 사용한 매개변수들과 같다. 이 숫자들은 절댓값이 아니며, 하나라도 변하면 다시 계산해야 한다.

기대성장률을 정한 다음에는 과거의 성장률과 비교해서 이것이 앞으로 가능한 성장률인지를 판단해야 한다. 계산으로 나온 기대성장률이 과거의 성장률보다 높은 편이라면 주가가 고평가돼 있을 공산이 있다. 반대로 기대성장률이 과거 성장률보다 낮게 나왔다면 주가가 낮게 평가되고 있는 것일 수 있다.

역 DCF 모델은 DCF 모델과 마찬가지로 지금까지 흑자를 기록했고 앞으로의 매출과 순이익 예측이 가능한 기업에만 적용할 수 있다. 2013년 3월, 구루포커스가 역 DCF 계산기를 웹에 올렸을 때 재미있는 일이 있었다. 한 투자자가 아마존닷컴을 검색했더니 무한한 성장률이 나왔다고 의문을 던진 것이다. 그 계산에서는 아마존의 2012년 주당순이익인 −9센트를 순이익 기본값으로 사용했다. 순이익이 마이너스인 경우에는, DCF를 사용할 수 없으며, 역 DCF 역시 어떤 성장률도 현재 주가를 정당화하지 못한다는 결과만 보여준 셈이다.

애플을 예로 들면, 이 회사는 2006~2016년까지 10년 동안 매출은 평균 34% 성장했고 순이익은 47% 늘어났다. 다음 10년 동안의 성장률을 연 20%로 가정한다면 DCF 계산법에 따른 이 종목의 가치는 주당 243달러다. 현재 주가인 108달러보다 훨씬 높으며, 안전마진도 56%나 된다. 방법을 바꿔 역 DCF를 사용하면, 108달러가 합리적인 주가가 되기 위해서는 애플의 순이익은 10년 동안 매년 76% 성장해야 한다. 애플이 과연 10년 동안 순이익을 연 76% 성장시키는 것이 가능할까? 이 회사는 지난 12개월 동안 순이익 성장률이 크게 한풀 꺾인 상태였다. 과거의 성장률로 회복할 수 있을까? 역 DCF 모델을 사용하면서 나온 매우 중요한 질문이었다.

적정 PER

벤저민 그레이엄과 버핏은 거의 모든 투자에서 '내재가치'를 언급했지만 피터 린치는 이 단어는 거의 사용하지 않았다. 그가 선호하는 주식 평가는 PER이다. 성장주에도 적정 PER이 있는데, 순이익과 순이익 성장의 타당성을 입증해주는 수준에서 거래되는 주가가 성장주의 적정 PER이다.

적정 PER이나 내재가치 계산이나 말은 다르지만 결국 본뜻은 같다. 내재가치 방정식과 적정 PER 방정식을 보면 무슨 뜻인지 알 수 있다.

$$\text{내재가치} = E(O) \times (1 - x^n)/(1 - x) + E(O)x^n y(1 - y^m)/(1 - y)$$

$$\text{적정 PER} = \text{내재가치}/E(O)$$

$$= x(1 - x^n)/(1 - x) + x^n y(1 - y^m)/(1 - y)$$

따라서 적정 PER도 내재가치처럼 기업의 미래 성장률과 할인율에 의존한다. 앞에서도 말했지만 할인율을 15%, 성장 단계와 최종 단계를 각각 10년, 성장률을 4%로 가정할 때 나오는 적정 PER은 성장률에 근접한다. 성장기업의 적정 PER은 순이익 성장률과 같다는 것이 피터 린치의 법칙이다.[*] 할인율이 낮아지면 적정 PER은 올라간다. 지금의 상황과 비슷하다. 역사상 최저 금리를 기록 중인 지금의 상황에서 모든 자산의 기대수익률은 낮아졌고 평가 가치는 올라갔다.

가치의 성장

거듭 말하지만 기업의 내재가치는 불변이 아니다. 사업의 발전과 쇠퇴에 따라 내재가치도 변한다. 기업의 수익창출력이 계속 올라가면서 경쟁우위까지 유지하면 내재가치 역시 올라간다.

예를 들어 버핏이 1972년 씨즈캔디를 인수했을 때 이 회사의 내재

● Peter Lynch, John Rothschild, "One Up on Wall Street".

가치는 5,510만 달러였다. 1972년부터 1999년까지 27년 동안 이 회사가 번 순이익에 할인율 25%를 적용해서 합쳤더니 이 금액이 나왔다. 1999년에도 씨즈캔디의 시장 포지션은 1972년과 비슷했다. 즉, DCF에서 말하는 '최종 단계'를 밟는 것이 아니라 27년 전과 똑같이 아무 문제 없이 영업을 이어나가고 있었다. 심지어 사탕과 초콜릿을 훨씬 비싼 값에 더 많이 팔고 있었다. 그러므로 씨즈캔디의 진짜 사업 가치는 훨씬 높아졌다고 할 수 있다. 똑같이 할인율 25%를 적용한다고 해도 이 회사의 현재 가치는 1972년의 18배다. 그때보다 씨즈캔디의 사탕과 초콜릿 가격이 18배도 넘게 비싸졌기 때문이기도 하고 앞으로 27년 동안도 판매는 끄떡없어 보이기 때문이다. 1999년부터 17년이 지났고, 씨즈캔디의 사탕과 초콜릿은 앞으로도 잘 팔릴 것이다. 이게 바로 내재가치 성장이다.

물론 씨즈캔디처럼 더 비싼 값에 더 많은 사탕과 초콜릿을 팔고 사업 가치도 성장시키는 회사만 있는 것은 아니다. 사업 가치가 무너지다 못해 완전히 끝나버린 회사들도 있다. 멀리 볼 필요 없다. 라디오섁RadioShack, 블록버스터, 서킷시티Circuit City가 그들이다.

가치투자자는 성장을 높게 사지 않는다는 속설이 있지만 사실 가치투자자는 1달러짜리를 50센트에 사는 것을 좋아한다. 그리고 이왕이면 다홍치마라고, 성장 중인 것을 훨씬 좋아한다.

그렇다고 입증되지도 않은 성장주에 높은 가격을 치르고 싶어 하지는 않는다. 이 점이 가치투자자와 다른 투자자의 차이다. 시장은 투자자를 가치투자자, 성장주 투자자, 모멘텀 투자자 등 여러 범주로 분류한다. 가치투자자는 '사서 장기 보유하는' 기업과 같이 가치를 성장시키거나, 저평가된 종목을 '싸게 사서' 고평가된 시점에 '비싸게 파는 것'을 좋아한다. 반면에 성장주 투자자들은 역사적 순이익 성장 기록은 없을지라도 앞으로의 순이익 성장 잠재력이 높은 이른바 '떠오르는' 성장주를 원한다. 그리고 모멘텀 투자자들은 '비싸게 사서 더 비싸게 파는' 방법을 택한다. 2달러에 사고 얼마 안 가 3달러에 파는 것은 투자가 아니다. 그것은 투기다.

그리고 가치투자자는 성장해도 계속 자본을 써야 하는 성장주를 사고 싶은 마음은 없다. 이해가 안 가는 말일 수 있지만 시장에서 실제로 이런 일이 벌어지고 있다. 지금은 시장의 많은 기업이 '유니콘'이다. 유니콘이라는 것은 원래 진귀한 동물이지만 더는 그렇지 않다. 이 기업들은 '성장'을 앞세워 손해를 보고 있는데도 수십, 수백억 달러의 가치로 평가받고 있다. 이런 회사들은 경쟁사의 호주머니 사정이 자신들만큼 넉넉하지 않기만을 바라며 고객에게 거액의 뇌물을 쥐어준다. 그들은 갈 데까지 가보자는 생각을 가지고 있기 마련이고, 우리는 그런 성장주를 사고 싶지는 않다.

지미 카터 행정부 시절 에너지부 장관을 지낸 제임스 슐레진저James Schlesinger와 관련된 일화가 생각난다.● 슐레진저는 하버드 대학교 경제학 박사학위 소지자이며 버지니아 대학교 강단에 섰던 이력도 있다. 그의 자본주의 강의에 감명을 받은 제자 두 명은 졸업한 후 곧바로 자신들의 사업을 시작했다. 그들은 버지니아 시골 마을에서 장작을 사서 이것을 장작 수요가 높은 컬럼비아 특별구까지 트럭까지 실어 날랐다. 사업은 아주 잘 되었고 두 사람은 밤이고 주말이고 가리지 않고 열심히 일하며 물건을 댔다. 그런데 전혀 생각 못 한 일이 벌어졌다.

● Howard Marks, "Economy Reality", 2016, https://www.oaktreecapital.com/docs/default-source/memos/economic-reality.pdf.

거래 은행에서 운전자본이 바닥났으므로 트럭을 압류하겠다는 통보를 보내온 것이다. 사실 두 사람은 장작을 1코드_{장작의 체적 단위 - 옮긴이}에 60달러에 사서 55달러에 팔고 있었던 것이다. 걱정스러운 마음에 두 사람은 슐레진저 교수에게 찾아가 자신들이 무엇을 잘못했는지 물었다. 슐레진저 박사는 자신의 상징인 파이프 담배를 한동안 빨아대다가 이내 대답했다. "더 큰 트럭을 샀어야지."

비슷한 이야기는 하워드 막스의 최근 메모장에서도 찾을 수 있다.● 요점은 다르지 않다. 회사가 원가보다 낮은 가격에 제품이나 서비스를 판다면 사업이 성장할수록 손해가 난다는 사실이다. 우리가 손을 담고 싶은 분야는 절대 아니다.

찰리 멍거의 말을 잊지 말자. "현명한 투자는 모두 가치투자다."●●

좋은 기업이 낮은 가격에 거래되는 이유는 무엇인가?

회사의 사업이 탄탄하다면 주식 시장도 그 사실을 깨닫고 더 높은 가치로 평가하지 않겠는가? 지극히 타당한 질문이다. 좋은 기업은 대부분 그 가치를 인정받기 때문에 싼값에 나올 때가 좀처럼 없다. 하지만 시장에는 매수자, 매도자, 숏셀러, 장기 투자자, 데이 트레이더, 주식 브로커, 언론, 시장 조종 세력 등 온갖 종류의 참가자가 있다. 그들은 모두 돈을 벌기 위해서 시장에 있다. 하지만 그들이 목적을 이루는 방식은 다르다. 기업의 가치는 거의 변하지 않았는데도 순식간에 주가가 50%가 넘게 요동치기도 하는 이유도 거기에 있다. 철저하게 준비해온 사람한테는 이런 시장의 요동이 기회다.

●   http://www.gufucocus.com/grahamncav.php

●●   Charlie Munger, "Poor Charlie's Almanack: The Wit and Wisdom of Charles T. Munger".

그러다 시장의 평화가 사라지는 시기가 찾아오면서 장기 투자자에게는 또다시 기회가 온다. 시장의 격변기는 세 종류로 나눌 수 있다. 첫 번째, 시장 패닉의 격변기다. 경기가 침체기에 접어들어 증시가 무너질 때 패닉이 발생하는데 큰돈을 잃은 투자자들은 시장이 영원히 회복되지 않을 것이라고 생각한다. 그들은 두 손 두 발 다 들고는 좋은 주식도 나쁜 주식도 다 팔아버린다. 시장 패닉기에는 최우량 기업 주식들마저도 헐값에 거래된다. 과거 16년을 보면 2001년과 2008년의 경기 침체기에 그런 패닉이 있었다. 두 번의 패닉 모두 꽤 오랫동안 이어졌고, 투자자들에게는 좋은 기업을 건질 기회가 여러 번 찾아왔다. 시장 패닉은 위대한 기업을 좋은 가격에 살 수 있는 호기다.

두 번째 격변기는 증시 전체의 평화와는 무관하게 업계 전반이 고통의 늪에 빠지는 경우다. 어떤 산업의 인기가 시들해지면, 그 업종에 속한 종목들은 전체 시장이나 역사적 평균보다 낮은 가치평가에 거래된다. 그때에도 기회를 찾을 수 있다. 1990년대 증시에 거품이 잔뜩 끼었을 때가 좋은 예다. 그때 상당수 구경제 종목들의 주가는 크게 떨어졌지만, 2000년대 초 기술주 거품이 터진 후에는 다시 엄청난 상승세를 보였다. 지난해에도 에너지 종목들이 내려앉으면서 과거 10년의 가치평가 평균보다 훨씬 낮은 가격에 거래됐다.

세 번째 격변기는 시장 전체가 평화롭고 투자자가 투자하고 싶은 산업에도 좋은 투자 기회가 존재하지 않을 때 생겨난다. 이 시기는 마땅한 투자를 찾아내기 힘들지만, 시장 조종 세력이나 영향력 있는 투자 회사의 움직임으로 인해 좋은 투자 기회가 가물에 콩 나듯 등장하기도 한다. 앞에 말한 페어팩스 파이낸셜 사태를 기억하는가? 전체 시장은 상승세였지만, 이 회사는 숏셀러들의 공격을 받아 시가총액이

50%나 떨어졌다. 보험 소프트웨어 회사인 에빅스는 2012년 숏셀러들이 인기 금융 웹사이트에 선전포고 글을 올리면서 1년도 안 돼 주가가 60% 넘게 빠졌다. 꾸준한 영업실적을 내는 처치 앤 드와이트도 골드만 삭스가 2016년 1월 이 회사의 등급을 하향 조정한 후 주가가 5% 급락했다.

다른 이유로 시장 패닉이 일어나기도 한다. 존 템플턴 경의 손자조카인 로렌 템플턴Lauren Templeton은 시장 패닉을 불러온 사건들을 다음과 같이 정리한 바 있다.•

- 진주만 공습(1941)
- 한국전쟁(1950)
- 아이젠하워 대통령 심장마비(1955)
- 블루 먼데이(1962)
- 쿠바 미사일 위기(1962)
- 케네디 대통령 암살(1963)
- 블랙 먼데이 증시 붕괴(1987)
- 유나이티드 에어라인 차입매수Levereged Buyout, LBO 실패(1989)
- 페르시아만 전쟁(1990)
- 멕시코 데킬라 위기(1994)
- 아시아 금융위기(1997~98)
- 9/11(2001)
- 2008~2009 금융위기

● GuruFocus, "Lauren Templeton: Methods Sir John Templeton Used to Take Advantage of Crisis Events", http://www.gurufocus.com/news/174804/lauren-templeton-methods-sir-john-templeton-used-totake-advantage-of-crisis-events.

구루들의 투자법

- 유럽 부채 위기(2010~2015)

여기에 몇 가지 사건을 더 추가할 수 있다.
- 미 정부 부채상한 증액 위기(2011)
- 에볼라 발발(2014)
- 브렉시트 국민투표(2016)

그나마 다행히도 2014년 에볼라가 발발했을 때 미국의 발병자는 11명뿐이었고 그중에서도 9명은 해외 체류 중에 발병했다. 그러나 시장은 공포에 휩싸였고 눈 깜짝할 사이에 10%가 추락했다.

여러 사건에 신속하게 반응하려면 어떻게 해야 하는가? 로렌 템플턴의 말처럼 "첫째도 준비, 둘째도 준비, 셋째도 준비다."

찰리 멍거도 여기에 대해 말을 했다. "준비된 정신일 때 기회도 맞아떨어진다. 그게 게임이다. 기회는 자주 오지 않는다. 그러니 왔을 때 움켜쥐어야 한다." 놓치지 말고 빨리 움직여야 한다!

물론 남들이 다 팔려고 내놓는 주식을 사는 것도, 또는 유명 증권사가 강등시킨 종목을 사는 것도 쉽게 결정하기는 어렵다. 그러나 바로 그때가 남들이 따라잡지 못할 실적을 거둘 수 있는 순간이다. 매수를 원하는 기업의 특징을 이해하고 어느 정도나 가격을 치를 생각인지 분명히 정해야 한다. 리서치에 자신감을 가져야 하며, 기회가 생겼을 때는 흔들리지 않는 마음으로 행동해야 한다. 독립적 사고는 성공적 투자자가 되기 위한 기본 조건이며, 지식과 혹독한 노력이라는 반석 위에 독립적 사고가 만들어진다.

아직 필요한 자신감을 얻지 못했다 싶으면 그 종목에서 한 발짝 물러나 있어야 한다. 탄탄한 리서치를 했고, 매수를 원하는 종목들에서 어떤 부분을 눈여겨 봐야 할지 목록을 작성했고, 원하는 매수가가 얼마인지 정했다면, 기회는 알아서 찾아올 것이다.

이왕이면 좋은 기업을 더 싼값에 사는 게 좋지 않을까?

좋은 기업을 싼값에 살 수 있다면 당연히 더 좋다. 하지만 그런 기회는 거의 찾아오지 않는다. 버크셔 해서웨이 초창기의 버핏은 '아주 매력적인 가격에 나온 멋진 기업'을 찾아다녔다. 버크셔의 몸집이 커지고 운용자산도 전과는 비교도 안 되게 늘어난 후 버핏은 이런 태도를 '매력적인 가격에 나온 멋진 기업'을 산다는 자세로 조금씩 바꿔나갔다. 하지만 그걸로도 되지 않아서 결국에는 '적정 가격에 나온 멋진 기업'을 사는 것으로 바꿔야 했다. 그의 결심을 바꾸게 만든 요소는 두 가지였다. 하나는 그의 투자 규모가 너무 커져서 투자가 가능한 대상이 대기업으로 한정됐다는 점이고,● 다른 하나는 시장 여건이 바뀌었다는 점이다. 값이 더 비싸진 시장에서는 매력적인 가격에 나온 좋은 기업을 찾기가 아예 불가능하다.

대다수 투자자는 버핏처럼 운용해야 할 자산이 지나치게 많다는 문제가 없다. 인내심을 가지고 기회가 오기를 기다리기만 하면 된다. 그렇다면 적정 가격이란 무엇인가? 적정 가격이란 장기적인 투자 수익

●　Warren Buffett, "Berkshire Hathaway shareholder letter, 1998".

　　　　　　　　　　　　　　　　　　　　　　　구루들의 투자법

률이 시장의 평균 수익률을 상회할 수 있는 가격을 의미한다. 적정 가격을 치르고 산 주식의 추가 수익률은 주가와 내재가치가 근접할 때 나오지 않는다. 적정 가격을 치른 투자가 수익을 낼 수 있는 유일한 원천은 기업의 내재가치 성장이다. 좋은 기업을 샀다면, 이 회사의 가치는 시장 평균보다 빠르게 성장할 수 있고 주주의 보상도 그런 성장에서 얻어진다.

그렇긴 해도 좋은 기업을 적정 가격에 사는 것이 적당한 기업을 좋은 가격에 사는 것보다 훨씬 낫다. 그렇다고 지나치게 높은 값에 사서는 안 된다. 좋은 기업도 예외가 아니다. 월마트와 코카콜라를 기억하자. 가치보다 높은 값에 산 주식은 주가와 내재가치의 차이가 좁아질수록 투자 수익이 줄어들 수밖에 없다. 기업의 가치가 시장 평균보다 빠르게 성장할지라도 마찬가지다.

요약

이번 5장에서는 DCF 모델과 적정 PER 계산을 위한 공식 몇 가지를 소개했다. 이런 공식들만 보면 주식 가치평가가 로켓과학처럼 복잡해 보일 수 있다. 하지만 그렇지 않다. 전혀 어려운 공식이 아니며 공식 계산기도 온라인에서 쉽게 얻을 수 있다. 두 계산에서 중요한 것은 매개변수의 사용이며, 적절한 매개변수 사용에는 해당 기업의 사업을 완전히 이해하는 것이 필수 조건이다. 매개변수를 주의 깊게 선택하지 않으면 DCF 계산을 아무리 잘해도 소용이 없다.

게다가 기업의 가치를 평가하는 방법은 많다. DCF는 여러 방법 중

하나일 뿐이며 매출과 순이익을 예측할 수 있는 일부 기업에만 적용 가능하다는 단점이 있다. DCF건 다른 계산법이건 그 주식의 적당한 가격을 어림짐작하는 데에만 도움이 된다. 안전마진을 넉넉히 두는 것을 언제나 잊지 말아야 한다.

가끔은 아무리 둘러봐도 적정 가격에 나온 좋은 기업이 씨가 말라 있을 때가 있다. 그러면 조급해하지 말고 시장이 기회를 선사할 때까지 차분하게 기다려야 한다. 그리고 가치평가 계산을 하기 전에 투자자는 언제나 사업의 질부터 살펴보고 스스로에게 한 가지 질문을 던져야 한다. 이 회사는 내가 사고 싶은 좋은 기업이 맞는가?

좋은 기업만 사야 한다. 그리고 합리적인 가격에 사야 한다.

제6장

좋은 기업을 사기 전
체크리스트

"길이 아름답다면 그 길이 어디로 향하는지는 묻지 말자."

—아나톨 프랑스Anatole France

　세 장을 할애해 좋은 기업과 적정 가격을 살펴봤다. 아이디어 자체는 간단하지만 세부 내용은 복잡하다. 지금부터는 앞의 내용들을 정리하고 간단한 체크리스트를 전개해보자.

　투자자는 투자 결정 여부와 상관없이 자신만의 투자 체크리스트를 만들어야 한다. 아툴 가완디•Atul Gawande 는 의료계와 항공산업계가 체크리스트를 많이 사용하는 이유가 복잡한 절차를 단순화하고 의사와 파일럿으로 하여금 평정심을 잃지 않고 훈련 체계를 유지하도록 도와주기 때문이라고 설명한다.

　라과디아 공항에서 이륙해 샬럿으로 향하던 US 에어웨이즈 1549 항공기가 큰 새떼에 부딪혀 양쪽 엔진이 다 꺼졌다. 설리 슐렌버거 기장은 회고록 『설리, 허드슨 강의 기적』Highest Duty: My Search for What Really

● Atul Gawande, "The Checklist Manifesto: How to Get Things Right", *Henry Holt and Company*, 2009.

Matters』에서* 자신과 부기장이 사고가 터진 순간 제일 먼저 한 일은 체
크리스트를 꺼내 본 것이었다고 말한다. 실수는 인지상정이다. 체크리
스트는 실수를 줄여 주고, 체계와 과정을 정해주며, 잠재적 손실을 피
하게 해준다.

　헤지펀드 매니저 모니시 파브라이는 주식을 사는 것은 비행기를 이
륙시키는 것과 비슷하다고 말한다. 성공적인 투자자 대다수는 이름만
붙이지 않았을 뿐 자신만의 투자 과정을 이끄는 체크리스트를 가지
고 있다. 예를 들어 벤저민 그레이엄의 제자로 유명한 월터 슐로스는
45여 년 동안 가치평가와 투자 체계, 확신, 레버리지에 대한 자신만의
16가지 규칙을** 준수하면서 15.3%의 연간복합성장수익률을 거뒀다.
같은 기간 동안 S&P 500의 연간복합성장수익률은 10%였다. 성장주
투자의 아버지인 필립 피셔는 괜찮은 종목이 나왔다 싶으면 언제나
15가지 질문을 던진다. 이 15가지 질문은 그의 책『위대한 기업에 투자
하라Common Stock and Uncommon Profits』에 자세히 나온다. 이 질문들은
시장 잠재력과 경영진, 연구개발의 실효성, 이익률, 노사관계, 자사주매
입 등을 다룬다.*** 피터 린치도 개별 기업마다 질문 목록을 길게 만들
었는데, 질문 내용은 회사가 처한 구체적 상황에 따라 달라졌다.****

●　　Chesley Sullenberger, Jeffrey Zaslow, "Highest Duty: My Search for What Really
　　　Matters", *William Morrow*, 2009.
●●　"Walter Schloss: 16 Golden Rules for Investing", http://www.gurufocus.com/
　　　news/72536/walter-schloss-16-golden-rules-for-investing.
●●●　Philip A. Fisher, "Common Stocks and Uncommon Profits", *John Wiley & Sons*, 1958.
●●●●　Peter Lynch, John Rothschild, "One Up on Wall Street".

좋은 기업을 합리적 가격에 사기 위한
체크리스트

좋은 기업을 적정 가격에 투자하려 할 때 우리가 던지는 질문을 요약하면 아래와 같다. 간단히 정리했을 뿐 앞에서 이미 자세히 설명한 내용들이다.

1. 나는 이 사업을 이해하고 있는가?
2. 회사가 앞으로 5~10년 동안 똑같거나 비슷한 상품을 팔 수 있도록 보호해주는 경제적 해자는 무엇인가?
3. 산업의 변화 속도가 빠른가?
4. 고객층이 다양하게 분산돼 있는가?
5. 자산최소화 사업인가?
6. 경기에 민감한 업종인가?
7. 앞으로도 계속 성장할 수 있는가?
8. 과거 10년 동안 호경기나 불경기에 상관없이 꾸준하고 일관된 이익을 냈는가?
9. 영업이익률이 두 자릿수인가?
10. 안전마진이 경쟁사보다 두터운가?
11. 지난 10년 동안 회사의 투하자본수익률이 15% 이상이었는가?
12. 매출과 순이익이 꾸준히 두 자릿수 성장을 기록해 왔는가?
13. 대차대조표가 튼튼한가?
14. 경영진이 회사 주식을 많이 보유하고 있는가?
15. 같은 규모 경쟁사에 비교했을 때 경영진의 보수는 어느 정도인가?

16. 내부자의 주식 매수가 있는가?

17. 내재가치나 PER을 기준으로 측정한 주식의 가치평가가 합리적인가?

18. 현재의 가치평가는 역사적 범위에 비교할 때 어느 정도 수준인가?

19. 과거 경기 침체기에 회사의 주가는 얼마나 적정 수준이었는가?

20. 나는 내 리서치를 얼마나 자신할 수 있는가?

앞의 19개 질문은 각각 사업의 질(1~7번), 영업실적(8~12번), 재무건 전성(13번), 경영진(14~16번), 가치평가(17~19번)에 초점을 맞춘다.

마지막 질문은 본인의 리서치에 대한 자신감이 어느 정도인지 묻는다. 이 질문이 조사 중인 회사와 직접 관련은 없지만, 스스로의 리서치에 대해 내리는 평가는 굉장히 중요하다. 리서치에 대한 자신감 여부에 따라 매수 후 주가가 50% 급락했을 때의 행동이 달라진다. 똑같이 50%가 떨어져도 자신감이 높으냐 적으냐에 따라 반대되는 행동이 나올 수 있다. 리서치에 자신있다면 주가가 50% 떨어진 것은 반값에 같은 주식을 살 수 있는 절호의 기회다. 반면에 리서치에 자신이 없다면 50% 손실에 겁을 먹고 당장 매도 주문을 내걸게 된다.

농담이 아니다. 주식을 사고 나면 이런 일은 꼭 일어난다. 얌전하던 주식이 매수를 하고 난 다음에는 꼭 요동을 친다. 그러니 마음의 준비를 단단히 해야 한다!

경고 사인

집을 살 때는 위치나 크기, 침실과 욕실 개수 등 꼭 필요한 것들을 확인하기 위한 체크리스트가 필수다. 또한 상하수도나 전기, 에어컨, 배관 등에 숨은 문제가 없는지도 확인해야 한다.

주식 매수도 마찬가지다. 체크리스트에는 원하는 조건에 부합하는 종목들을 스크리닝할 수 있는 조항들만이 아니라, 원하지 않는 종목들을 걸러낼 수 있는 조항도 마련해야 한다. 구루포커스는 기업의 재무적 건강과 실적을 철저히 검사하는 경고 사인Warning Signs을 만들었다. 이 경고 사인은 기업 하나하나를 집중 조명하며, 혹시나 기업을 분석하면서 투자자가 지나치고 못 볼 수 있는 적신호를 알려준다. 경고 사인이 켜진다는 것은 매수를 피해야 할 종목이라는 뜻이며, 이 사인을 유념하면서 투자하기 전까지 계속 신중하게 지켜봐야 할 목록들을 정리할 수 있다.

경고 사인이 점검하는 분야는 아래와 같다.

• 재무건전성

기업의 부채 수준에 따라 재무건전성에 점수를 매겼으며, 기준 척도는 이자보상배율, 부채매출액배율debt-to-revenue ration, 알트만 Z값Altman Z-Score이며 점수는 0~10점이다. 8점 이상이면 재무건전성이 높다는 뜻이다. 알트만 Z값에 대해서는 뒤에 자세히 설명한다.

그림 6.1은 미국 기업들의 재무건전성 분포도를 보여준다. 미국 기업들 대다수는 평균적으로 재무건전성이 높은 편이다. 7점 이상인 기업은 재무 상태가 튼튼하다고 봐도 무방하다.

기업의 재무건전성이 4점 이하라면 투자자는 부도 위험은 없는지 따로 유심히 살펴봐야 한다. 그런 기업은 경고 사인이 켜진다.

- **수익성**

기업의 수익성 점수는 영업이익률, 피오트로스키 F값Piotroski F-Score, 영업이익률 추이, 수익 일관성을 기준으로 측정한다. 피오트로스키 F값에 대해서는 뒤에 자세히 나온다.

그림 6.2는 미국 기업들의 수익성 점수 분포도를 나타낸다. 수익성 점수가 4점 이하인 기업은 수익성이 위험다는 뜻이다.

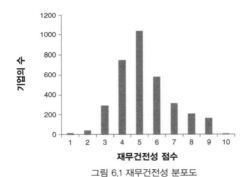

그림 6.1 재무건전성 분포도

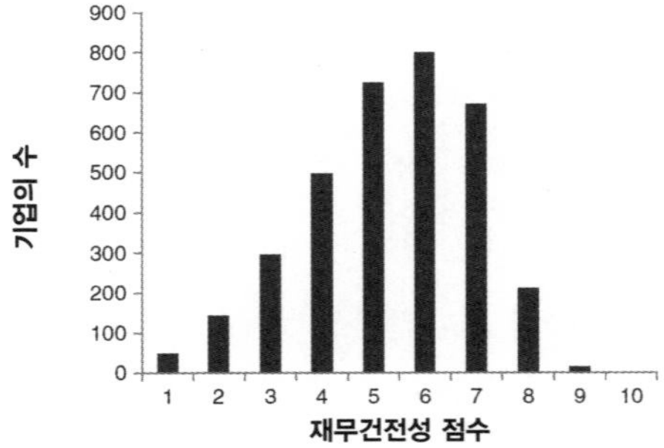

그림 6.2 수익성 점수

- **10년, 5년, 3년, 1년 매출과 순이익 성장률**

혹여라도 매출이나 순이익이 줄어든 기간이 있다면 경고 사인이 켜진다.

- **영업손실**

지난 10년 동안 영업손실이 발생한 해가 있는지를 확인해야 한다. 그렇다면 경고 사인이 켜진다.

- **총이익률과 영업이익률의 성장**

총이익률과 영업이익률이 감소하고 있지는 않은지 점검해야 한다. 둘 중 하나라도 감소하고 있다면 경고 사인이 켜진다.

- **매출성장보다 빠른 자산성장**

자산 성장률이 매출 성장률보다 빠르다면 이 기업의 효율성이 낮다는 뜻이다. 특히 자산성장에서 차입이 큰 비중을 차지한다면 그 효율성은 더더욱 떨어진다. GMO의 펀드매니저 제임스 몬티어James Montier는 2008년 5월에는 적합한 투자 기회를 하나도 찾지 못했다. 그는 자신의 숏셀링 논문에서 이상적인 숏팅 후보 종목은 다음의 3가지 특징을 가지고 있다고 설명한다.•

1. 주가매출액비율Price to Sales Ratio, PSR이 높은 주식.

• James Montier, "Mind Matters: Joining the Dark Side: Pirates, Spies and Short Sellers", http://www.designs.valueinvestorinsight.com/bonus/bonuscontent/docs/Montier-Shorting.pdf.

2. 피오트로스키 F 값이 낮은 기업.

3. 자산성장률이 두 자릿수인 기업.

몬티어는 기업이 3가지 특징 중 하나라도 가지고 있으면 시장보다 수익률이 떨어진다고 말한다. 이것은 경고 사인이 되기에 충분하다.

• 매출채권 회전기간

매출채권 회전기간days sales outstanding은 기업의 제품 인도 후 수금까지의 기간을 측정한다. 이 재무비율은 기업의 외상매출금 관리가 얼마나 적절한지를 보여준다. 우리는 지난 12개월 동안의 매출채권 회전기간을 과거 5년 평균과 비교한다. 기간이 길다면 경고 사인이 켜진다. 매출채권 회전기간이 길다는 것은 기업이 제품이나 서비스를 판매하고 돈을 받기까지 오랜 시간이 걸리거나 외상 매출을 하고 있다는 뜻이다.

• 재고자산 회전기간

재고자산 회전기간은 회사의 재고자산이 실제 판매되기까지 걸리는 기간을 의미한다. 이 숫자가 길수록 기업이 제품 판매에 어려움을 겪고 있다는 뜻이다. 여기서는 지난 12개월의 재고자산 회전기간을 5년 평균과 비교한다. 숫자가 길게 나오면 경고 사인이 켜진다.

연휴 시즌에는 다른 때보다 판매량이 늘어나기 때문에 시즌이 되기에 앞서서 소매회사들은 보통 재고자산을 늘리는 편이다. 따라서 이때에는 전년도 동기간과 올해의 동기간을 비교해야 한다.

구루들의 투자법

• 보고순이익 중 주주이익

주주이익owner earnings은 워런 버핏이 1986년 주주들에게 보내는 편지에서 처음 소개했다.* 이것은 회사가 영업활동에서 벌어들인 순이익 중 오너에게 가는 진짜 순이익을 의미한다. 재무제표에 나온 수치들을 근거로 해서 추정한다. 주주이익과 보고순이익 사이에 장기적 편차가 있다면 경고 사인이 켜진다.

• 순이익 추이와 일치하지 않는 잉여현금흐름

주주이익과 마찬가지로 잉여현금흐름도 기업이 벌어들이는 순현금이 얼마인지를 알려준다. 순이익과 잉여현금흐름의 장기적인 추세가 다르다면 경고 사인이 켜진다고 봐야 한다. 다만 빠르게 성장하는 기업은 순이익의 상당 부분을 사업에 재투자하기 때문에 잉여현금흐름이 줄어들 수밖에 없다. 그렇다면 딱히 적신호라고 단정하기 힘들다.

• 투하자본수익률보다 높은 자본비용

투하자본수익률의 중요성에 대해서는 앞에서도 여러 번 말했다. 기업은 투하자본수익률이 자본비용보다 높을 때에만 진짜 수익을 낸다. 그러나 체크리스트를 확인했을 때 자본비용이 투하자본수익률보다 높다면 경고 사인이 켜질 것이다.

• 부채 발행

기업이 신규 채권을 발행한다면 영업활동으로는 필요한 현금을 충

● Warren Buffett, "Berkshire Hathaway shareholder letter, 1986", http://www.berkshirehathaway.com/letters/1986.html.

당하지 못한다는 뜻이다. 이것은 확실히 경고 사인이다. 부채가 늘면 기업의 매출과 이익도 늘어날지 모르지만 채무 부담도 그만큼 높아지고 재무제표의 건전성이 약해진다.

• 신주 발행

기업의 신주 발행 역시 기존 영업활동으로는 필요한 현금을 충분히 벌지 못하고 있으며 차입도 힘들다는 뜻일 수 있다. 이것 역시 경고 사인이다. 주식이 늘수록 주주들의 가치는 그만큼 희석되기 때문이다.

다만 가치를 아주 높게 평가받고 있는 기업의 신주 발행은 기존 주주에게 이익이다. 이 경우에는 기업의 신주 발행 가격을 굳이 따져볼 필요가 없다.

• 알트만 Z값

알트만 Z값은 에드워드 알트만Edward Altman 뉴욕 대학교 재무학교수가 1967년 처음 개발했다.[•] 그의 연구에 따르면 알트만 Z값은 2년 내 기업이 부도가 날 가능성을 맞히는 예측 지표였다. 이 수치에는 기업의 재무여건을 점검하는 기능도 있으므로 재무건전성을 측정할 때에도 사용할 수 있다. 기업의 운전자본과 사내유보, 시가총액 등으로 계산한다. 알트만 Z값의 계산과 설명에 대한 자세한 사례는 다음 링크에서 확인할 수 있다. http://www.gurufocus.com/term/zscore/WMT/Altman-Z-Score/Wal-Mart-Stores-Inc

---

● E. Altman, "Financial Ratios, Discriminant Analysis and the Prediction of Corporate Bankruptcy," *Journal of Finance*, September 1968.

알트만 Z값이 낮으면 경고 사인이 켜진다고 보면 된다.

• 피오트로스키 F값

2000년 시카고 대학교 조지프 피오트로스키Joseph Piotroski가 처음 개발했다.[•] 9개의 지표를 이용해 기업의 수익성 및 수익성과 레버리지, 효율성, 순이익의 질 등의 변화를 측정한다. 점수는 0~9점이다. 점수는 높을수록 좋다. 점수가 낮으면 경고 사인이 켜진다.

F값에 대한 자세한 사례는 다음의 링크 참조하기 바란다. http://www.gurufocus.com/term/fscore/WMT/Piotroski-F-Score/Wal-Mart-Stores-Inc

• 베니시 M값

베니시 M값Beneish M-Score은 재무제표 순이익의 질을 확인해 순이익에 회계 조작은 없는지를 검사하는 지표다. 1999년 인디애나 대학교의 메소드 베니시Messod Beneish가 처음 개발했으며,[••] 외상매출금, 매출, 총이익률, 유동자산, 감가상각, 유동부채와 여타 항목들의 관계를 검토해 순이익의 질을 확인한다. 점수가 높을수록 회계 조작된 순이익일 가능성이 높다는 뜻이다.

베니시 M값 계산의 자세한 사례는 다음 링크에서 볼 수 있다. http://www.gurufocus.com/term/mscore/WMT/Beneish-MScore/Wal-Mart-Stores-Inc

● Joseph D. Piotroski, "Value Investing: The Use of Historical Financial Statement Information to Separate Winners from Losers" (PDF), *The University of Chicago Graduate School of Business*, January 2002.
●● Messod D. Beneish, "The Detection of Earnings Manipulation", http://citeseerx.ist.psu.edu/viewdoc/download?doi=10.1.1.195.3676&rep=rep1&type=pdf.

• 슬론 비율

슬론 비율Sloan ratio은 전직 미시간 대학교 연구자였던 리처드 슬론 Richard Sloan의 1996년 연구에서 처음 등장했다.[*] 그는 기업의 순이익에 비현금성 순이익이 상당 부분 포함돼 있으면 주식 수익률이 저조해진 다는 사실을 발견했다. 이렇게 해서 나온 것이 자산 대비 비현금 순이 익의 비율을 측정하는 슬론 비율로, 순이익의 질을 측정할 때 사용한 다. 슬론 비율이 높으면 경고 사인이 켜진다.

슬론 비율 계산의 자세한 예는 다음의 링크를 참조하기 바란다. http://www.gurufocus.com/term/sloanratio/WMT/Sloan-Ratio/ Wal-Mart-Stores-Inc

• 이자보상배율

이것에 대해서는 앞에서 자세히 설명했다. 다시 말하면, 이자보상배 율은 영업이익을 부채이자로 나눈 값이다. 이자보상배율이 높으면 기 업의 부채 부담이 낮다는 뜻이므로 기업의 재무건전성을 측정할 때 많이 사용되는 척도다. 이자보상배율이 낮으면 경고 사인이 발동한다.

• 배당성향

배당성향dividend payout ratio은 연간 주당 배당액을 연간 주당순이익 으로 나눈 비율이다. 배당은 순이익에서 나오므로 순이익이 있어야 배 당도 가능해진다. 기업이 연속해서 높은 비율로 배당을 한다면(예를 들 어 순이익의 80% 등) 이런 배당성향이 지속될 가능성은 낮다.

● Richard G. Sloan, "Do Stock Prices Fully Reflect Information in Accruals and Cash Flows about Future Earnings?", *Accounting Review*, Vol. 71, No. 3 (July 1996), pp. 289–315.

• 유동 주식 중 숏포지션 비율

어떤 종목이 현재 공매도 비율이 높다면 그 종목에도 경고 사인이 켜졌다고 봐야 한다. 4장에서 페어팩스 파이낸셜의 주가가 숏셀러들의 공격으로 인해 조작되는 사건이 있었다고 설명했다. 그러나 대부분은 숏셀러들의 주장이 옳은 편이다. 기업이 거짓말을 해서 숏셀러들에게 단속에 나설 빌미를 제공했다고 볼 수 있다. 과거 시카고 대학교 연구자였던 오웬 레이먼트Owen Lamont의 2003년 연구에 따르면, 1977년부터 2002년까지 숏셀러들의 공격을 받은 주식들은 3년 뒤 평균 수익률이 42% 떨어졌다. 자신들은 베어 레이드bear raid: 자산 가치를 떨어뜨려 대량 공매도나 대주를 하려는 공격 행위 - 옮긴이의 희생양이라며 무죄를 주장했거나 숏셀러들이 새빨간 거짓말을 하고 있다고 말했던 기업들도[•] 예외가 아니었다. 거짓말을 하고 있고 투자자를 속이려는 음모를 꾸미는 것은 대개 기업들이다. 숏셀러가 음모의 주동자인 경우는 아주 드물다! 어쩌면 숏셀러들은 남들이 알지 못하는 속사정을 알고 있을지도 모른다.

물론 항상 그런 것은 아니다. 2000년대 중반 페어팩스 파이낸셜이나, 2010년대 중반 에빅스와 허벌라이프Herbalife의 사례처럼 정부 조사 결과 기업들이 아무런 음모도 저지르지 않았다는 사실이 밝혀지기도 한다. 셈을 다 치르고 나서 보니 숏셀러들이 바람을 담아 잔뜩 떠들었던 것보다는 금액도 훨씬 적었다. 결국 모든 쇼팅 공격은 공격자들의 의도를 제대로 파악하는 것이 중요하다. 게다가 숏셀러들이 기업을 공격한 이유는 주가를 떨어뜨려 단기 차익을 얻기 위해서였다. 상황이 어떻건 유동 주식 중 쇼팅 비율이 높으면 경고 사인이 켜진다.

[•] Owen A. Lamont, Jeremy C. Stein, "Aggregate Short Interest and Market Valuations", *American Economic Review*, May 2004.

• 현재의 배당률과 역사적 범위 비교

현재의 배당률을 과거 10년, 5년, 3년, 1년 동안의 역사적 배당률 범위와 비교한다. 현재의 배당률이 역사적 저점에 가까우면 경고 사인이 켜진다. 배당률이 낮다는 것은 주가가 높다는 것과 관련이 있다.

• 현재 주가와 역사적 범위 비교

여기서는 현재 주가를 과거 10년, 5년, 3년, 1년 동안의 역사적 주가 범위와 비교한다. 주가가 역사적 고점에 가까우면 경고 사인이 켜진다.

• 현재 가치평가 비율 PER, PBR, PSR과 역사적 범위 비교

현재의 가치평가 비율인 주가수익비율$_{PER}$, 주가순자산비율$_{PBR}$, 주가매출액비율$_{PSR}$을 과거 10년, 5년, 3년, 1년 동안의 역사적 범위와 비교한다. 역사적 가치평가 범위에 비교했을 때 현재 주가가 가장 비싼 값에 거래되고 있다면 그 주식은 사지 않는 것이 좋다. 가치평가 비율이 역사적 고점에 가까울수록 경고 사인이 켜진다.

• 높은 선행 PER

선행 PER$_{forward PER}$은 현재 주가를 분석가들이 추정한 다음 해 순이익으로 나눈 값이다. 선행 PER이 현재 PER보다 높으면 월가가 순이익 감소를 예상한다는 뜻이다. 즉 경고 사인이 켜진다. 물론 분석가들의 예상이 크게 엇나갈 수도 있다.

• 자사주매입 추적 기록

회사가 현재 자사주를 매입하고 있다면 대체로는 긍정적인 신호다.

이 체크리스트에서는 기업의 현재 자사주매입을 과거의 자사주매입과 비교한다. 과거의 추적 기록이 좋지 않다면 경고 사인이 켜진다. 회사가 자사주매입의 시장 적기를 제대로 파악하지 못한다는 뜻이기 때문이다.

• 내부자들이 매도만 하고 매수는 하지 않음

기업 경영진과 이사들이 주식을 대거 팔고 있으며 사는 사람이 하나도 없다면 경고 사인이 켜진다.

• 세율

원칙적으로는 법인세율이 낮은 것이 주주들에게는 유리하다. 하지만 기업은 순이익이 높다고 주장하는데 실제 세율은 낮다면 투자자들은 그 이유를 반드시 알아야 한다. 조세 피난처가 있다거나, 순이익의 질이 나쁘다거나 다른 이유 때문에 세율이 낮지는 않은가? 법인세율이 지나치게 낮은 기업에는 경고 사인이 켜진다.

*

기업에 문제가 없는지를 꼼꼼히 조사하는 과정은 병원에서 실시하는 정기 검진과 같다. 경고 사인이 한번도 켜지지 않는 기업을 찾아내기는 불가능하다. 경고 사인이 하나둘 켜졌다고 해서 주식을 사지 말아야 하는 것은 아니지만 신중하게 고민하고 점검해봐야 할 문제임은 분명하다.

체크리스트 항목은 재무제표 자료를 기반으로 삼는다. 따라서 기업의 사업을 이해하고 사업의 제품과 고객, 공급업체, 경쟁사, 임직원들을 이해하는 것이 무엇보다도 중요하다. 경고 사인은 투자자에게 현실을 일깨워주는 역할을 할 뿐이며, 사업과 기업에 대한 이해를 대체하지는 못한다. 재무 수치와 경고 사인에만 집중하고 사업의 본질을 무시한다면 진짜 도움을 주지 못하는 아래의 경영 컨설턴트와 똑같은 사람이 될 뿐이다.

한 남자가 열기구를 타고 하늘을 여행하는 중에 문득 자기 위치가 어디인지도 모른다는 사실을 깨달았다. 그가 고도를 낮췄는데 아래에 한 남자가 보였다. 열기구 탑승자는 고도를 더 낮추고 밑의 남자에게 소리쳤다. "실례합니다. 지금 여기가 어디인지요?"

아래의 남자가 대답했다. "아, 지금 계신 곳은 열기구입니다. 땅에서 100미터 정도 위에 계십니다."

"경영 컨설팅 업종에 종사하는 분이신가 보군요." 열기구 탑승자가 물었다.

"맞습니다. 어떻게 아셨나요?"

"어렵지 않았어요. 그쪽 말씀은 기술적으로는 다 맞지만 아무 도움도 안 되는 말이잖아요."

아래의 남자가 대답했다. "그러는 댁은 경영자이신가 보군요."

"맞습니다. 족집게시네요."

"뭐 어려운 거라고요. 댁은 지금 자기가 어디인지도 모르고 어디로 향하는지도 모르시면서 제가 도움을 줄 수 있을 거라고 생각하시잖아요. 그리고 댁의 지금 위치는 저를 만나기 전과 달라진 게 없는데도 모든 잘못은 제 탓이 됐고요."

사업의 본질을 이해하면 재무 수치와 경고 사인은 지금의 위치와 앞으로 나아가야할 방향을 알게해준다. 사업의 본질에 대한 이해는 정성적 이해고 재무수치는 정량적 이해다. 그리고 투자자가 자신의 리서치에 자신감이 생기려면 양쪽 모두에 대한 이해가 다 필요하다.

긍정 사인

경고 사인과 반대로 몇 가지 긍정 사인은 기업의 영업실적이 향상되고 있거나 경영진이 믿음직스럽게 움직이고 있음을 알려주는 신호다. 이런 신호는 우리가 원하는 좋은 기업의 필수 조건인 튼튼한 대차대조표, 높은 사업 수익률, 그리고 매출 및 순이익 성장과 상호 보완해서 움직인다.

• 이익률의 성장

장기적이고 꾸준한 이익률 성장은 그 회사가 영업 활동을 잘 하고 있음을 알려주는 강한 지표다. 매출의 성장도 좋지만, 생산성 향상까지 겸비한 성장이 더 좋다. 그리고 고객 획득 비용costomer acquisition cost의 증가율이 매출 성장보다 느린 편이 더 좋다. 이런 결과가 합쳐지면 매출이 성장할수록 이익률은 훨씬 빠르게 늘어날 수 있다.

이익률의 꾸준하고 장기적인 성장은 굉장히 좋은 힘을 발휘할 수 있다. 예를 들어 자동차 부품 소매회사인 오토존의 총이익률은 2005년 48.9%에서 2015년에는 52%를 넘기는 수준으로 증가했다. 제품 취득 원가를 낮추고 재고 감모비가 낮아진 것이 총이익률 증가의 비결이었다. 3.1%포인트 자체만 놓고 보면 대단하지 않아 보이지만, 이 증가분이 거의 다 영업이익률의 증가로 이어졌다면 말이 다르다. 오토존의 영업이익률은 2005년 17.08%에서 2015년에는 19.17%로 늘어났다. 총이익률은 6.3%(=3.1÷48.9) 증가해서 증가폭이 크지 않아 보이지만, 영업이익률은 훨씬 높은 12%(=2.09÷17.08)나 증가했다. 이렇게 해서 지난 10년 동안 오토존의 순이익 성장 속도는 매출 성장 속도보다 훨씬 빨랐다. 그리고 투하자본수익률은 2005년 30%에서 2015년에는 46%로 늘어났다. 주가도 여기에 응답해 같은 기간 700%나 올랐다.

어떤 사업은 영업 활동을 똑같은 수준으로 유지해도 인플레이션으로 인해 연봉이나 임대료, 유지관리비가 늘어나 영업비가 서서히 오를 수밖에 없다. 이런 사업이 장기적으로 영업활동을 유지하기 위해서는 매출이 최소한 인플레이션보다 성장 속도가 빨라야 한다.

대략 두 가지가 이익률 성장을 이끈다고 볼 수 있다. 소매체인을 예로 들어보자. 어떤 소매체인이 신규 매장을 늘리면서 사업 성장을 꾀한다면, 이 회사의 재고 관리비나 마케팅, 업무지원 비용의 증가세는 매장 수에 비례해 똑같은 속도로 늘지는 않는다. 회사의 신규 매장이 늘수록 전체 이익률은 늘어나게 된다. 이것이 성장주도형 이익률 성장growth-driven profit-margin growth이다. 신규 매장을 늘리지 않더라도 매장당 제품 판매가 늘어난다면 그때에도 이익은 증가한다. 이것이 생산성 주도형 이익률 성장productivity-driven profit margin growth이다.

두 가지 요인이 동시에 이익률 성장을 이끌 수도 있다. 이때 기업이 조심해야 할 부분은 성장에 따른 비용 관리다. 생산성 주도형 이익률 성장은 기업의 경쟁력과 가격결정력을 알려주는 지표 역할도 한다.

• 자사주매입

기업이 신주를 발행해 기존의 주주 가치를 희석시키는 것이 아니라 거꾸로 자사주를 매입하고 있다면 대체로는 주주에게 가치를 환원하는 행동이라고 봐야 한다. 자사주를 매입하면 회사의 이익이 전보다 줄어든 수의 주식에 분산되기 때문에 주가를 끌어올리는 견인이 될 수 있다.

그러나 버핏의 지적처럼 모든 자사주매입이 다 좋은 것은 아니다. 자사주매입은 기업이 내재가치보다 낮은 가격에 주식을 매입할 때에만 가치가 있다. 기업이 내재가치보다 높은 가격에 자사주를 매입한다면 이것은 기존 주주들의 가치를 장기적으로 파괴하는 행동이다. 버핏이 '버크셔 해서웨이에서는 순자산가치의 1.2배 이내에서만 자사주를 매입한다'는 기준을 정해둔 것도 이런 이유에서다.

기업들의 다양한 자사주매입 방식은 앞에서도 살펴봤다. 오토존이나 월마트, 무디스 등은 2000년 이후 해마다 자사주를 매입하고 있다. 이 회사들은 가치평가 비율에 상관없이 자사주를 매입한다. 반면에 넷플릭스는 가끔씩 자사주를 매입하지만 신주를 발행할 때가 더 많다. 역사상 최저 금리 기조인 지금을 기회로 보고 자사주를 매입하기 위해 채권을 발행하는 기업들도 더러 있다.

자사주매입은 어쨌거나 기업의 대차대조표를 약화하는 효과를 가져온다. 투자자는 자사주매입으로 오른 주가에 즐거워만 할 것이 아니라 그에 따른 장기적 영향도 살펴봐야 한다. 2000년대 상반기 동안 미국 최대 저축대부은행이었던 워싱턴 뮤추얼Washington Mutual은 수십억 달러를 쏟아 자사주를 매입했다. 2008년 불어닥친 금융위기의 한파에 지급 불능까지 된 워싱턴 뮤추얼은 정부 소유로 넘어갔고, 주주들의 주식은 휴지조각이 됐다. 워싱턴 뮤추얼에 현금이 어느 정도 있었다면 정부에 지배권을 넘기는 사태까지는 처하지 않았을 것이다. 시어스도 2006년부터 2013년까지 자사주를 매입하는 데 거의 50억 달러나 썼다. 지금 이 회사는 차입으로 간신히 자금 부실을 버텨내고 있다. 시어스의 시가총액은 자사주를 매입할 때의 5분의 1도 안 되게 쪼그라든 상태다. 곧바로 주식을 팔아치운 투자자들만 시어스의 자사주 매입으로 이득을 봤다. 나머지 주주들은 빈털터리가 됐다.

• 배당 인상

기업이 배당을 올린다면 앞으로의 수익성을 자신한다는 뜻이므로 긍정 사인이다. 그러나 자사주매입처럼 배당 증가는 대차대조표를 약하게 만드는 역작용이 있다. 투자자들은 배당 증가의 장기적 영향도 고민해야 한다.

• 부채 감소

부채 감소는 어느 모로 보든 좋은 신호다. 다만 기업의 차입금 감소로 자기자본수익률은 줄어들 수 있다.

• 내부자의 주식 매수

피터 린치가 지적하다시피, 내부자는 앞으로 주가가 오를 것이라고 확신할 때에만 주식을 매수한다. 학계 연구에서도 내부자들 대부분은 장기 가치투자자라는 결과가 나왔다. 내부자는 자신들이 다니는 회사가 장기 투자에 괜찮다고 생각할 때 주식을 매수한다.•

*

지금까지 설명한 체크리스트는 투자자가 종목 발굴에서 자신만의 원칙을 유지할 때 많은 도움을 준다. 경고 사인도 긍정 사인도 투자자가 기업의 본질을 깊이 이해하고 미래의 행동 지침 마련에 필요한 자신감을 만들도록 도와준다.

린치의 조언에 따르면, 투자자는 자신이 리서치하고 매수한 모든 종목을 정리한 노트를 별도로 마련해야 한다. 그리고 투자한 회사의 사업 실적을 자신의 노트 내용과 비교하면서 시간이 흐른 후에도 자신의 투자 원칙이 그대로 유지되고 있는지를 점검해야 한다.** 체크리스트, 경고 사인, 긍정 사인 역시 투자자의 리서치 노트에 포함시켜야 한다.

이 모든 절차가 투자의 실수와 실패를 줄이고 가치투자자가 흔히 빠지는 가치 함정value trap을 피하는 데 도움이 되기를 바란다.

● H. Nejat Seyhun et al., "Overreaction or Fundamentals: Some Lessons from Insiders' Response to the Market Crash of 1987", *Journal of Finance*, Vol. 45, No. 5 (February 1990), pp. 1363–1388.
●● Charlie Munger, "USC Law Commencement Speech".

제7장

실패와 착오,
가치 함정

"어떤 일은 이유가 있지만 어떤 일은 그냥 계절탓이다."

-아나 클라우디아 안투네스Ana Claudia Antunes

좋은 기업만 사야 하는 이유는 앞에서 질리도록 설명했다. 좋은 회사를 사면 시간은 우리 편이다. 매력적인 가격에 좋은 기업을 산다면 좋은 수익률을 거둘 수 있다. 적정 가격에 사는 경우에도 투자자의 가치가 기업의 성장과 함께 늘어나기 때문에 여전히 좋은 수익률이 나온다. 비싼 가격에 사도 시간과 함께 사업 가치가 성장하면서 초기 비용을 만회할 수 있다. 기준 이하의 수익률을 거둘지는 몰라도 언젠가 투자한 돈을 다 회수할 수 있는 것은 분명하다.

가치가 잠식 중인 기업을 사면 영구적인 자본 손실의 위험이 도사린다. 이런 이유 때문에 나는 싼값에 나쁜 회사를 사느니 약간 비싸더라도 알맞은 종목을 산다.

증시에서 돈을 잃는 방법은 아주 많다. 초보 투자자들은 순간의 인기 종목에 투기를 해서 돈을 잃는다. 성장주 투자자들은 막연히 성장을 기대하며 비싼 값을 치른다. 가치투자자들은 염가주식 중독자들이다. 그래서 사업 본래의 질을 간과하고 지나친다.

증시는 요상하고 야릇하다. 파는 사람도 사는 사람도 자신을 똑똑한 투자자라고 자부한다!

나쁜 기업

증시에서 쉽게 돈을 잃는 비결은 간단하다. 시장이 흥분과 낙관에 휩싸여 있을 때 주식을 사고 시장이 침울과 패닉에 빠져 있을 때 팔면 된다. 아니면, 선물옵션 놀이를 하거나 돈을 빌려서 주식을 사는 신용거래를 하면 된다. 그러면 어떤 주식에 투자하든 돈을 잃는 것은 따 놓은 당상이다. 비교적 평화로운 강세장에서만 움직이는 장기 투자자일지라도 나쁜 회사의 주식을 사면 돈을 잃을 수 있다. 여기서 나쁜 회사란 실패를 향해 내리막을 걷고 있거나, 살아날지라도 투자자가 매수했던 가격으로는 절대 회복할 가능성이 없는 회사를 의미한다.

지금부터는 투자자가 산 종목이 나쁜 회사인지 여부를 감별해주는 경고 사인들을 요약할 것이다. 이 경고 사인들은 앞장에서 나온 경고 사인과는 다른데, 주로 기업의 사업 행동에 초점을 맞춰 설명하기 때문이다. 기업의 영업 활동이 이 사인들의 징후를 보인다면 아무리 싼값에 나왔어도 매수는 피해야 한다.

미래가 밝고 떠오르는 제품을 가진 기업

보통은 떠오르는 업종에 속한 젊은 기업들이다. 이런 제품들은 기존 산업을 파괴하는 혁신 기술과 관련이 있으며 사회에 미치는 파장도 클 수 있다. 야심이 큰 젊은 기업가들이 이런 떠오르는 분야에서 사업을 시작한다. 이 전도유망한 기술은 인간의 삶 자체를 바꾸기 때문에 많은 투자자가 기업의 밝은 전망에 환호하며 돈을 투자한다.

기술이 무르익으면 사람들의 삶이 정말로 바뀌었다는 사실이 드러난다. 그러면서 너도나도 해당 분야 사업을 시작한다. 흑자 생존하는 기업은 얼마 없다. 신생기업이 이익을 내면 투자자에게 엄청난 부를 안겨주지만, 대부분은 이익을 내지 못하기 때문에 투자자들 역시 돈을 잃기만 한다. 상당수는 유의미한 매출을 달성하지 못한다.

초보와 아마추어 투자자들이 쉽게 빠지는 상황이다. 신출내기 투자자 시절의 나도 그랬다. 나는 광섬유 기술의 유망성과 밝은 미래만 잔뜩 믿고 이 종목을 구입했다. 광섬유 기술 발달로 인터넷 속도가 기하급수적으로 빨라지면서 비디오 스트리밍이나 모바일 인터넷, 온라인 게임 같은 전에는 불가능했던 여러 애플리케이션 사용이 가능해졌다. 그러나 광섬유 회사들 상당수는 이익을 한 푼도 내지 못했고 높아질 대로 높아진 가치평가도 전혀 정당화하지 못했다.

신종 분야에서는 이런 일이 몇 년에 한번씩 발생한다. 요새는 기술과 혁신에 가속이 붙으면서 과거보다 그 빈도가 훨씬 잦아졌다. 지난 세기의 신경제 분야는 비행, 자동차, 반도체, 디지털 시계, 컴퓨터 하드웨어, 인터넷, 닷컴, 광섬유였다. 이번 세기를 중간 정산하면 신분야는 태양광 기술, 바이오테크, 소셜미디어, 전기자동차 등이다.

2000년대 중반, 미국과 중국에서는 정부 지원과 장려 정책 속에 태양광 기술이 각광을 받고 있다. 태양광 기술은 일단 청정에너지고 고갈 염려가 없기 때문에 장래성이 밝은 반면, 석유와 가스는 언제 고갈될지 모르는 상황이다. 기술 발전 덕분에 상용화를 위한 비용도 낮아졌다. 가히 혁명적 에너지다. 토머스 에디슨도 이렇게 말했다. "나라면 태양과 태양에너지에 돈을 걸 것이다. 정말 강력한 에너지원이 아닌가! 석유와 석탄이 얼마 남지 않은 시점에서야 서둘러 태양에너지를 연구하게 될 일은 없기 바란다."

전 세계에 태양광 패널 회사들 수백 개가 우후죽순처럼 생겨났고 대다수는 상장까지 했다. 투자자에게는 인기 만점의 신기술에 투자할 수 있는 절호의 기회가 아닐 수 없었다. 투자자들의 성원 속에 주가는 올라갔고 새로운 부가 창출됐다. 중국 태양광 패널 회사 썬텍 파워 홀딩스Suntech Power Holdings의 창업자 스정룽施正榮은 중국 최고의 갑부에 등극하기도 했다. 썬텍 파워가 NYSE에 상장하고 시가총액이 120억 달러에 이르면서 한때는 그의 순재산도 20억 달러를 넘어섰다. 미국의 태양광 회사인 선에디슨SunEdison, 퍼스트 솔라First Solar, 선파워 SunPower도 모두 시가총액이 100억 달러가 넘었다.

그러나 태양광 분야의 경쟁은 잔인하고 범지구적이었다. 신기술이 늘어나고 새로운 투자가 쏟아질수록 경쟁도 치열해졌다. 기술이 빠르게 발달하면서 복닥거리고 붐비는 태양광 분야의 생산능력이 시장의 소화능력을 앞질렀다. 태양광 패널 가격이 추락했다. 아무도 승자가 되지 못했다. 썬텍 파워와 선에디슨은 도산했다. 퍼스트 솔라와 선파워도 2008년 대비 시가총액에서 80%가 넘게 빠졌다. 선파워는 아직도 적자의 늪에서 헤어나질 못하고 있다. 비교적 신생 업체이며 주택용 태양광 패널을 생산하는 솔라시티SolarCity는 비전을 제시하는 기업가 일론 머스크Elon Musk가 회장 겸 최대주주로 있지만, 이 회사 역시 독자 생존이 어려워 머스크의 다른 회사인 테슬라 자동차Tesla Motors에 합병됐다. 테슬라 역시 문제 투성이다. 이 회사도 이익을 내지 못하고 있으며 적자가 눈덩이처럼 불고 있다. 테슬라가 속한 분야도 마찬가지로 떠오르는 인기 업종이고 시장 참가자들도 새롭게 속속 들어오고 있다. 심지어 애플이 자동차 생산을 계획 중이라는 소문도 돌고 있다. 나한테는 생각하기도 싫은 경험인 광섬유주 거품과 많이 닮은 꼴이다.

내 말을 오해하지 말기 바란다. 태양에너지의 미래는 예전에도 밝았고 지금도 밝다. 비용 대비 효과도 올라가고 있고 시장 점유율도 늘어났다. 한때 과학과 발명계에 몸담았던 사람으로서 신기술과 혁신을 반대하지 않는다. 신기술과 혁신은 인간의 삶을 발전시킨다. 그러나 그것이 좋은 투자로 이어지는 것은 아니다.

기업의 제품이 한창 떠오르고 있으며 너도나도 구입한다

한때는 크록스Crocs 신발을 신지 않은 아이를 찾기가 힘들 정도였다. 또 한때는 10대라면 응당 에어로포스테일 티셔츠를 입는 것이 당연하던 시기도 있었다. 제품은 멋졌고 꼬맹이와 10대들의 열렬한 인기 품목이었다. 2006년 크록스 매출액은 전년 대비 3배로 뛰었고, 2007년에도 또 2배로 늘어났다. 에어로포스테일 의류 판매는 2004~2009년까지 매년 20%씩 뛰어올랐다. 부모들은 자녀에게는 이 신발과 티셔츠를 사주었고, 자신들을 위해서는 주식을 샀다. 크록스의 시가총액은 60억 달러가 넘었다. 에어로포스테일의 경우도 거의 30억 달러에 달했다.

그러나 지금 크록스 신발은 못난이 신발이 됐고, 정면에 AERO라는 로고가 큼지막하게 써진 티셔츠를 갖고 싶어 하는 10대는 아무도 없다. 크록스는 제품을 다변화하고 영역을 넓혀서 예전보다 훨씬 다양한 신발을 팔고 있다. 그러나 주가는 80% 이상 떨어져서 현재 시가총액은 10억 달러도 못된다. 에어로포스테일은 예전의 멋진 위상으로 끝내 돌아가지 못했고 결국 파산 신청을 냈다.

그 회사의 제품을 사랑하는 마음에 주식까지 사는 것은 충분히 이해할 수 있다. 그러나 성장이 지속 가능한지, 그리고 회사가 흑자 상태인지를 잘 확인해야 한다. 우리가 최소 10년 이상의 흑자 유지를 좋은 회사의 자격 조건으로 정한 이유도 바로 여기에 있다. 시장 순환을 적어도 한 바퀴는 이겨내야 좋은 회사다. 일시적 유행에 휩쓸려서는 안 된다.

현재 시장 순환의 정점에 있는 기업

이 기업은 현재 순이익도 우수하고 가치평가 비율도 낮게 나왔다. 그러나 알고 보니 현재 시장 순환의 정점에 있는 경기순환주라면? 자동차, 항공, 내구재 종목 등의 경기순환주는 순환의 정점에서는 높은 순이익을 기록하고 PER이 낮게 나온다. 그래서 아주 매력적인 주식으로 보인다. 단순히 PER만 따지기보다는 역사적 데이터에 대비한 현재의 PSR과 PBR을 가치평가 척도로 관찰하는 것이 더 나을 수 있다. 석유나 석탄, 철강, 금 등의 원자재 종목을 관찰할 때도 지금의 원자재 가격과 역사적 범위를 비교하는 수순을 빼놔서는 안 된다. 지금 가격이 역사적 범위보다 높은 수준이라면 조만간 떨어질 가능성이 크다. 경기순환주 투자에 대해서는 9장에서 자세히 설명할 것이다.

경기순환주의 흑자 회생 성공담도 많기는 하다. 그러나 이런 회사들이 흑자 회생에 성공한 이유는 경영진의 뛰어난 경영 수완 때문이 아니라 시장의 흐름에 맞았기 때문이다. 경기 침체가 다시 시작된 순간 경영진은 "우리는 회사를 회생시키는 데 성공했습니다……단지 방향이 틀렸을 뿐입니다"라며 뒤늦은 한탄의 말을 할지도 모른다.

경기순환주는 피하는 것이 상책이지만, 혹시라도 매수를 결심했다면 경기순환이 바닥으로 가라앉고 연일 나쁜 보도가 흘러나오고 기업들이 손실이 나고 있을 때가 적기다. 이런 기업들 대다수는 불경기를 이겨내지 못하고 파산을 선언한다. 재무제표가 탄탄해서 불경기를 이겨낼 능력이 있는 회사의 주식만 매수해야 한다. 그리고 시장이 호황이고 기업들이 다시금 대규모 이익을 낼 때가 매도의 적기다. 꾸준하고 일관되게 이익을 내는 기업과 다르게 경기순환 기업은 산업이 다시 하강 국면으로 접어든 순간 언제라도 낭떠러지로 떨어질 수 있다.

고성장 중인 기업

성장하는 기업을 매수해야 하는 건 맞지만 지나치게 빨리 성장하는 기업은 조심해야 한다. 성장이 지나치게 빠르면 제품과 고객 서비스의 질을 유지할 능력이 충분한 직원들을 충원하기가 힘들 수 있다. 2000년대 초반 크리스피 크림Krispy Kreme이, 그리고 2000년대 중반 스타벅스가 이런 일을 겪었다. 결국 스타벅스는 이익을 내지 못하는 매장을 900개가 넘게 철수하고 핵심 사업에만 집중해야 했다.

게다가 이런 회사들은 고성장으로 벌어들이는 돈보다 더 빠른 속도로 자본이 필요할 수 있다. 그러면 현금 압박에 못 이겨 자본을 차입할 수밖에 없다. 경제 전반이나 업종에 뭔가 문제가 생기는 순간 그들은 부채 원리금을 갚지 못해 파산 위험까지 처할 수 있다.

테슬라는 고성장 기업이다. 들리는 말로는 이 회사의 모델 3 자동차를 사기 위해서는 예약하고 3년을 기다려야 한다고 한다. 테슬라는 생산 시설 증가를 위해 현재 막대한 자본을 쏟아붓고 있다. 차량 판매는 늘고 있지만 손실은 더 빠른 속도로 늘고 있다. 2013년 전에 테슬라 주식을 산 투자자들은 실적이 좋다. 아직까지는. 그러나, 마찬가지로 고성장 기업이고 현금흐름 문제는 훨씬 심각한 솔라시티를 테슬라가 얼마 전에 인수했다는 사실을 기억하자. 테슬라 혼자만으로도 손실과 부채가 눈덩이처럼 쌓이고 있는데 재무 상태가 훨씬 심각한 회사까지 인수했다. 나라면 이 회사에는 투자하지 않을 것이다.

너무 빠르게 성장하는 기업은 위험하다. 고성장 기업을 고려할 때는 현금 상태를 잘 봐야 한다.

공격적인 인수합병을 연달아 하는 기업

인수를 통해 고성장하는 기업도 있는데, 이것은 훨씬 더 위험하다. 무리한 인수로 재무상태가 열악해진 기업들의 사례는 수두룩하다. 많은 회사가 야심이 큰 CEO의 주도 하에 경쟁사를 인수하며 성장한다. 높은 인수가를 제시했기 때문에 재무상태가 나빠져 허덕인다. 캐나다 제약회사인 밸리언트Valeant도 예외가 아니었다. 마이클 피어슨Michael Pearson이 2010년 CEO에 취임한 이후 이 회사는 무리한 인수 쇼핑을 이어나갔다. 매년 여러 건의 인수합병을 행한 결과 2009년 10억 달러도 안되던 매출이 2015년에는 100억 달러를 넘었다. 한동안 미국과 캐나다에서 밸리언트는 가장 각광받는 주식이었다. 투자자들은 회사의 성장에 화답해 주가를 20배 넘게 끌어올려 주었다. 피어슨은 능력을 인정받으며 세계 최고 연봉을 자랑하는 CEO가 됐다. 하지만 같은 기간 밸리언트의 장기 부채도 3억 8,000만 달러에서 300억 달러로 늘어났다. 그리고 회사의 운빨도 막을 내리면서 SEC 조사까지 받는 처지가 됐다. 인수를 통한 성장 모델은 무너졌고 피어슨은 쫓겨났다. 주가는 고점에 비교해 80% 이상 내려앉았고, 밸리언트는 적자의 늪에서 허덕이고 있으며, 부채 폭탄은 시한을 향해 찰칵찰칵 돌아가고 있다.

회사가 너무 공격적으로 인수합병을 진행한다면 부채 수준을 의심해 봐야 한다.

시장 경쟁이 치열한 기업

경쟁에 면역력이 있는 기업은 하나도 없다. 그렇기 때문에 사업은 고품질과 저비용, 브랜드 인지도, 네트워크 효과를 통한 높은 전환비용switching cost: 고객이 기존에 쓰던 제품을 바꾸고 다른 회사의 제품으로 바꾸는 데 드는 비용 – 옮긴이 등으로 경제적 해자를 구축해야 한다. 사업마다 경쟁 방식도 다르고 경쟁 규모도 다르다. 식당들은 같은 지역의 다른 레스토랑과 경쟁하는 반면, 테크놀로지 기업들은 전 세계 테크놀로지 기업들과 경쟁한다.

원자재 회사는 제품 차별화가 불가능하기 때문에 가격 경쟁만이 답이다. 가장 저가를 제시하는 원자재 회사가 시장에서 이긴다. 원자재의 대표적 유형은 석유, 가스, 농산품, 항공권, 보험이다. 과거와 다르게 오늘날은 하이테크 기업들도 원자재 회사가 되고 있다. TV와 컴퓨터 회사를 생각해 보자. 지금은 스마트폰 회사마저도 원자재 기업이다.

소매업은 유독 경쟁이 치열하다. 한 상점에서 판매하는 상품은 다른 상점에서도 다 파는 것들이고, 독특한 상품을 내놔도 어차피 다른 상점들이 쉽게 모방할 수 있기 때문이다. 예전의 소매점들은 지역 내에서만 경쟁했지만 요새는 온라인에서 세계적으로 경쟁하고 있다. 고

비용 소매회사들은 살아남지 못한다. 이미 여러 소매회사가 문을 닫았다. 서킷시티, 스포트 오소리티 Sport Authority, 케이마트 K-Mart를 누가 기억하는가? 경쟁이 가장 심한 업종은 백화점이고, 과거에도 지금도 백화점의 숫자가 너무 많다. 버핏도 1977년 보네이도 Vornado Inc.라는 백화점에 투자했다가 돈을 잃었다. "따지고 보니 이 산업은 매장 수가 너무 많았고, 보네이도도 다른 저가형 백화점들과 마찬가지로 케이마트 매장과의 경쟁으로 죽어가고 있었습니다." 심지어 케이마트마저도 과거사가 됐고, 오늘날도 40년 전과 마찬가지로 백화점의 수는 차고 넘친다.

소비자들이 온라인 쇼핑으로 대거 옮겨간 것도 백화점 산업을 부진의 늪에서 헤어나오지 못하게 하고 있다. 앞으로도 JC 페니, 메이시스 Macy's, 시어스에 햇빛이 들 날은 없을 것 같다. 이렇게 경쟁이 치열한 산업에서는 어떤 기업도 승리하지 못한다.

시장 점유율 상승에 사활을 거는 기업

기업의 고객이 늘어난다고 해서 항상 좋다고만은 할 수 없다. 사업이 경쟁력과 수익성을 동시에 잡는 제품 가격을 매기려면 고객을 고를 수 있어야 한다. 충성스럽고 돈을 벌어주는 고객에게 관심을 집중해야 한다. 공격적 가격 정책으로 시장 점유율을 높이려는 노력은 기업의 생존 가능성을 위험하게 한다.

은행과 보험회사 같은 금융기관이 점유율 상승에 사활을 걸면 대단히 위험하다. 그 역효과는 대개 몇 년이 지나서야 드러나기 때문에

● John Huber, "A 1977 Warren Buffett Interview from the WSJ Archives", http://www.gurufocus.com/news/438345.

금융기관들은 엄격한 인수 절차를 적용해 고객의 적격 여부를 검사하고 잠재적 손실 여부에 가격을 매겨야 한다. 은행들이 방만한 증권 인수 절차를 적용해 부적격의 서브프라임 차입자들에게 돈을 빌려줬던 시절은 그리 오래전이 아니다. 은행들은 "제로 계약금, 제로 퍼센트, 제로 상환"을 외치며 저금리 대출 가격 경쟁을 벌였다. 서브프라임 대출이 도화선이 된 금융위기는 결국 세계 금융 시스템을 붕괴 직전까지 몰고 갔다. 대출을 가장 많이 실행한 은행들이 타격도 가장 크게 받았고, 그 은행들 대부분은 과거사가 돼 시장에서 사라졌다.

보험회사도 위험 가격을 적절히 산정하지 못하고 무작위로 고객을 받으면 심각한 재무적 곤경에 처할 수 있다. 1970년대에 가이코도 시장 점유율을 무리하게 늘리려다 자멸의 위기에 놓였다. 이 회사는 자동차 보험료를 지나치게 낮게 산정했다. 파산 직전까지 갔던 가이코는 결국 보험료를 올렸고 수익이 나지 않는 주에서는 사업을 철수했다. 이로 인해 시장 점유율은 낮아졌지만 수익성은 올라갔다. 내가 2000년에 첫 주택을 매입했을 때 나는 텍사스 셀렉트Texas Select라는 보험회사의 상품에 가입했다. 이 회사는 다른 보험회사들과 보상 범위는 똑같으면서 보험료는 훨씬 싼 편이었다. 그러다 2006년에 텍사스 셀렉트는 부도가 났고, 나는 다른 보험회사로 옮겨가 더 높은 보험료를 내야 했다. 텍사스 셀렉트의 낮은 보험료는 소수의 적격 고객들만 따지면 괜찮은 상품이었지만, 지나치게 공격적인 가격 정책은 결국 회사를 파산으로 내몰았다.

2004년 주주들에게 보내는 편지에서 버핏은 버크셔 해서웨이의 자회사인 내셔널 인댐너티National Indemnity Company를 "원칙을 지키는 보험 인수자"라고 평했다. 1986년부터 1999년까지 내셔널 인댐너티는 보험인수의 수익성 유지를 위해 가격결정에 있어서는 "가장 낙관적인 경쟁사"의 모습을 버리고 고객을 잃는 쪽을 선택했기 때문이다.•

투자자는 순이익을 무시하고 고객 확보에만 열을 올리는 회사를 피해야 한다.

대대적 규제 변화에 직면한 기업

영리 교육기관들은 대학 입학 자격이 없는 회원들에게 직업 훈련과 대학 수준의 교육을 제공하면서 오랫동안 높은 이익을 거두었다. 영리 교육기관들의 매출과 이익은 수십 년 동안 계속 치솟았고, 이 업종의 주식은 금세기 첫 10년 동안 가장 높은 수익률을 내는 실적주에 속했다. 그런데 갑자기 모든 것이 변했다. 수강생들은 직장을 얻지 못했고 학자금 대출 빚만 잔뜩 늘어났다. 그리고 지금까지 수십억 달러의 금융 원조를 제공해 주던 정부도 학자금 대출로 인해 막대한 손실이 나면서 곤란한 상황에 놓였다. 영리 교육기관들에 대한 정부 조사가 단행됐고, 이 교육기관들의 신규 수강생 등록을 대폭 제한하는 새 법안이 마련됐다. 영리 교육산업은 무너졌고 투자자들은 큰 손실을 봤다.

투자를 고민 중인 기업에 새로운 규제가 가해질 위험은 없는지 잘 알아봐야 한다. 2008년 금융위기 이후에는 금융 업종 전반을 규제하는 새로운 법규가 제정됐다. 은행들의 매출원이 무더기로 사라졌다. 병원과 의료보건 업종도 오바마케어가 정식 법제화되면서 사업 방식의 변화를 모색해야 했다. 강도 높은 규제를 받는 업종에 투자할 때에는 이런 위험들이 도사리고 있다는 것을 유념해야 한다.

• Warren Buffett, "Berkshire Hathaway shareholder letter, 2004".

늙어가는 기업

기업이 노화되는 원인은 단순히 오랫동안 사업 활동을 했기 때문만은 아니다. 산업의 역학 구조 변화에 적응하지 못할 때, 제품의 매력이 반감되고 신기술로 인해 뒷전으로 밀릴 때에도 기업은 늙는다. 한때 뉴스 보도와 광고주들을 지배했던 신문의 자리에 지금은 인터넷이 들어섰다. 비디오와 DVD 오프라인 대여점인 블록버스터는 넷플릭스에게 밀려났다. 코닥 필름은 디지털카메라에게 밀려났다. 그리고 오프라인 소매점들은 온라인 쇼핑몰에게 자리를 내주었다.

캐나다 스마트폰 회사인 블랙베리도 한때는 비즈니스 세계를 지배하면서 시장 점유율이 50%를 넘었다. 기업 중역이면 누구나 블랙베리를 들고 다녔다. 나도 블랙베리를 썼다. 그러나 이 회사는 터치스크린 휴대폰에 굼뜨게 적응했고, 고객 전환비용을 높이는 생태계도 구축하지 못했다. 블랙베리의 자판 조합을 외우지 못해서 며칠 동안 이메일 목록을 지우지 못해 쩔쩔맸던 일이 아직도 기억난다. 지금 스마트폰 시장에서 블랙베리를 그리워하는 사람은 아무도 없다.

노화된 기업의 문제는 부동산, 특허, 브랜드, 자회사 등등 보유 자산이 너무 많다는 것이다. 이런 자산들은 주가가 한참 떨어지고 난 후라면 가치투자자에게 매력적인 조건으로 보일 수 있다. 하지만 가치투자자들도 가치 함정에 자주 빠지고 그러다가 돈을 왕창 잃는다. 가치 함정에 대해서는 이번 7장의 후반부에 자세히 설명할 것이다.

*

앞장에서 나온 경고 사인이 질병의 징후라면, 이번 장에서 설명한 기업과 시장의 상황은 그 질병을 불러일으키는 내부적 문제점들이다. 경고 사인이 발동된다고 해서 다 병든 기업은 아니다. 경고 사인이 발동된 원인을 이해하고 매수가까지 신중하게 고민한다면 그 종목을 사도 괜찮을 것이다. 하지만 기업이 이번 7장에서 설명한 상황에 처해 있다면 그 회사에 투자하는 것은 무조건 피해야 한다.

물론 함정은 있다. 이런 상황에 처한 기업들이 다 순식간에 나락으로 떨어지지는 않는다. 헤지펀드 매니저 스콧 피어론Scott Fearon은 동명의 제목으로 지은 명저에서 이 회사들을 "좀비 회사dead companies walking"라고 불렀고● 실제로도 맞는 말이지만, 그럼에도 몇 년 동안은 생명을 유지할 수 있다. 특히 시장이 호황이고 자본 조달이 쉬울 때는 그 생명 유지가 더 길 수 있다. 그리고 염가주식을 찾는 투자자들을 유혹한다. 그러나 피터 린치의 말처럼 "지금의 실적이 열악하다고 해서 앞으로도 더 나빠지지 않을 것이라는 뜻은 아니다."●● 이 회사들은 상황이 개선되기는커녕 점점 더 나빠질 수 있다.

가치 함정

노련한 가치투자자들은 앞에서 설명한 기업의 나쁜 행동에 대해 대부분 수긍한다. 그러나 불행하게도 염가주식의 매력이 너무 크기 때문에 사업 가치의 장기 전망에는 눈을 감아 버리고 만다. 이런 염가야

● Scott Fearson, "Dead Companies Walking", *Macmillan*, 2015.
●● Peter Lynch, John Rothschild, "One Up on Wall Street".

말로 사업 가치를 지속적으로 잠식하는 가치 함정이 될 수 있다. 가치
투자자는 비싼 값에 주식을 샀을 때보다 가치 함정에 빠졌을 때 입는
손실이 더 크다. 최고의 가치투자자도 가치 함정의 늪을 피하지 못할
수 있다. 버핏도 버크셔 해서웨이를 인수할 때 가치 함정에 빠졌고 훗
날 그와 파트너들에게 막대한 피해를 끼치는 결과를 가져왔다.[●] 2장에
서 힘주어 설명했던 시어스도 브루스 버코위츠와 그의 페어홀름 펀드
주주들에게는 수년 동안 이룬 높은 실적을 다 갉아 먹게 만든 가치
함정이다.

가치 함정인 종목은 순이익이나 현금흐름보다 상당히 저가로 거래
된다. 특히 기업 자산과 비교하면 말도 안 되는 가격일 수 있다. 이런
자산은 부동산이나 특허, 브랜드, 회수금, 기업이 소유한 사업체 들을
말한다. 하지만 속을 파헤치면 이런 회사는 경쟁우위를 잃었으며 수
익창출력이 영구적인 하락세로 돌아섰다. 기업이 돈을 벌 가망이 없
어 보이긴 하지만 자산 가치에 비하면 주가가 굉장히 싸 보인다. 회사
로 하여금 신속한 청산 절차를 밟게 만들 촉매제는 등장하지 않는다.
경영진의 첫 번째 선택은 언제나 턴어라운드 시도다. 몇 년이고 지지부
진 이 길을 걷는 동안 기업 가치는 계속해서 하락한다. 그리고는 대폭
할인된 값에 매물이 나오지만 자산이 제값을 받는 경우는 거의 없고
청산 비용이 매각 대금의 상당 부분을 잠식해 버릴 수 있다.

앞에서 블랙베리를 언급했다. 과거 몇 년 동안 대형 가치투자 회사
인 프라임캡 자산운용Primecap Management과 페어팩스 파이낸셜의 블랙
베리 투자 참여는 가치 함정에 빠진 전형적인 가치투자자의 사례에 속

● Warren Buffett, "Berkshire Hathaway shareholder letter, 2014".

한다. 두 투자회사 모두 수십 년 동안의 투자 활동에서 남부럽지 않은 수익률을 기록했다. 두 회사는 블랙베리가 고성장하고 고평가된 가격에 거래될 때는 투자를 하지 않았다. 2008년 블랙베리 주가가 고점에 올랐을 때는 주당 150달러에 육박했고 시가총액은 800억 달러나 됐다. 두 투자회사는 블랙베리 주가가 고점에서 절반 정도 빠져 싸다고 인식되던 2010년에 매수를 시작했다. 하지만 주가는 계속 하향세였고, 두 회사는 주식 매수를 늘렸다. 2012년 블랙베리 주가는 17달러 밑으로 떨어졌다. 자산 가치와 비교해도 굉장히 싸 보이는 가격이었다. 두 투자회사가 블랙베리 주식을 매수한 이유는 이 회사의 자산 가치와 사업 가치가 아래처럼 상당하다고 판단해서였다.

> …… 브랜드 네임, 으뜸가는 보안 시스템, 세계 650개 이동통신 사업자들로 이뤄진 유통망, 7,900만의 구독자층, 〈포천〉 500 기업 중 90% 이상이 넘는 기업 고객들, 캐나다, 미국, 영국 정부에의 독점에 가까운 공급, 방대한 원천 특허 포트폴리오, QNX가 개발한 뛰어난 기능의 새 OS, 29억 달러의 현금 보유와 무부채.●

블랙베리는 2013년에 턴어라운드 전환을 위해 소스턴 하인즈 Thorsten Heins를 새 CEO로 고용했다. 효과가 없었다. 1년도 지나지 않아 하인즈가 그만두고 존 첸John Chen이 신임 CEO에 취임했다. 칼텍 출신의 첸은 테크놀로지 회사를 운영한 전적도 있는 멋진 이력의 소

● Prem Watsa, "Fairfax Financial Holdings shareholder letter, 2012", http://s1.q4cdn.com/579586326/files/Letter%20to%20Shareholders%20from%20Annual%20Report%202012%20FINAL_v001_o7033s.pdf.

유자였다.[●] 하지만 그가 들어오고 난 후 블랙베리는 "대략 80억 달러의 매출과 26억 달러의 현금 보유, 무부채" 기업에서 "15억 달러가 안되는 매출, 12억 달러의 현금 보유, 부채 6억 달러"인 기업으로 바뀌었다. 주당 유형순자산가치는 2012년 2월 12.5달러에서 2016년 22월에는 1.72달러로 내려앉았다. 그 4년 동안 매해 손실이 났다.[●●] 지금 블랙베리 주가는 7달러다. 주가를 유형순자산으로 나눈 비율로 확인해서 2017년의 17달러와 비교해보면, 지금의 7달러도 비싼 가격이다.

블랙베리가 보유한 4,000개 이상의 특허만으로도 주당 순유동자산가치인 1.72달러 이상의 가치가 있다고 말할 수 있다. 그럴 수도 있다. 애플과 마이크로소프트가 지금은 망하고 없는 노텔의 특허를 2011년에 사면서, 그리고 구글이 모토롤라 모빌리티의 특허를 2013년에 사면서 특허 한 건당 7,000달러 이상을 지급하기는 했다. 그러나 특허는 가치를 산정하기가 힘들다. 내가 예전 회사에 연구원으로 근무할 때 법률 자문이 해준 말에 따르면, 특허 소송이 벌어지면 양쪽이 특허권을 출력해서 출력물을 법원으로 몽땅 가져온다고 한다. 어느 쪽 특허 출력물을 쌓은 높이가 더 높은지 비교하기 위해서다. 그리고 더 높은 쪽이 승소한다. 특허권 내용까지 세세히 파고 들기에는 비용도 시간도 너무 많이 든다. 그리고 특허 문서를 읽는 것만큼 몸서리치게 지루한 작업도 없다. 구글이 처음에 노텔 특허에 지불하려던 가격은 건당 1,500달러 정도였다. 게다가 시간이 흐를수록 20년 보호 기간이 만료되는 특허도 많이 생기면서 특허권의 가치 자체가 사라진다. 가치가

● https://en.wikipedia.org/wiki/John_S._Chen.
●● BlackBerry Financial Data, http://www.gurufocus.com/financials/BBRY.

잠식 되는 것이 당연하다!

가치 함정이 있는지 확인하면서 가장 중요한 부분은 기업의 경쟁우위가 여전히 존재하는지, 그리고 기업이 앞으로도 가치를 성장시킬 수 있는지를 파악하는 것이다. 사업이 경쟁우위를 잃고 하락세를 걷기 시작한 순간, 자산의 수익창출력도 반감되면서 자산 가치도 훨씬 추락한다. 따라서 투자자들은 몇 가지 질문을 반드시 던져야 한다. 이 사업이 예전의 방식을 사용해도 여전히 이익을 낼 수 있는가? 이 회사와 똑같은 사업을 더 잘하고 있는 경쟁사는 없는가? 경쟁사가 비슷한 제품과 서비스를 저가에 제공해 이익을 낼 가능성은 없는가?

뼈아픈 대가를 치르게 한 가치 함정의 또 다른 예로 웨이트 와처스 Weight Watchers가 있다. 2011년에 웨이트 와처스 주식은 80달러 윗선이었고 시가총액은 50억 달러가 넘었다. 인터넷, 공짜 모바일, 그리고 다른 체중 관리 앱과 전자 체중관리 접근법이 훨씬 저비용으로 웨이트 와처스 사업과 경쟁했다. 회사의 이익률 하락은 오랫동안 이어졌다. 이익률을 유심히 지켜보던 투자자들도 기회가 왔을 때 이 회사에서 손을 뗐다. 현재 웨이트 와처스 주식은 고작 10달러 남짓에서 거래되고 있다.

아마존의 CEO 제프 베조스Jeff Bezos는 "당신의 이익률이 내 기회다"라는● 유명한 말을 했다. 기업이 수익성 보존에 필요한 경제적 해자를 구축하지 못한다면 경쟁에 못 이겨 이익률은 줄어들 수밖에 없다.

가치 함정의 하향길은 4단계에 걸쳐 등장한다.

● Adam Lashinsky, "Amazon's Jeff Bezos: The Ultimate Disrupter", http://fortune.com/2012/11/16/amazons-jeff-bezos-the-ultimatedisrupter/.

1단계. 총이익률과 영업이익률이 하락한다. 기업이 경쟁우위를 잃으면 제일 먼저 이익률부터 떨어진다. 아직 이 단계에서는 매출과 이익이 금액상으로는 늘어날 수 있어서 기업이 가진 문제가 가려질 수 있다. 2000년부터 2006년까지의 웨이트 와처스가 그랬던 것처럼 말이다.

2단계. 매출 성장이 둔화하면서 순이익도 성장을 멈춘다. 2006년부터 2012년까지의 웨이트 와처스도 마찬가지였다.

3단계. 매출 성장이 더욱 둔화하고 순이익은 감소하기 시작한다. 2012년부터 2013년까지의 웨이트 와처스에 이런 일이 생겼다.

4단계. 매출과 순이익이 다 줄어든다. 2013년부터 현재까지 웨이트 와처스의 상황이다.

스마트폰 시장처럼 고성장하는 산업은 내림세가 훨씬 빠르게 나타나고 단계별 기간도 웨이트 와처스보다 짧다. 주가 하락으로 인한 투자 손실이 가장 큰 경우는 이익률과 순이익이 계속 감소하고 기업이 적자를 향해 나아가고 있을 때다. 이럴 때는 주가가 싸다고 생각할 수도 있지만, 주식의 염가 세일보다 기업의 경쟁력에 관심이 높은 투자자는 이런 상황에 휘말리지 않는다. 2015년 10월에 오프라 윈프리Orpah Winfrey가 웨이트 와처스의 지분 10%를 샀다는 보도가 나오면서 주가는 300%나 뛰었다. 오프라는 광고 모델로 직접 활동하면서 이 회사의 체중 감량 프로그램이 크게 도움이 됐다고 말한다. 그러나 오프라의 팬들이 그녀를 따라 유료 회원에 가입할지는 미지수다. 경쟁사들이 제공하는 감량 프로그램이 웨이트 와처스보다 훨씬 싸다는 사실은 오프라로서도 바꿀 수 없는 부분이기 때문이다. 선장이 아무리 뛰어나도 가라앉는 배를 구하지는 못한다. 유명인사를 뒤쫓는 행동은 지양해야 한다.

가치 함정에 빠진 회사는 상당수가 완전히 망해버린다. 간혹 탈바꿈해서 제품 초점을 바꾸고 하향 안정세를 꾀하는 기업도 있기는 하다. 이런 회사는 겉으로는 턴어라운드에 성공한 듯 보이기 때문에 주가가 약간 회복되기도 한다. 그럴지라도 과거의 영광을 되찾는 회사는 거의 없다. 어느 쪽이든, 가격이 싸다는 이유만으로 가치 함정 종목을 매수한 투자자들은 영구 손실에서 빠져나오지 못한다.

옵션, 신용매수, 숏셀링

이번 7장 앞머리에서 주식 투자로 확실하게 돈을 잃고 싶은 사람은 옵션이나 신용매수, 숏셀링을 하면 된다고 말했다. 좋은 기업의 주식을 사면 시간이 도와줄 것이다. 그러나 똑같은 회사의 주식을 스톡옵션으로 산 투자자에게도 시간이 그의 편이 될 것이라고는 말할 수 없다. 주식 옵션을 산다는 것은 특정 기간 그 회사의 주가가 움직이는 방향을 예측하는 행동이다. 회사의 가치가 움직이는 방향을 정확하게 예상해도 주가가 예상과 반대로 움직일 수 있다. 그러면 걸었던 돈을 다 잃는다.

신용매수도 비슷한 결과를 가져온다. 수익과 손실은 신용거래 액수에 따라서 확 늘어난다. 종목 선택이 정확해도 시장이 심하게 널뛰기를 할 때는 투자한 돈을 다 잃을 수 있다.

숏셀링의 최대 이득은 100%지만 최대 손실은 무한대. 기업이 도산해 주가가 0을 향해 돌진할 때에도 장기간 동안 숏셀링으로 돈을 버는 투자자는 거의 없다. 장기적으로는 경제도 사업도 성장하는 방향으로, 증시 역시 더 높은 곳으로 오르려는 성향이 있기 때문이다. 어떤 기업의 부도를 정확히 예상한다고 해도, 그 회사의 주식이 실제로 떨어지기까지는 상당히 시간이 걸릴 수 있다. 주가 하락을 원하는 경영자는 없다. 그들은 자사주매입이나 배당 인상 등 모든 수단을 다 동원해 주가를 끌어올리려 할 것이다. 증시 전체가 거품일 때에는 적자투성이 기업의 주식도 연일 고공행진을 할 수 있다. 시장이 오르면 숏셀러는 차입 비용을 대야 하고 주식을 빌려준 사람에게 배당도 돌려줘야 한다. "시장의 비이성은 당신이 감당할 수 있는 기간보다 훨씬 오래 이어질 수 있다"라고 한 존 메이너드 케인스의 말을 기억하자. 시간에 등 돌리는 상황은 피해야 한다. 그렇지 않으면 영구 손실의 가능성이 기다리고 있을 것이다.

옵션 이용을 고려해야 할 유일한 순간은 매수를 마음먹은 주식에 대해 풋옵션을 매도해 주식 구입 원가를 낮추려 할 때이다. 풋옵션이란 옵션 매도자가 옵션 수수료option premium를 받은 대가로 계약 만료일 전까지 해당 주식을 행사가격exercise price, strike price에 매수해야 할 의무를 지게 되는 계약이다. 행사 시점의 거래가가 행사가격보다 낮으면 풋옵션 매도자가 지급해야 할 금액은 시장가격보다 높아진다. 반대로, 행사 시점의 주가가 행사가격보다 높으면 풋옵션 매수자(주식 보유자)는 옵션을 행사하지 않고 계약은 그대로 만료된다. 버핏도 1993년 코카콜라 주식과 2008년 벌링턴 노던 산타페Burlington Northern Santa Fe, BNSF의 매수 비용을 낮추기 위해 풋옵션을 매도했다.

버핏의 BNSF 풋옵션 거래를 상세히 관찰하면 풋옵션을 매도해 주식 매수 비용을 낮추는 방법을 이해할 수 있다.

버핏이 매도한 모든 BNSF 풋옵션은 전부 2개월 만기의 단기 옵션 이었다. 2008년 10월 6일에 풋옵션을 매도했을 때 BNSF의 거래가는 주당 84.98달러였다. 버핏은 마음만 먹으면 얼마든 그 가격에 살 수도 있었지만, 대신에 그는 행사가격 80달러의 풋옵션을 매도했고 만료 기한은 2개월, 옵션 가격은 주당 7.02달러였다. 풋옵션 만료일인 2008년 12월 8일의 주가는 76.55달러였다. 버핏이 지급해야 할 행사가격은 80달러지만, 실제 그의 주당 매수 비용은 행사가격에서 옵션가격을 제외한 72.98달러였다. 이렇게 해서 그는 풋옵션 거래일의 주가로 주식을 매수하는 대신에 풋옵션을 매도함으로써 주당 12달러씩 매입 비용을 줄일 수 있었다(풋옵션 매도일 기준 아낀 비용). 버핏은 2008년 12월까지 풋옵션 거래를 여러 건 진행했고, BNSF 주식을 총 780만 주 매수했다. 버크셔 해서웨이는 전체 비용의 13.7%인 총 7,500만 달러를 아낄 수 있었다.

당연히 공짜 점심은 없다. 버핏의 BNSF 풋옵션 매도로 이득을 본 이유는 옵션을 팔고 몇 달 동안 주가가 떨어졌기 때문이다. 만약 BNSF 주가가 올랐다면 옵션 매수자는 주식을 팔지 않았을 것이므로 버핏은 5,100만 달러의 수수료를 버는 데서 끝났을 것이다. 그리고 버크셔 해서웨이는 2010년 2월에 BNSF 주식을 주당 100달러로 매수하면서 1억 500만 달러의 추가 비용이 들었을 것이다. 따라서 풋옵션을 판다고 해도 행사일에 행사가격으로 주식을 사지 못하게 될 가능성은 언제나 있다. 그리고 조금이라도 싼값에 사기 위해 노렸던 투자 기회도 함께 날아간다.

BNSF 풋옵션 매도로 버핏이 이득을 본 또 다른 이유는 시장 적기를 잘 잡았기 때문이다. 버핏 본인은 자신이 시장 적기를 노리는 사람

버핏의 BNSF 풋옵션 거래내역

거래일	시장가격($)	행사가격($)	거래된 주식 수	행사 가능일	옵션가격($)	옵션 행사 후의 주식 매입 비용($)	행사일의 주가($)	주당 절약한 비용($)	행사일에 주식을 매수함으로써 절약한 총비용($)
2008/10/6	84.98	80	1,309,524	2008/12/8	7.02	72.98	76.55	12	15,714,288
2008/10/8	81.44	80	1,190,476	2008/12/9	7.03	72.97	75.2	8.47	10,083,332
2008/10/8	81.44	77	761,111	2008/12/9	5.78	71.22	75.2	10.22	7,778,554
2008/10/10	80.16	75	1,217,500	2008/12/12	7.09	67.91	74.68	12.25	14,914,375
2008/10/16	80.47	76	1,000,000	2008/12/19	6.2	69.8	74.68	10.67	10,670,000
2008/12/3	75.5	75	2,325,000	2009/1/30	6.35	68.65	66.25	6.85	15,926,250
절약한 총비용									75,086,799 ($)

이 아니라고 말하지만 옵션을 언제 파는 게 적당한 지는 잘 아는 사람이다. 2008년 3사분기부터 2009년 1사분기는 1987년 블랙 먼데이 사태 이후 30년 만에 증시 변동성이 가장 극으로 치닫던 시기였다. 변동성이 높으면 옵션 수수료도 높아진다. 행사가격이 매도 시점의 주가보다 5% 낮은 2개월 만기 풋옵션의 수수료가 거의 9%나 됐다. 현재 비슷한 조건의 풋옵션을 시장에 내놔봤자 받을 수 있는 수수료는 1% 정도가 고작이다.

풋옵션을 매도할 때에는 계약 만료일에 사고 싶지 않아도 주식을 사야 한다는 것을 명심해야 한다. 그러므로 장기 보유를 원하는 주식일 때에만 그리고 주식을 살 현금이 있을 때에만 풋옵션을 매도해야 한다. 주가가 행사가격보다 떨어지면 옵션 매수자는 당연히 주식을 판다. 옵션 수수료에는 희희낙락하면서 정작 그 주식을 보유할 마음이 없는 투자자는 크게 곤경에 빠질 수 있다. 내 지인 하나도 노텔 풋옵션을 매도했다. 그녀는 옵션 수수료를 챙긴 대가로 노텔 주식을 사야했다. 결과는? 노텔 주식은 휴지조각보다도 못한 처지가 됐다!

한마디로 요약해 풋옵션 매도는 주식 매수 비용을 줄이는 효과적인 방법이지만 굉장히 조심해서 써야 하는 방법이기도 하다.

- 단기 풋옵션만 도움이 된다.
- 시장 변동성이 높을 때에만 도움이 된다.
- 매수를 원하는 종목이고 주식을 살 현금이 있을 때에만 사용해야 한다.
- 주가가 올라가면 투자 기회가 몽땅 날아갈 수 있다.

구루들의 투자법

다시 말한다. 옵션, 신용매수, 숏셀링에는 눈길도 주지 마라.

*

3장과 4장에서는 좋은 기업을 사는 것을 단순하게 설명했다면 6장과 7장에서는 다소 복잡하게 풀어 썼다. 좋은 기업을 사는 것은 간단하지 않다. 찰리 멍거도 말했다시피 이 일을 단순하다고 생각하는 사람은 멍청한 사람이다. 하지만 좋은 기업을 사는 것은 간단하지 않아도, 상황을 단순하게 보는 것은 가능하다. 이해하기 쉬운 사업을 하는 기업, 변화가 상대적으로 느리고 규제감독의 위험이 최소한인 산업을 찾으면 된다. 버핏은 헬스클럽에서 어려운 동작을 운동하듯이 투자를 할 때가 보상도 가장 크다고 말한다. 그가 투자 기회를 관찰하고 내놓는 대답은 딱 세 가지, "네" "아니오" "너무 어렵습니다"이다. 그리고 대부분의 투자 아이디어는 "너무 어렵습니다"에서 나온다.

여전히 어렵다고 해도 기죽지 말기 바란다. 위대한 기업군에 투자하면 좋은 기업의 장기적 번성에 동참하면서 만족스러운 수익률까지 얻을 수 있다. 그리고 이 작업은 '진짜로' 단순하다.

제8장

수동적 포트폴리오,
현금 수준, 실적

지금쯤이면 투자에는 비결이 없다는 사실을 깨달았을 것이다. 워런 버핏이 대중에게 투자의 비결을 속시원히 털어놓아 줬으면 좋겠다고 말하는 사람들도 있다. 버핏은 지난 60년 동안 주주들에게 보내는 편지와 인터뷰, 강연, 글에서 자신의 '모든' 투자 비결을 아낌없이 다 밝혔고, 누구라도 이를 손쉽게 접할 수 있다. 열심히 노력하고 배우려는 의지만 있으면 된다.

투자를 제대로 공부할 의향도 없고 시간이 없어도 괜찮다. S&P 500 인덱스 펀드나 괜찮은 뮤추얼 펀드, 좋은 기업군에 투자하기만 해도 위대한 기업의 성장에 동참해 수익을 얻을 수 있기 때문이다. 3장에서 설명했지만, S&P 500 종목들은 미국의 다른 기업들보다 평균적으로 좋은 실적을 거둬 준다. 선가든 인베스트먼트 리서치Sungarden Investment Research가 생존자 편향을 배제하고 시행한 신중한 연구에 따르면 과거 10년 동안 S&P 500 인덱스 펀드의 수익률은 적극 운용 뮤추얼 펀드의 수익률보다 60%를 앞질렀다.* 버핏도 자신이 죽은 다음에는 아내도 인덱스 펀드에 투자할 것이라고 말했다. 1993년 주주들에게 보내는 편지에서 버핏은 인덱스 펀드를 이렇게 설명했다. "'멍청한' 돈이 한계를 인정할 때에도 인덱스 펀드는 멍청하게 굴지 않습니다."** S&P 500 인덱스 펀드는 수수료가 싼 편이고 포트폴리오 회전율도 낮은 편이다. 저수수료는 인덱스 펀드의 수익률을 높게 만드는 비결이 되고, 낮은 포트폴리오 회전율은 인덱스 펀드의 세금을 낮춰주는 비결이 된다.

최고의 장기 수익률을 거두고 싶은 사람은 시장 적기를 노리는 행동은 삼가야 하며, 증시의 상황과 상관없이 꾸준하게 인덱스 펀드를 사야 한다. 투자를 쉬지 말고 지속적으로 해야 한다. 그러다 보면 장기적으로 높은 실적을 거둘 수 있다. 그리고 합리적인 가격에 좋은 기업 바스켓에만 투자한다면, 덤으로 이 기업들이 보이는 장기적인 이익 성장의 이득까지도 함께 얻는다면, 투자 수익률은 훨씬 좋아질 것이다.

좋은 기업 바스켓

3장에서는 꾸준히 흑자를 내고 투하자본수익률이 높은 좋은 기업에 투자한다면 돈을 잃을 가능성이 줄고 평균 이상의 장기 수익률을 거둘 수 있을 것이라고 설명했다. 여기에 합리적인 가치평가 비율로 거

● Bob Isbitts, "Index Funds Beat Active 90% of the Time, Really?", http://www.marketwatch.com/story/index-funds-beat-active-90-ofthe-time-really-2014-08-01.
●● Warren Buffett, "Berkshire Hathaway shareholder letter, 1993".

래되는 좋은 기업만 산다면 수익률은 훨씬 좋아진다. 기업의 세부 사항을 조사할 시간도 없고 관심도 없는 사람은 좋은 기업 바스켓에만 투자하는 전략을 쓰면 된다. 그러면 장기적으로 지수 전체보다 좋은 수익률이 보장된다.

구루포커스는 2009년부터 이런 좋은 기업 포트폴리오의 수익률을 추적하기 시작했다. 포트폴리오는 지난 10년 동안 꾸준히 흑자를 냈으며 현금흐름할인모델로 평가했을 때 저평가가 돼 있다고 나온 25개 기업들로 이뤄져 있다. 아래의 표는 이 포트폴리오의 2009년 1월부터 2016년 9월까지의 수익률 실적이다.

연도	S&P 500	저평가 및 예측 가능한 25개 기업
2009	23.45%	55.72%
2010	12.78%	20.17%
2011	0	−3.32%
2012	13.41%	5.29%
2013	29.6%	24.81%
2014	11.39%	11.38%
2015	−0.73%	−0.17%
2016	9.54%	21.08%
누적 수익	148%	220%
연평균 수익	12.0%	15.7%

포트폴리오는 매년 첫 거래일에 재조정했고, 포트폴리오 가치는 매일 계산했다. 한 해 동안 포트폴리오는 건드리지 않았다. 포지션에 해당하는 기업에 인수 거래가 발생하면, 인수 거래 구성에 맞춰 인수기업의 현금이나 주식으로 포지션을 전환했다. 2009년 1월 2일 개시일

부터 포트폴리오의 가치는 연평균 15.7% 상승했다. 같은 기간 동안 S&P 500은 매년 12% 올랐다. 따라서 꾸준하게 흑자를 내는 기업으로만 이뤄진 포트폴리오는 2009년부터 시장을 매년 3.7%포인트 앞지른 셈이었다. 양쪽 모두 배당은 포함하지 않은 수치다.

2010년 1월에 우리는 꾸준하게 흑자를 내고 있고 10년 주가매출액비율PSR과 10년 주가순자산비율PBR이 최저에 가까운 기업들로 이뤄진 포트폴리오 두 개를 더 구성했다. 2016년까지 두 포트폴리오가 거둔 실적은 아래 표와 같다.

연도	S&P 500	역사적 PSR이 최저인 상위 25개 기업	역사적 PBR이 최저인 상위 25개 기업
2010	12.78%	19.05%	16.39%
2011	0	−2.01%	−1.87%
2012	13.41%	17.79%	17.62%
2013	29.6%	29.60%	33.18%
2014	11.39%	15.09%	20.01%
2015	−0.73%	−3.75%	−4.63%
2016	9.54%	19.55%	16.6%
누적 수익	101%	136%	139%
연평균 수익	10.5%	13.0%	13.2%

포트폴리오는 처음부터 시장보다 매년 2.5%포인트 높은 수익을 거두었다.

위의 포트폴리오들이 해마다 빠짐없이 시장을 앞지른 것은 아니지만, 시간이 지날수록 시장 평균을 훨씬 상회하는 수익률을 보였다는 점은 알아야 한다. 위의 수익률은 포트폴리오의 돈을 4%씩 골고루 나

뒤 모든 포지션에 투자해서 나온 결과다. 그리고 한 해에 한번씩 포트폴리오를 재조정했다. 재조정을 할 때에는 스크리너를 다시 가동했다. 스크리너에 남아 있는 종목은 재조정하지 않았으며, 걸러서 퇴출된 종목들은 팔고 같은 가중치로 새 종목을 편입했다. 포트폴리오 회전율은 매년 약 25%였다.

헤지펀드 매니저 조엘 그린블라트Joel Greenblatt의 마법 공식Magic Formula이● 가장 최근의 실적에 초점을 맞춘다면, 구루포커스의 접근법은 기업의 장기 실적을 중시한다. 구루포커스 접근법으로 통과시킨 기업들이 그린블라트의 마법공식 스크리너를 통과한 기업들보다 질적으로 더 우수하다. 내가 생각하기에 우리 포트폴리오는 침체기에도 상대적으로 더 우수한 실적을 거둘 것으로 보인다.

다만 위의 세 포트폴리오는 아직 하향 사이클을 겪지 않았다는 단점이 있다. 구루포커스가 만든 포트폴리오 모델 중에서 상향 사이클과 하향 사이클 모두에서 우수한 실적을 거둔 포트폴리오는 구루 브로디스트 오운드 포트폴리오Guru's Broadest Owned Protfolio로, 선별된 투자자 집단이 가장 많이 보유하는 종목 25개로 이뤄져 있다. 포트폴리오는 1년에 한번씩 재조정한다. 최근 포트폴리오 구성과 수익률은 http://www.gurufocus.com/model_portfolio.php?mp=largecap 에서 확인할 수 있다. 다음의 표는 브로디스트 오운드 포트폴리오의 연간 실적으로, S&P 500지수를 연평균 2.4%포인트 앞질렀다는 것을 알 수 있다. 포트폴리오는 개시한 2006년 1월부터 2016년 말까지 11년 중에서 S&P 500보다 우수한 실적을 거둔 해가 9년이나 된다.

● Joel Greenblatt, "The Little Book That Beats the Market", *John Wiley & Sons*, 2010.

연도	S&P 500	구루 브로디스트 오운드 포트폴리오
2006	13.62%	15.18%
2007	3.53%	−5.47%
2008	−38.49%	−29.98%
2009	23.45%	30.70%
2010	12.78%	14.63%
2011	0	0.54%
2012	13.41%	16.99%
2013	29.6%	30.85%
2014	11.39%	12.30%
2015	−0.73%	6.07%
2016	9.54%	0.38%
누적 수익	79%	129%
연평균 수익	5.5%	7.8%

위의 표에도 나왔듯이 구루 브로디스트 오운드 포트폴리오의 과거 11년 누계 수익은 S&P 500지수보다 50%포인트나 높다. 이것은 장기 투자를 통한 수익을 원하는 투자자에게는 굉장히 중요한 의미다.

우량 기업 바스켓을 만들어 투자하는 접근법은 인덱스 펀드보다는 살짝 복잡하다. 포지션을 1개가 아니라 25개를 만들어야 하는 어려움이 있지만, 포트폴리오 재조정은 1년에 한번만 하면 되고 재조정이 필요한 포지션은 25개 전체가 아니라 7개 종목 정도일 때가 대부분이다. 매년 시장을 2%포인트 앞선다면 노력할 만한 가치는 충분하다.

배당소득 투자

은퇴를 위한 투자에는 우량 종목으로 구성한 수동적 포트폴리오 접근법도 좋은 방법이다. 우량 기업으로 구성한 은퇴 포트폴리오를 구축해놓고 원금은 건드리지 않은 채 배당소득만 받는 방법을 말한다.

은퇴 포트폴리오에서 가장 중요한 부분은 시장 부침에도 재무건전성이 끄떡없고 꾸준하게 흑자를 내는 기업들로 포트폴리오를 만들어야 한다는 것이다. 그런 회사들만이 불경기를 이겨낼 뿐 아니라 배당도 착실하게 지급할 수 있기 때문이다. 또한 은퇴 포트폴리오 기업들이 배당을 늘리는 속도는 인플레이션보다 빨라야 한다. 그러기 위해서는 여러 산업으로 포트폴리오를 분산해 특정 산업의 침체가 주는 영향을 완화할 수 있어야 한다.

배당소득을 위한 포트폴리오의 조건은 아래와 같이 정리할 수 있다.

1. 기업의 대차대조표가 튼튼해야 한다. 기업의 생존에도, 안전한 배당 지급에도 튼튼한 대차대조표는 필수 조건이다. 구루포커스의 재무건전성 점수(1~10점)에서는 6점 이상이 나와야 재무적으로 튼튼한 기업이다.

2. 기업의 수익성이 높아야 한다. 높은 이익을 내는 기업만이 배당 지급과 탄탄한 재무건전성 유지에 필요한 현금을 충분히 만들어낼 수 있다. 구루포커스 수익성 점수 척도(1~10점)에서는 7점 이상인 기업이 여기에 해당한다.

3. 기업의 과거 실적과 수익성이 꾸준해야 한다. 구루포커스 예측 가능성 순위에서는 별점 2.5점 이상인 기업이 여기에 해당한다.

4. 기업의 투하자본수익률이 높아야 한다. 구루포커스는 10년 투하자본수익률 중앙값이 10% 이상인 기업을 요구한다. 이것이 구루포커스가 원하는 우량 기업의 조건이다.

5. 기업은 과거 5년 동안 1년도 빠짐없이 흑자를 기록했어야 하며, 10년 영업이익률 중앙값이 10% 이상이어야 한다.

6. 높은 성장 능력을 보이는 기업이어야 한다. 매출과 순이익 성장률이 5% 이상인 기업이 여기에 해당한다.

7. 10년 이상 배당금 증가를 실천한 기업이어야 한다.

8. 배당성향이 0.7이하여야 한다. 배당성향이 낮아야 하는 이유는 그래야 앞으로도 배당을 증액할 여지가 있기 때문이다.

9. 현재의 배당수익률dividend yield이 2% 이상이어야 한다. 시장평균보다 높은 조건이다.

10. 5년 평균 매수원가 대비 배당수익률dividend yield on cost이 2.5%를 넘어야 한다. 매수원가 대비 배당수익률은 5년 평균 배당금을 주식의 매수원가로 나눈 비율을 의미한다. 이 조건에 부합하는 기업은 배당금 비율을 빠른 속도로 늘리고 있으며 앞으로 5년 뒤에는 배당 소득이 지금보다 훨씬 늘어날 수 있다는 것을 의미한다.

1~6번은 고품질의 우량 기업만 살 수 있도록 만든 조건이다. 7~10번을 충족하는 기업은 배당 조건에 부합하는 기업이다. 나는 이 조건과 구루포커스 올인원 스크리너를 가지고 스크리너를 만들었다. 구루포커스닷컴의 메뉴→올인원 스크리너→배당소득 스크리너 순으로 들어가면 된다.

이 스크리너를 통과하는 기업의 숫자는 시장의 가치평가에 따라 크게 달라진다. 시장의 가치평가 비율이 높은 수준이라면 평균 배당수익률이 낮아져 스크리너를 통과하는 기업이 얼마 없다. 이 글을 쓰는 도중 스크리너를 돌렸더니 (증시는 7년 반 강세장 최고점에서 3% 이내였다) 16개 종목만이 스크리너를 통과했고 평균 배당수익률은 2.4%로 S&P 500 인덱스의 배당수익률보다 약 20% 높았다. 이삼 년 전 증시가 조금 낮았을 때만 해도 똑같은 스크리너를 통과하는 종목이 훨씬 많았다.

100만 달러짜리 포트폴리오의 배당수익률이 2.4%라면 연간 2만 4,000달러 배당소득이 창출된다는 뜻이다. 그렇지만 16개 종목의 5년 평균 매수원가 대비 배당수익률은 5.44%였다. 과거 5년 동안 기업의 배당 증가 속도가 빨랐고, 지금도 그 속도가 계속되고 있다면 5년 뒤에는 배당소득이 두 배로 넘게 불어난다는 뜻이기도 하다.

현금으로 보유

나는 배당투자 포트폴리오의 최소 배당수익률을 2%로 정했다. 역사적 수준에 비하면 낮은 편이다. 현재의 증시는 사상 최고점에 가깝고 배당수익률은 최저점에 가깝다. 배당수익률이 더 높은 종목으로 포트폴리오를 채우고 싶은 마음이 들어도 더 다양한 종목을 찾아내기는 힘들 것이다. 더 좋은 투자 기회가 나타날 때까지 현금을 그대로 묶어 둘 수밖에 없다.

이것은 가치평가에 민감한 투자자들이 현재 부딪치는 딜레마이기도 하다. 강세장에서는 대다수 종목의 가치평가 비율이 더 오를 수 없을 만큼 오른다. 안전마진이라는 조건을 채울 수 있는 종목이 많지가 않다. 안전마진 조건을 느슨하게 적용할수록 하방 위험 노출은 커진다. 이때에도 더 좋은 투자 기회가 나타날 때까지 현금을 그대로 묶어두는 것이 좋다.

원칙에 따라 움직이고 노련한 투자자는 더 좋은 장기 실적을 위해 기회를 기다릴 줄 안다. 하지만 시장이 연일 상승할 때 현금을 묶어둔다는 것은 말처럼 쉽지가 않다. 묶어둔 현금이 많으면 포트폴리오의 전체 수익률은 떨어진다. 특히 예금의 이자가 0에 가까운 "돈이 똥값"인 시기에는 더더욱 그렇다. 그러다 어쩌다 한번씩 시장이 하락세로 접어드는 순간은 언젠가는 반드시 오는데, 그때가 오면 묶어두었던 현금은 투자를 보호해줄 뿐 아니라 좋은 종목을 훨씬 싸게 살 수 있는 기회가 된다. 약트만 펀드가 2008년 증시 침체기에 S&P 500보다 11%, 2009년 시장 회복기에는 33%나 높은 실적을 거둔 이유도 여기에 있다. 침체장에서는 "현금이 왕이다."

현금을 묶어둔다고 해도 유동성과 수익 창출을 동시에 원할 수 있다. 이때에는 증권중개회사를 통하지 않고 직접 미국 국채를 살 수 있는 트레저리다이렉트TreasuryDirect에서 미국 단기 국채T-bill를 사거나, 아이쉐어 1-3년 미국 중기 국채 ETFiShare 1-3 Year Treasury Bond ETF, 통칭 SHY를 사면 된다. 다만 이 ETF는 금리 위험에 약간 노출될 수 있다.

묶어둔 현금으로 합병 차익 거래merger arbitrage를 해서 조금 더 수익률을 높이는 투자자도 있다. 워런 버핏이 투자 초창기에 자주 썼던 방법이다.●

● "Berkshire Hathaway shareholder letters, 1972-1999", http://www.berkshirehathaway.com/letters/.

합병 차익 거래

워런 버핏은 돈은 넉넉하고 투자 기회가 적은 상황에서, 미국 단기 국채보다 높은 수익률을 얻기 위해 합병 차익 거래를 했다. 이 거래로 그는 장기 수익률 기준을 낮추지 않아도 됐고 찰리 멍거의 말을 빌리면 "방해물도 피할 수 있었다." 그는 적어도 1990년대 중반까지 합병 차익 거래를 계속했다.**

합병 차익 거래 방법은 이렇다. A회사가 B회사를 인수하면, 투자자는 A사의 주식을 공매도하고(숏포지션) 동시에 같은 수의 주식만큼 B사의 주식을 매수한다(롱포지션). 합병이 진행되면 두 주식이 서로 교환되고, 투자자는 매매 시점의 가격 스프레드를 차익으로 챙기게 된다.

가끔은 주식 교환이 아니라 A사가 B사를 현금으로 인수하기도 한다. 이 경우에는 A사의 주식을 쇼팅해도 투자자는 아무 이득이 없다. 투자자는 발표된 인수 대금보다 할인된 가격에 B사의 주식을 매수하기만 하면 된다.

합병 차익 거래의 가장 큰 위험은 합병 무산이다. 합병을 위한 협상 과정에서 A사는 B사 주식에 높은 프리미엄을 제시한다. 합병 발표가 나면 B사의 주가가 곧바로 급등하면서 인수 제시가에 가까워진다. 그러다 합병이 무산되면 B사 주식은 합병 거래 발표 전 수준으로 또는 그것보다 훨씬 낮은 수준으로 떨어진다. 주가 스프레드로 2% 정도의 차익을 원했던 투자자는 합병이 무산되면 40% 이상까지 손실이 날 수 있다. 이렇게 되면 투자자는 큰 손해를 감수하더라도 B사 주식

● Warren Buffett, "Berkshire Hathaway shareholder letter, 1988", http://www. berkshirehathaway.com/letters/1988.html.

을 팔아야 단기 투자 실패가 장기 수익률에 악영향을 미치는 것을 막을 수 있다. 결국 투자자가 20개의 합병 차익 거래 포지션을 설정했어도 그중 단 하나만 실패해도 그간의 노력이 모두 도루묵이 될 수 있다.

가끔은 즐거운 반전도 있다. 합병 발표가 난 후 제3의 회사가 B사 인수를 원한다고 나서는 경우다. 보통 그 제3의 회사가 부르는 제시가가 더 높다. 인수 경쟁이 벌어지고 B사의 주가는 더 많이 오른다. 그러면 투자자는 2~3%의 차익이 아니라 짧은 시간에 20~30%의 차익도 챙기는 게 가능해진다. 합병 차익 거래가 '운수대통'하는 순간이다.

그러나 즐거운 반전보다는 무산되는 인수 거래가 더 많다는 사실을 알아야 한다. 합병 차익 거래는 벌어주는 이득은 높지 않지만 손실 위험은 대단히 크다. 그러므로 무산될 만한 인수 거래는 피하는 것이 합병 차익 거래 성패의 관건이다. 버핏과 헤지펀드 매니저 존 폴슨John Paulson은 합병 차익 거래로 꽤 높은 수익을 올렸다.* 두 사람 다 무산될 만한 인수 거래를 피하려 엄격한 규칙을 적용한 덕분이었다. 합병 차익 거래에서는 롱숏포지션을 구축하기 전에 몇 가지를 꼼꼼하게 따져야 한다.

- 대기업이 진행하는 인수 거래인가?
- 인수기업의 과거 인수 거래 실적이 성공적이었는가?
- 합병 계약이 확정적인 것인가?
- 자금 조달 여건에 따라 거래가 무산될 수도 있는가?
- 실사 결과에 따라 거래가 무산될 수도 있는가?

● Virginia Reynolds Parker, "Managing Hedge Fund Risk: Strategies and Insights from Investors, Counterparties, Hedge Funds and Regulators", *Risk Books*, 2005.

- 피인수 기업이 탄탄한 실적을 기준으로 인수되는 것인가?
- 가치평가가 합리적인가?
- 규제 위험은 무엇인가?
- 세금은 얼마나 될 것 같은가?
- 제3의 회사가 등장해 더 달콤한 인수가를 제시할 가능성은 없는가?

이런 문제들을 다 따졌더라도 시장 여건이나 금리, 정치, 다른 인수 제시자 등 거래를 결렬하게 만들 만한 원인은 많다. 합병 차익 거래를 노리는 투자자는 다양한 산업에 걸쳐 차익 거래를 다변화해야 한다.

지식과 경험이 있는 노련한 투자자만 합병 차익 거래를 해야 한다. 관심이 있는 투자자라면 버지니아 레이놀즈 파커Virginia Reynolds Parker 가 엮은 『헤지펀드 위험 관리Managing Hedge Fund Risk』에 실린 존 폴슨 의 "리스크 차익 거래의 '리스크'"가 도움이 될 것이다.•

실적을 관찰하는 방법

가치평가 비율이 높을 때는 묶어두는 현금을 늘리고 가치평가 비율이 낮을 때에는 현금 비중을 줄이는 방법이 반드시 장기 수익률을 높여준다고는 말할 수 없다. 고평가된 시장이 얼마나 오랫동안 그 고평가를 유지할지는 아무도 모르기 때문이다. 강세장에서 너무 일찍 현금을 묶어 두었다가 이득을 놓칠 수도 있고, 반대로 한발 늦은 탓에

• 위와 같음

또 이득을 놓칠 수도 있다.

투자 전략의 실적을 관찰하는 문제에서 투자자들이 가장 흔하게 저지르는 실수는 후방 거울에 눈을 떼지 못한다는 것이다. 그들은 투자 전략이 보여준 최근의 실적을 잣대로 해서 지금 수익률이 좋은 투자에 돈을 집어넣는다. 뮤추얼 펀드와 ETF 투자자들도 대부분 같은 실수를 한다. 1990년대 말에 대다수 투자자는 몇 년 동안 기술주 실적이 월등히 좋았다는 이유 하나만 믿고서 기술주 분야로 대거 갈아탔다. 그들은 기술주 분야의 높은 실적이 가치평가 비율을 고공행진하게 하면서 미래의 수익률을 낮아지게 했다는 사실은 생각하지 못했다. 특정 분야나 지리적 영역, 그리고 자산군에 포트폴리오를 집중하는 펀드와 투자 전략들도 같은 문제점을 가지고 있다.

펀드나 투자 전략이 괜찮은 실적을 내는지 알아보려면 적어도 시장이 한 바퀴 순환하는 동안의 실적을 다 관찰해야 한다. 분야 집중 펀드, 지역 집중 펀드, 특정 산업이나 특정 자산군에 집중하는 펀드나 전략도 마찬가지다. 해당 시장이 연일 상승한다면 그 시장에 투자를 집중하지 않은 펀드는 실적이 저조하겠지만, 반대로 시장이 하락할 때는 우수한 실적을 낸다. 넉넉한 보유 현금으로 시장 조정기가 왔을 때 낮은 가치평가라는 호기를 놓치지 않기 때문이다. 앞에서 말한 선가든 인베스트먼트 리서치의 연구에서 지난 두 번의 강세장 동안 S&P 500 인덱스가 다른 지수들보다 80%와 63%나 더 높은 실적을 냈던 것도 이런 이유 때문이다. 그러나 하락장이 왔을 때 S&P 500지수의 수익률은 적극 운용 펀드의 수익률보다 고작 34%와 38%만 높았다.

시장이 한 바퀴 순환한다는 것은 한 고점에서 다음 고점으로, 또는 한 저점에서 다음 저점으로 한 바퀴 도는 것을 말한다. 최근 두 번의 시장 고점 순환은 2000년 1사분기부터 2007년 3사분기까지, 그리고 지금 이 글을 쓰는 시점인 2017년 1사분기까지 이어지는 순환이다. 2009년 3월에 시작한 지금의 강세장이 앞으로도 계속될 것이라고 보기에는 시장이 꼭대기에 너무 가까워졌다.

*

기업을 리서치하는 데에는 관심도 없고 시간도 없을지라도 좋은 기업 바스켓에만 투자하는 전략을 구사하는 투자자는 위대한 기업의 장기적인 번창에 같이 웃을 수 있다. 원칙 있는 투자 전략을 고수해야 하고, 놀리는 현금 없이 투자를 해야 하며, 매수 비용을 따지며 투자를 해야 한다. 이런 전략을 유지하면 인덱스 펀드를 사는 것보다 장기적으로 훨씬 높은 수익률이 가능해진다.

산업과 기업 리서치를 마다하지 않는 투자자라면 좋은 기업 몇 곳만 선별적으로 집중 투자해 훨씬 좋은 수익률을 거둘 수 있다. 비결은 없다. 적정 가격에 좋은 기업을 산다는 원칙을 지키는 한 그 기업을 파악하고 열심히 공부하는 것에만 집중해도 좋은 결과가 나온다.

제9장

가치평가 방법들

2장에서는 회사 자산을 기준으로 가치를 평가하는 방법을 설명했고, 5장에서는 예측 가능한 수익창출력을 가진 기업의 잉여현금흐름과 순이익에 따른 가치평가 방법을 설명했다. 이번 장에서는 사업의 전반적인 가치를 평가하는 방법을 설명하고, 사업이 속한 업종이나 상황에 따라 얼마나 다양한 가치평가 방법을 적용할 수 있는지를 설명하려 한다.

좋은 기업에만 투자하기를 원한다면 일부 업종은 피해야 한다고 말했지만, 이번 장에서는 그런 업종도 일부 언급할 것이다. 설명에 그런 업종이 등장한다고 해서 좋은 기업만 산다는 투자 철학에 혼선이 생긴 것이라고 오해하지는 말기 바란다.

가치평가 접근법은 (1) 가치평가 비율, (2) 내재가치, (3) 수익률이라는 세 가지 범주로 나눌 수 있다. 지금부터 하나하나 자세히 설명하려 한다.

가치평가 비율 접근법

가치평가에서 가장 많이 사용되는 접근법은 가치평가 비율을 이용하는 것이다. 그중에서도 가장 인기가 있는 방법은 주가를 주당순이익으로 나눈 주가수익비율$_{PER}$이며, 다른 비율로는 주가매출액비율$_{PSR}$, 주가순자산비율$_{PBR}$, 주가잉여현금흐름비율$_{price/free\ cash\ flow\ ratio}$, 기업가치를 이자와 법인세 차감 전 순이익으로 나눈 EV/EBIT, 기업가치를 이자, 법인세, 감가상각비 차감 전 순이익으로 나눈 EV/EBITDA 등 여러 가지가 있다.

주가수익비율

PER은 바꿔 말하면 투자자가 치른 매수가를 다 회수하기까지 기업이 지금의 순이익을 벌어들여야 하는 기간을 의미한다. 예를 들어 기업의 주당순이익이 2달러고 현재 주가가 30달러라면 PER은 15다. 따라서 투자자가 기업의 순이익으로 주식 매수가를 다 회수하는 데에는 15년이 걸린다. 물론 여기에는 앞으로 15년 동안 주당순이익 2달러가 쭉 유지된다는 조건이 붙는다.

실세계에서 순이익은 절대로 붙박이가 아니다. 기업의 순이익이 성장하면 투자자가 주식 매수 비용을 다 회수하는 데 걸리는 시간도 줄어든다. 순이익이 감소하면 시간은 늘어난다. 주주로서는 주식 투자 비용을 회수하는 기간이 빠르면 빠를수록 좋다. 그러므로 PER이 양이라면, 저PER 주식이 고PER 주식보다 매력적이다. 그리고 PER이 똑같은 주식이라면 고성장 기업이 훨씬 매력적이다.

피터 린치의 설명에 따르면 적정 PER은 그 회사의 성장률과 비슷한

구루들의 투자법

수준이다.[•] 5장에서 설명했지만, 성장기업의 주가는 적정 PER일 때가 대략적인 적정 가치이며 적정 주가는 금리에 영향을 받는다.

PER의 역사적 범위를 보고, 현재의 PER과 역사적 범위를 비교해야 한다. 예를 들어 그림 9.1은 월마트의 PER을 1998년부터 보여준다. PER이 60으로 사상 최고점이던 2000년에 월마트 주식을 산 투자자는 12년 뒤 주당순이익이 거의 4배가 된 다음에야 손실을 만회했다. 그러나 2011년 사상 최저점인 PER 11에 월마트 주식을 산 투자자는 12개월 만에 40%가 넘는 차익을 보상받았다.

적자가 나는 회사에는 PER을 따져봤자 소용없다. 3장에서도 말했지만 돈을 까먹는 기업을 피하는 것이 수익률을 올리는 지름길이다.

다양한 성장률로 종목을 비교하기 위해 린치는 PER을 성장률로 나눈 주가수익성장성비율price/earnings to growth ratio, PEG이라는 것을 개

그림 9.1 월마트 PER

●   Peter Lynch, John Rothschild, "One Up on Wall Street".
●● 위와 같음.

발했다. PEG가 1인 주식은 적정 가치라고 볼 수 있다. 또한 린치는 같은 PEG 1이어도 성장률이 10%이고 PER 10인 주식보다는 성장률이 20%이고 PER 20인 주식을 사는 것이 더 낫다고 말했다.**

PER은 투자자가 지급한 주가만큼을 기업이 순이익으로 버는 데 걸리는 기간을 측정한다는 점에서 다양한 산업에 속한 종목들의 가치평가를 비교할 때에도 유용하다. PER이 주식 가치평가로서 가장 중요하면서도 널리 사용되는 지표가 되는 것도 그런 이유 때문이다.

PER은 사업체의 일부 매각, 1회성 자산 상각 등과 같은 비경상 항목에 영향을 받을 수 있다. 비경상 항목들은 당해나 당분기의 재무제표 순이익에 크게 영향을 미칠 수 있다. 하지만 그 영향이 다음 해까지 반복되지는 않는다. PER을 가치평가 방법으로 사용하는 투자자는 비경상 항목의 영향을 눈여겨 봐야 한다.

기본 사업이 경기에 민감하고 예측 불가능하면 PER이 호도될 수 있다는 사실도 유념해야 한다. PER은 기업 순이익이 안정적일 때 가장 믿을 만하다. 경기순환 기업은 순환의 정점에서는 이익률이 높지만, 순환의 바닥에서는 이익률이 낮거나 심지어는 손실도 발생한다. 다시 말해 순환의 꼭대기에서는 순이익이 높다 보니 PER이 인위적으로 낮아지는 결과가 발생한다. 그림 9.2는 이런 기업의 예로 항공업 분야에서 시가총액 2위인 사우스웨스트 에어라인LUV의 1998년부터 2016년까지 PER이 어떻게 달라지는지를 보여준다.

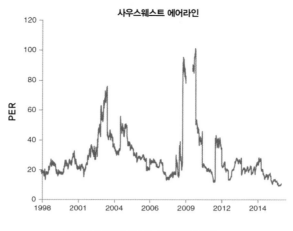

그림 9.2 사우스웨스트 에어라인의 PER

사우스웨스트 에어라인의 PER은 순환의 저점인 2003년과 2009년에 동안에는 PER이 가장 높았고 주가는 이전 고점에 비해 50%나 떨어졌다. 2016년 9월을 기준으로 하면 PER이 10 이하이므로 주가가 상당히 싸게 보였다. 그러나 순이익 증가는 저유가와 경제 전체의 호조에 힘입는 바가 크기 때문에 유가가 오르거나 경기가 둔화되면 이런 높은 순이익은 지속되지 못할 수 있다. 그림 9.3은 사우스웨스트 에어라인의 역사적 주당순이익을 보여준다.

사우스웨스트의 순이익은 2014년 유가 하락이 시작된 후부터 역사적 추이와는 크게 다른 쪽으로 움직였다. 주가는 거의 사상 최고가에 근접했지만 예년과 다르게 아주 높은 순이익은 PER을 많이 낮추었다. 이런 경기순환 업종의 가치를 평가할 때는 PER보다 PSR이 더 유용하다.

EV/EBIT와 EV/EBITDA는 PER의 변형으로, EV는 기업 가치,

EBIT는 이자와 법인세 차감 전 순이익, EBITDA는 이자, 법인세, 감가상각비 차감 전 순이익을 의미한다. 여기에서 기업 가치는 투자자가 지불해야 하는 진짜 가격을 말하고, 주주로서의 투자자는 현금에 대한 소유권과 함께 채무에 대한 책임도 있다는 것을 보여준다는 점에서 PER보다 더 좋은 가치평가 비율이다. 게다가 이자와 법인세 차감 전 순이익은 기업의 회계관행에 따른 장부 조작에도 영향을 덜 받을 수 있다.

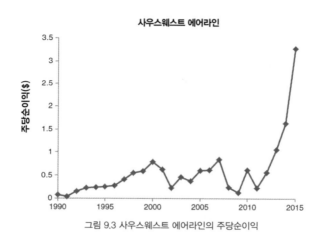

그림 9.3 사우스웨스트 에어라인의 주당순이익

피터 린치 순이익선

피터 린치가 PER과 관련해 즐겨 사용하는 방법이 있다. 지난 12개월 순이익의 15배에 해당하는 선을 그리고, 이 위에 주가 차트를 겹쳐 그리는 것이다. 오늘날 이 선은 피터 린치 순이익선Peter Lynch Earnings Line이라는 이름으로 유명한데, 주가와 순이익선을 겹쳐 그린 도표는 피터 린치 차트Peter Lynch Chart라고 하며 구루포커스닷컴도 애용하는

구루들의 투자법

방식이다. 명저 『전설로 떠나는 월가의 영웅』에서 린치는 주식의 가치 평가를 설명할 때 이 도표를 여러 번 사용했다.

주가가 비싼지 아닌지 확인하려 할 때는 주가선과 순이익선을 비교하면 된다. 인기 있는 성장기업(쇼니즈Shoney's, 더 리미티드The Limited, 메리어트Marriott 등)의 주가선이 순이익선보다 훨씬 아래에 있을 때 이런 주식들을 사고 주가가 순이익선보다 월등하게 높아졌을 때 판다면, 아마도 꽤 흡족한 결과가 나올 것이다.• 그림 9.4에서 피터 린치 차트를 제너럴 다이내믹스General Dynamics Corp., GD에 사용해 봤다.

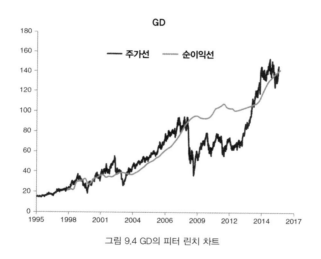

그림 9.4 GD의 피터 린치 차트

GD의 주가가 순이익선 아래로 내려갔을 때에도 언제나 다시 주가를 회복하고 순이익선 위로 올라간다는 것이 표에서도 드러난다. 피터 린치의 말처럼, GD 주가가 순이익선보다 아래로 떨어졌을 때 주식을

• 위와 같음.

사고 순이익선 위로 올라갔을 때 매도한 투자자는 꽤 좋은 수익률을 거뒀을 것이다. 같은 기법을 다른 종목에도 적용할 수 있다. 특히 장기 순이익 추이가 안정적인 종목에 투자할 때는 이 방법이 효과가 있다.

다만 피터 린치 차트에는 한계가 있는데, PER 15로 고정해서 순이익선을 그리기 때문에 CVS 헬스, 펩시코, 존슨 앤 존슨, P&G와 같은 대형 우량주에는 들어맞지 않는다. 이런 블루칩 종목은 PER 15로 고정해서 순이익선을 그리지 말고 역사적 PER 중앙값을 순이익선으로 삼는 것이 좋다. 역사적 PER 중앙값은 기업마다 다를 수 있다. 예를 들어 CVS에서는 PER 18.6으로 해서 순이익선을 그리는 것이 더 좋다. PER 15로 순이익선을 그리면 언제나 주가선보다 아래에 있게 된다 (그림 9.5).

순이익선을 다소 높게 설정하는 편이 더 좋은 이유는 피터 린치가 피델리티의 펀드매니저로 일할 때보다 금리가 훨씬 낮기 때문이다. 저금리로 인해 모든 종목의 명목적 가치평가가 올라갔다.

그림 9.5 CVS의 PER 중앙값 피터 린치 차트

그림 9.6 CVS의 최고/최저 PER 피터 린치 차트

최고 PER로 순이익선을 그려보는 방법도 있다. 예를 들어 그림 9.6은 2004년 이후 CVS의 최저 PER인 10.4와 최고 PER인 27로 그린 순이익선이다. 주가선이 최저 PER 순이익선에 가까울 때 이 주식을 매수하고 최고 PER 순이익선에 가까울 때 매도한 투자자는 대단히 높은 차익을 거두었을 것이다.

역사적 PER과 주당순이익, 피터 린치 차트뿐 아니라 다른 여러 자료가 궁금하면 구루포커스닷컴의 인터랙티브 차트를 방문하기 바란다.

다시 말하지만 피터 린치 차트와, 이것의 변형으로 역사적 PER 중앙값으로 그린 순이익선은 성장과 순이익 추이가 안정적인 기업을 고민할 때 좋은 방법이다.● 이런 회사들은 보통 기본소비재, 헬스케어, 유틸리티 등 경기순환에 민감하지 않은 제품이나 서비스를 생산하는 분

● 위와 같음.

야에 주로 집중돼 있다.

피터 린치 차트는 경기순환에 민감한 산업재, 화학, 내구재 분야 등에는 맞지 않는다. 사우스웨스트 에어라인만 봐도 주가가 오를 여지가 많이 보이는데, 사상 최고가라는 현재의 주가도 역사적 PER 중앙값 23.5로 그린 순이익선을 훨씬 하회하기 때문이다(그림 9.7). 그러나 유가가 오르거나 여행 수요가 둔화되면 순이익선은 순식간에 아래로 향할 수 있다. 경기순환 업종에 대해 역사적 데이터로 가치평가를 할 때에는 주가매출액비율PSR이 더 정확한 그림을 그린다고 봐야 한다.

그림 9.7 사우스웨스트 에어라인의 PER 중앙값 피터 린치 차트

주가매출액비율

주가를 역사적 가치평가와 비교하거나 동업종의 다른 주식과 비교할 때에는 PSR이 훌륭한 지표가 돼준다. PSR은 PER과 다르게 투자

자가 주식에 치른 금액을 회수하는 데 걸리는 시간을 재는 것이 아니라 상대적 가치평가만 행한다. PER을 따지는 것이 소용이 없는 경기순환 기업을 평가할 때에는 PSR을 써야 한다. 그리고 장기적으로는 이익률이 평균으로 회귀하는 경기순환주에도 PSR이 더 효과적이다. 이번에도 사우스웨스트 에어라인을 예로 들 수 있다. 이 회사의 순이익은 롤러코스터처럼 부침이 심했지 만 매출액은 상대적으로 꾸준히 올라갔다. 피터 린치 차트에서 PER 중앙값 순이익선을 PSR 중앙값 순이익선으로 바꾸면 그림 9.8이 보여주듯 진입해야 할 시기와 빠져 나와야 할 시기가 확실하게 드러난다. 2000년대 초에 사우스웨스트의 주가는 PSR 중앙값으로 그린 매출액선을 훨씬 웃돌았다. 2000년에 이 주식을 매수한 투자자는 원금을 회수하는 데에만 14년이 넘게 걸렸다. 반대로 2009년부터 2011년 사이에 사우스웨스트 주가가 PSR 중앙값 매출액선보다 훨씬 아래로 떨어졌을 때 매수한 투자자는 그후 5년

그림 9.8 사우스웨스트 에어라인의 PSR 띠

만에 아주 높은 수익률을 거둘 수 있었다. PER 중앙값으로 그린 앞의 순이익선은 이런 명확한 결과를 보여주지 못한다. 따라서 사우스웨스트의 가치를 평가할 때에는 역사적 PSR의 중앙값을 가지고 측정하는 것이 더 도움이 된다.

순이익선에서 그랬던 것처럼 역사적 기간을 정해 최고 PSR과 최저 PSR을 가지고 매출액선을 그려볼 수 있다. 두 선을 그리면 역사적 PSR로 이루어진 하나의 띠가 만들어지는데, 이 띠는 투자자에게 주식이 저평가돼 매수하기에 좋은 타이밍이 언제인지를 알려준다.

이 PSR 띠PSR band 접근법은 안정적으로 실적을 내는 기업을 평가할 때나, 경기순환 기업을 평가할 때도 도움이 된다. 그림 9.9와 그림 9.10은 존슨 앤 존슨과 아마존의 PSR 띠다. 제약회사인 존슨 앤 존슨의 주가는 주당매출액의 약 3.5배 수준에서 오르락내리락했고, 온라인 소매회사인 아마존의 주가는 주당매출액의 약 2.25배 선에서 형성됐다.

PSR 띠 접근법은 사업이 영구 쇠락 중이며 PSR이 0을 향해 치닫고 있는 기업에는 소용이 없다. 그리고 석유회사, 철강회사, 금광회사 등 원자재를 생산하는 회사를 평가할 때도 도움이 되지 않는다. 이 부분에 대해서는 조금 뒤에 설명할 것이다.

PSR을 증시 전체에 적용해 시장 전체의 가치평가 비율과 예상 수익률을 평가할 수도 있다. 이 경우 개별 종목의 주가 대신에 상장된 모든 주식의 총시가총액을 사용하고, 매출액은 그 나라의 GDP를 이용하면 된다. 워런 버핏이 시장 전체에 대한 가치평가 계산을 하고 수익률을 예상할 때 사용하는 방법이기도 하다. 여기에 대해서는 다음 장에 자세히 나온다.

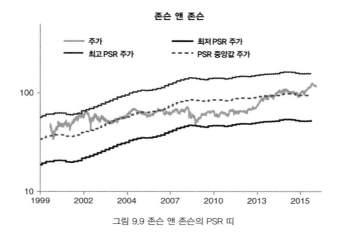

그림 9.9 존슨 앤 존슨의 PSR 띠

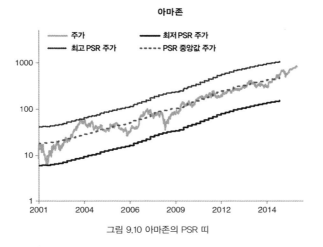

그림 9.10 아마존의 PSR 띠

주가순자산비율

기업의 주가와 수익창출력을 비교하는 가치평가 방법인 PER과 PSR
과 다르게, 주가순자산비율, 즉 PBR은 기업의 자기자본으로 주식을
평가하는 접근법이다. PBR은 기업의 영업실적을 이용하는 것이 아니
라 기초자산을 이용해 주가를 평가한다.

벤저민 그레이엄은 주당순자산가치를 주가와 비교해 순자산가치보다 주가가 낮은 주식을 매수하는 방법을 즐겨 썼다. 다시 말해 PBR이 1보다 낮은 주식을 샀다. PBR은 고정자산 비중이 높고 수익창출력이 주로 유형자산에서 나오는 기업을 평가할 때 좋은 방법이다.

PBR은 은행이나 보험회사 등 금융회사를 평가할 때 가장 좋다. 지금부터 이 부분을 자세히 살펴보자.

PBR과 금융회사

은행과 보험중개업 등 금융서비스 회사의 가치를 평가할 때 가장 도움이 되는 매개변수는 PBR이다. 금융회사들은 시가평가주의mark-to-market 회계원칙을 따른다. 이런 기업들은 시장에서 거래되는 적정 가치로 자산을 기장해야 할 의무가 있다. 금융회사가 보유한 자산 대부분은 시장에서 시가로 거래된다. 대차대조표 항목에 오르는 자산과 부채는 현재의 시장 가치로 기장된다. 그러므로 금융회사의 대차대조표에서 주주자본은 자산을 시장가격으로 평가한 순자산가치에 거의 근접한다.

은행이나 보험회사의 가치를 수익창출력으로 평가하는 방법을 써볼 수는 있다. 그러나 금융회사에서는 수익창출력 계산에 필요한 항목인 운전자본의 변화, 설비지출, 채무 등을 명확히 가려내기가 힘들다. 더욱이 은행과 보험회사가 보고한 손익은 진짜 손익이 아닐 수 있다. 은행의 대출손실과 보험회사의 대손준비금 규정은 주관적 판단이 많이 개입되고, 규정이 어떤지에 따라 재무제표상의 순이익도 크게 달라질 수 있다. 은행과 보험회사가 사업 활동에서 번 진짜 순이익은 몇 년 후 불경기가 닥쳐서 대출 원리금 상환 연체나 보험 손실이 발생한

다음에야 표면에 드러난다.

금융회사의 순자산가치만으로는 수익창출력을 평가하기 힘들지만, 사실상 회사가 가진 채권이나 주식, 모기지, 시장성 유가증권 등의 자산 가격에 수익창출력이 얼추 반영돼 있다고 봐야 한다. 채권 가격은 금리 변화와 신용 등급에 따라 액면가보다 높아지기도 하고 낮아지기도 한다. 은행들의 모기지 거래 가격에는 그 모기지의 이익 창출 능력이 이미 반영돼 있다.

따라서 순자산가치는 금융회사가 가진 자산의 순가치를 어느 정도 정확히 측정한다. 버핏이 매년 주주들에게 보내는 편지에서 주당순자산가치의 변화를 제일 먼저 적는 이유도 여기에 있다. 특히 보험업이 지금보다 훨씬 큰 비중을 차지하던 버크셔 해서웨이 초창기 시절에 버핏은 순자산가치가 주식의 내재가치를 훌륭하게 대변해줄 것이라고 생각했다. 버크셔 해서웨이가 BNSF, 이스카Iscar, 미드 아메리칸 에너지Mid American Energy 등 비보험 부문의 대기업들을 인수하면서 내재가치와 순자산가치도 차이가 점점 벌어졌다. 그림 9.11은 버크셔 해서웨이의 주가와 최고, 중앙값, 최저의 역사적 PBR로 만들어진 띠를 비교한다. 이 도표는 버크셔 주식의 가치를 명확하게 평가하면서 언제가 매수 적기인지를 알려준다.

순자산가치로 금융회사를 평가할 때는 장부의 질이 중요하다. 장부에 계상된 순자산가치가 대부분은 현재 시장가치로 평가돼 있을지라도 시장이 갑작스럽게 기초자산에 헐값을 매기는 일이 벌어질 수도 있다. 은행 대출 이자 연체가 예상보다 늘어난다거나, 보험 손실이 예상보다 많아진다면 이런 회사들이 보유한 자산의 시장가격도 순식간에 떨어질 수 있다. 2008년 금융위기 때 그런 일이 실제로 벌어졌고,

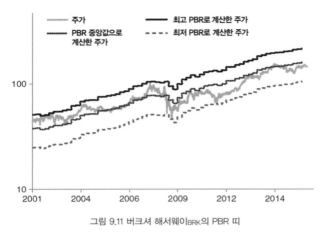

그림 9.11 버크셔 해서웨이BRK의 PBR 띠

의사 출신인 마이클 배리Michael Burry 박사가 주택저당증권 하락에 대
규모 베팅을 한 것도 이런 이유에서였다.

그러므로 금융주 투자에 있어서 중요하게 봐야 할 요소는 장부의
질, 순자산가치의 성장, PBR이다. 장부가 정확하게 계상돼 있으며 PBR
이 낮은 주식일수록 투자 매력도는 높다.

원자재 회사

원자재 회사를 평가할 때는 앞의 가치평가 비율들이 별로 효과가
없다. 석유와 가스, 그리고 철강이나 구리, 금 등의 금속 회사, 달걀이
나 옥수수, 곡물 회사가 여기에 속한다. 원자재 회사는 대개 자산 비
중이 높으며, 수익창출력과 순자산가치를 평가할 때에는 이런 자산을
활용하는 것이 좋다.

원자재 회사들은 제품 종류도 다양하고 생산이나 소비 방식도 다르

지만 한 가지 공통점이 있다. 제품 가격을 예측하기 힘들고 가격 변동이 심하며 회사로서는 가격을 통제할 수 없다는 것이다. 반면에 생산비용은 제품 가격과 비교적 무관하다. 따라서 그들이 생산하는 제품의 가격에 따라 기업의 매출과 이익도 크게 요동을 칠 수밖에 없다.

엑손 모빌Exxon Mobile처럼 제품 포트폴리오가 어느 정도 다양하고 지리적으로 분산된 성숙기업도 제품 가격의 영향에서는 벗어나지 못한다. 그림 9.12는 엑손 모빌의 분기별 순이익과 원유 가격이 서로 상당히 밀접하게 관련이 있음을 보여준다.

예측하기가 불가능한 원자재 가격에 따라 매출과 이익이 크게 들쑥날쑥하다보니 원자재 회사들의 가치를 평가하기도 대단히 힘들다. 게다가 원자재의 순환이 경제나 증시의 순환과 반드시 일치하지는 않는다는 사실도 이 분야 회사에 투자하는 것을 더더욱 어렵게 만든다. 원자재 가격이 낮고 업계의 순이익이 형편없는 데도 주가는 여전히 뻥튀기 돼 있을 수도 있다.

PER과 PSR 등은 원자재 회사의 상대적 가치를 평가할 때 좋은 지표가 되지 못한다. DCF를 이용한 가치평가도 내재가치를 정확히 추정하지는 못하는데, 원자재 회사의 실적은 과거와 미래의 원자재 가격에 크게 의존하기 때문이다. 게다가 과거 가격 순환의 평균치를 구해봤자 미래 가격 순환의 평균치를 구하는 데에는 소용이 없다. 원자재 회사의 내재가치를 추정하려 어떤 시도를 한들, 미래 원자재 가격의 함수에 따라 고점과 저점이 하늘과 땅만큼 벌어진 결과만 나올 뿐이다. 경제지 〈배런스〉가 월가 분석가들에게 유나이티드 스테이츠 스틸United States Steel의 주가가 16달러일 때 목표주가를 예측에 보도록 한 적이 있다. 가장 높은 목표주가는 37달러였고 가장 낮은 것은 7달러였다.•

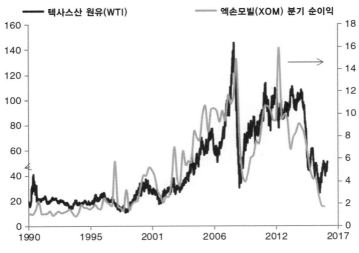

텍사스산 원유(WTI)　　　　엑손모빌(XOM) 분기 순이익

그림 9.12 유가와 엑손모빌 분기 순이익

　원자재 회사의 가치평가를 할 때는 대안으로 인플레이션을 감안한 실러 경기조정 PER$_{cyclically\ adjusted\ PER,\ 실러\ PER}$을 사용하는 것이 좋다. 실러 PER은 예일 대학교 로버트 실러 교수가 S&P 500지수의 가치평가 비율을 측정하기 위해 만든 개념이다.** 여기서는 이 비율의 방법론을 개별 증권에 차용한다고 보면 된다. 계산 순서는, 제일 먼저 과거 10년 동안의 주당순이익을 당해의 인플레이션으로 조정하고, 이 조정된 10년 순이익의 평균치를 낸 다음, 주가로 이 평균을 나눈다. 이렇게 하면 원자재 가격과 이익률 변동이 사이클 전체로 분산되기 때문에 보다 현실적인 주식 가치평가가 가능해진다.

　역사적 가치와 비교해보면, 원자재 회사에 대한 가치평가에서는

● 　Jack Hough, "U.S. Steel Could Rise 50% in a Year", *Barron's*, October 17, 2016.
●● Robert Shiller, http://www.econ.yale.edu/~shiller/data.htm.

구루들의 투자법

PBR이 상대적으로 더 나은 결과를 보인다. 매출이나 이익과 달리 순자산가치는 웬만해서는 안정적이기 때문이다. 일반적으로 장기간에 걸친 원자재 가격은 시장의 수요와 공급에 의해서만 영향을 받는다. 그래서 원자재 기업들은 가격이나 이익률의 일시적인 하락을 감손평가impairment test를 통해 재무제표의 순자산가치를 바꿔야 할 신호탄이라고 보지 않는다.

그림 9.13은 석유회사인 셰브런Chevron의 역사적 PER, PBR, 실러 PER을 보여준다. 현재 셰브런은 순손실이 나고 있기 때문에 일반적인 PER로는 가치를 평가할 수 없다. 2015년 순이익이 급감하면서 PER이 150까지도 치솟았다. 일반적인 가치평가 비율을 적용하기는 힘들다. 따라서 PBR과 실러 PER을 역사적 가치와 비교하는 것이 더 정확한 측정법이다.

원자재 주식을 매수하는 적기는 최근 순환주기에서 PER과 실러 PER이 저점에 머물러 있을 때다. 회사의 대차대조표가 탄탄하고, 이익률이 높은 편이며, 만약에 대비해 자금을 넉넉히 준비해 둔 상태로, 역사적 PBR보다 낮은 비율에 거래되고 있다면 더더욱 좋다. 장기 보유에 적합한 원자재 기업은 별로 없다. 최근 순환주기에서 PBR과 실러 PER이 고점에 있다면 매도하는 것이 좋다. 두 비율이 고점이라는 것은 원자재 가격도 고점이라는 뜻이기 때문이다.

버핏도 중국 굴지의 석유회사인 페트로차이나PetroChina에 투자할 때 이 방법을 썼다. 그는 유가가 1배럴에 20달러고 페트로차이나의 PBR이 1 안팎이던 2002년에 이 회사 주식을 매수했다. 그리고는 유가가 70달러를 넘고 PBR이 사상 최고인 4가 되던 2007년에 주식을 팔았다. 2016년에 페트로차이나 주식의 PBR은 0.7까지 낮아졌다. 그

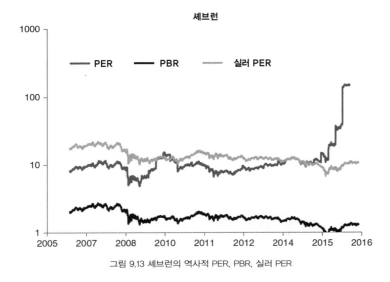

셰브런

그림 9.13 셰브런의 역사적 PER, PBR, 실러 PER

야말로 완벽하게 포착한 매도 타이밍이었다. 그런데 무슨 연유에선지 버핏은 이렇게 번 차익의 일부를 가지고 유가가 사상 최고가 행진을 기록하던 2008년에 미국 석유회사인 코노코필립스ConocoPhillips 주식을 샀다. 몇 달 뒤 2008년을 마감하며 주주들에게 보내는 편지에 버핏은 그 결과를 적었다.

저는 유가와 천연가스 가격이 정점에 가까운 시점에 코노코필립스 주식을 대량 매수했습니다. 사실 저는 남은 하반기 동안 에너지 가격이 이렇게 급락할 것이라고는 전혀 짐작도 하지 못했습니다…… 설령 에너지 가격이 오른다고 해도, 버크셔에 수십억 달러의 손해를 입힌 끔찍한 타이밍 선정이었다는 사실에는 변함이 없습니다.•

더 최근의 예도 있다. 억만장자이자 행동주의 투자자인 칼 아이칸

구루들의 투자법

Carl Ichan은 2013년 유가가 1배럴에 100달러 선으로 고공행진을 할 때 유정시추회사인 트랜스오션Transocean 주식을 매수했다. 유가 붕괴로 이 회사의 시추 장비들은 먼지만 뒤집어썼고 당연히 매출도 급락했다. 칼 아이칸은 80%나 손해를 보고 투자를 처분해야 했다. 원자재 시장은 순환의 정점에서 주식을 산 투자자에게 자비가 없다.

내재가치 접근법

내재가치 접근법을 사용하는 투자자들은 사업의 절대적 가치평가를 계산한 후 이것을 주가에 비교한다. 5장에서 설명했듯이 사업의 내재가치는 사업이 남은 존속 기간 동안 벌어들일 현금흐름에 할인율을 적용한 가치를 의미한다. 현금흐름은 영업활동으로 번 순이익에서 나오기도 하고, 아니면 자산을 매각해서 나오기도 한다. 그러므로 내재가치 산출의 근거는 기업의 수익창출력이나, 기업이 보유한 순자산, 아니면 둘을 합한 것이다. 가치평가를 위한 접근법을 정리하면 다음과 같다.

- 순현금
- 순순운전자본NNWC
- 순유동자산가치NCAV
- 유형순자산가치

● Warren Buffett, "Berkshire Hathaway shareholder letter, 2008", http://www.berkshirehathaway.com/letters/2008ltr.pdf.

- (순이익의) 현금흐름할인DCF
- 그레이엄 수Graham Number
- 수익창출력가치earnings power value
- 피터 린치 적정 가치Peter Lynch Fair Value
- PSR 중앙값 가치

순현금, 순순운전자본, 순유동자산가치, 유형순자산가치 접근법은 기업이 보유한 자산만으로 가치를 측정하는 방법이다. 이는 2장 심층 가치투자에서 이미 자세히 설명했다. 특히 처음의 세 접근법은 기업 자산을 헐값에 청산할 때의 가치를 계산하며 다른 자산이나 수익창출력은 포함하지 않는다. 순이익에 대한 현금흐름할인 방법도 5장에서 자세히 설명했다. 여기서는 나머지 4가지만 설명하기로 한다.

그레이엄 수

이름에서도 알 수 있듯 가치투자의 아버지인 벤저민 그레이엄의 이름을 따서 지은 내재가치 계산 방법으로, 투자자가 지불해야 할 가격 상한선의 역할도 한다. 계산 방법은 아래와 같다.

$$\text{그레이엄 수} = \sqrt{22.5 \times \text{주당순자산} \times \text{주당순이익}}$$

다른 식으로 풀이할 수도 있다.

$$\text{그레이엄 수} = \frac{\sqrt{22.5 \times \text{당기순이익} \times \text{보통주 자본}}}{\text{자사주를 제외한 주식수}}$$

그레이엄이 공식적으로 발표한 공식은 아니지만 『현명한 투자자』에서 그는 매수 기준을 이렇게 설명했다.•

현재 주가는 과거 3년 평균 순이익의 15배가 넘으면 안 된다.

현재 주가는 마지막으로 보고된 순자산가치의 1.5배가 넘으면 안 된다. 그러나 주가가 순이익의 15배 이하라면 순자산가치의 배수에서는 조금 더 높아져도 된다. 가장 중요하게는, 계산에 사용되는 순이익과 순자산가치를 곱한 값이 22.5를 넘어서는 안 된다.(즉 주가가 순이익의 15배라면 순자산가치 측면에서는 1.5배가 돼야 한다. 순이익의 9배라면, 순자산가치는 2.5배도 괜찮다.)

DCF와 다르게 그레이엄 수는 오직 가장 최근의 영업실적에만 의존해서 가치평가를 한다. 이 가치평가 방법은 수익창출력과 자산을 계산에 포함하지만 미래의 순이익 성장은 포함하지 않는다.

그레이엄 수는 굉장히 보수적인 주식 평가 방법이다. 게다가 가장 최근의 순이익과 순자산가치에만 근거하기 때문에 경기순환을 많이 타는 기업을 평가할 때에는 도움이 되지 않는다. 유형의 제품을 생산하며 꾸준하게 순이익을 창출하고 경기순환에 민감하지 않은 제조업 평가에 더 적절한 방법이다. 또한 미래의 성장을 계산에 포함하지 않으므로 성장주 평가에는 굉장히 박하다. 순자산가치가 마이너스인 기업에도 맞지 않으며, 자산을 작게 가져가는 사업도 낮게 평가하는 경향이 있다.

● Benjamin Graham, "The Intelligent Investor".

수익창출력가치

수익창출력가치$_{EPV}$는 컬럼비아 대학교의 가치투자학 교수인 브루스 그린월드$_{Bruce\ Greenwald}$가 기존 현금흐름할인법이 미래의 수익성, 자본비용, 미래 성장률 가정에만 지나치게 의존한다고 판단해 새로 개발한 내재가치 계산법이다.[*] 수익창출력가치 접근법에서는 기업의 자산 가치도 계산에 포함하려 노력한다. 한 회사의 기업가치는 정상 순이익$_{normalized\ earnings}$을 자본비용으로 나눈 값과 같으며, 수익창출력은 이 기업가치에 순자산을 더한 값이다.

경기순환에 따른 변동 요인을 제거하기 위해 과거의 이익률, 매출, 세율을 적어도 한번의 경기순환 기간으로 평균을 낸 다음 정상 수익창출력을 구한다. 여기에 성장은 포함하지 않는다.

DCF와의 가장 큰 차이점은 EPV는 지금까지 나온 재무제표 자료만을 가지고 가치평가를 계산한다는 것이다. 따라서 성장률과 성장 연수 등은 가정할 필요가 없다. 그러나 여느 내재가치 계산법이 그렇듯 EPV도 어떤 가정을 하느냐에 따라 계산의 정확도가 달라질 수 있다. 그리고 EPV 계산에서는 자본비용에 대한 가정이 결과에 크게 영향을 미친다. 과도한 감가 및 감모 상각 추정도 주관성이 많이 개입되는 부분이다.

부채가 높은 기업에서는 EPV가 마이너스로 나오기도 하는데, 얼라이언스 데이터 시스템스$_{Alliance\ Data\ Systems}$가 여기에 해당한다. 이 회사의 매출과 순이익은 꾸준하게 성장했지만, 2016년 6월에 부채가 거의 120억 달러나 됐다. 사상 최저 금리 시대인데도 불구하고 영업이익에

● Bruce Greenwald, "Value Investing: From Graham to Buffett and Beyond", *John Wiley & Sons*, 2004.

서 부채 이자로 나가는 돈이 3분의 1이나 됐다. 부채 비율이 높기 때문에 얼라이언스 데이터의 EPV도 마이너스로 나온다. 게다가 지금의 추세로 보건대 이 회사의 이익률도 낮아지고 있다. 경고 사인을 기억하기 바란다.

피터 린치 적정 가치

5장에서 피터 린치가 선호하는 주식 가치평가 방법인 적정 PER을 설명했다. 성장 기업의 적정 PER은 순이익 성장률과 대략 비슷하다. 이것을 이용하면 성장 기업의 적정 주가 계산이 나온다.

적정 PER = 순이익 성장률

순이익 성장률에서 % 표시를 제외한 것이라고 보면 된다. 예를 들어 기업의 연간 성장률이 20%라면 아래 계산식의 순이익 성장률에 0.2가 아니라 20을 집어넣으면 된다.

피터 린치 적정 가치 = 순이익 성장률 × 순이익

위의 계산식에서는 장기 순이익 성장률을 사용해야 한다. 나는 웬만해서는 EBITDA 성장률을 사용한다. EBITDA는 사업 활동의 성장을 더 정확히 반영하고, 주관성의 개입이 강한 감가 및 감모 상각비 추산으로 인해 계산이 부정확해질 여지가 별로 없고, 단발성 영업 활동이나 세금 등으로 인해 장기 순이익 수치가 왜곡될 소지도 낮기 때문이다.

피터 린치 적정 가치 계산은 연간 성장률이 15~25%인 성장 기업의 가치평가에 좋은 기법이다. 성장세가 둔화된 기업의 적정 가치는 저평가하는 경향이 있는데, 피터 린치가 책을 발표했을 때보다 지금의 금리가 더 낮기 때문이다.

조심해야 할 부분이 있다면, 피터 린치 적정 가치와 피터 린치 순이익선이 말하는 가치평가가 다르다는 사실이다. 피터 린치 순이익선에서 PER은 거의 15에 고정돼 있는 반면에, 적정 가치의 PER은 성장률과 같다. 당연히 성장률은 15%보다 높을 수도 있고 낮을 수도 있다.

PSR 중앙값 가치

PSR 중앙값 가치에서는 역사적 PSR의 중앙값이 주식의 적정 가치평가 비율이라고 가정한다. 경기순환으로 생기는 영향을 분산하기 위해 장기간 동안 주식의 역사적 PSR을 검토하고 그것의 중앙값을 구한다. 구루포커스에서는 10년 PSR의 중앙값을 이용한다. PSR 중앙값 가치 계산식은 아래와 같다.

PSR 중앙값 가치 = 연간 총매출액 / 유통 주식 수 × 10년 PSR 중앙값

PER이나 PBR이 아니라 PSR을 사용하는 이유는 순이익이나 순자산가치는 가끔 마이너스가 될 때도 있지만, PSR은 이익률과 무관하고 더 넓은 상황에 적용할 수 있기 때문이다. 게다가 이익률이나 순이익보다는 매출이 경기순환에 영향을 덜 받는 편이다.

앞에서 PSR을 설명하면서 언급했듯이 대다수 기업의 역사적 주가는 매출과 상관관계가 높은 편이었다. 예를 들어 제약회사인 존슨 앤

존슨은 지난 23년 동안 주당매출액의 3.5배 선에서 주가가 오르락내리락했고, 중장비 회사인 캐터필러Caterpillar는 약 0.95배, 온라인 소매 회사인 아마존은 2.25배 선에서 주가가 형성됐다. 이런 강한 상관관계를 이용해 주가의 현재 적정 가치가 얼마인지 계산해볼 수 있다.

PSR 중앙값을 이용한 적정 가치 추정은 이익률과 실적이 안정적인 기업은 물론이고, 이익률에는 변동이 있지만 장기적 수준은 캐터필러와 같이 어느 정도 일정한 경기순환 기업의 가치평가에도 사용할 수 있다. 반면 장기적인 이익률 추이가 과거와 달라지는 조짐이 있는 기업에는 맞지 않는다. 이익률이 점차 하락하는 기업은 적정 가치가 고평가될 소지가 있고, 이익률이 점차 상승하는 기업은 적정 가치가 저평가될 소지가 있기 때문이다. 한 예로, 아마존의 클라우드 서비스가 이 회사의 다른 사업보다 순이익 성장세가 더 빠르다면, 주가는 장기적 평균인 주당매출액의 2.25배보다 더 높아질 수 있다.

＊

사업의 가치를 평가하는 방법이 많은 것에 겁먹을 필요 없다. 하루는 내가 어떤 투자자에게 이 계산식들을 보여줬더니 그는 어떤 기업에도 다 사용할 수 있는 계산식 하나만 있으면 좋겠다고 대답했다. 안타깝지만 그런 만능의 방법은 없다. 그러나 계산식에 담긴 내용을 이해하고 있으면 어렵지 않다.

계산식에 사용하는 숫자들이 기본 사업이나 사업 실적과 어떤 관련이 있을지를 생각하자. 사업의 가치를 좌우하는 것이 수익창출력인지, 자산인지, 성장률인지, 성장 지속 기간인지를 생각하자. 그런 다음에 거기에 맞는 접근법을 이용하면 된다.

기업이 수익창출력이 없고 경기가 한 바퀴 순환하는 동안 양의 잉여현금흐름을 창출하지 못한다면 그 사업은 더는 생존이 힘들다. 그리고 기껏해야 자산의 청산 가치에만 어느 정도 가치가 있을 것이다. 이성적인 오너라면 돈을 잘 버는 사업체를 청산 가치에 처분하려 하지는 않을 것이다. 현금흐름을 창출하는 능력이 있을 때나 사업의 가치도 존재한다.

구루포커스는 몇몇 대기업에 가치평가 계산식을 적용해 봤다. 계산 일자는 모두 2016년 9월이다. DCF 할인율은 12%이고, EPV는 9%이다. 결과는 아래와 같다.

기업	주가	순자산가치	그레이엄수	EPV	DCF	피터 린치 적정 가치	PSR 중앙값 가치
애플	112	23	65	69	244	171	136
아마존	829	35	49	30	43	101	508
GD	156	36	0	81	101	107	111
알파벳	775	180	292	259	709	269	736
마이크로 소프트	57	9	17	32	24	0	43
넷플릭스	97	6	6	9	0	0	44
월마트 스토어	71	25	45	83	55	0	79
웰스 파고	44	35	50	-8	0	0	44

앞에서도 말했지만 은행과 보험회사의 가치를 평가할 때는 순자산가치 접근법이 합리적이다. 이 회사들 중에서는 미국 내 최대 은행 중 하나인 웰스 파고의 주가만 순자산가치 근처에서 형성돼 있다. 나머지는 당연히 순자산가치보다 훨씬 높은 가격에서 거래되고 있다. 그레이엄 수와 EPV는 자산 가치와 수익창출력을 결합해서 사용하지만 성장은 계산에 반영하지 않는다. 두 방법 모두 애플이나 알파벳Alphabet Inc. 같은 고성장 기업이나 마이크로소프트 같은 자산최소화 기업의 가치는 저평가하는 성향이 있다. 제너럴 다이내믹스의 유형순자산가치는 마이너스로 나오며 그레이엄 수는 계산 자체가 불가능하다.

성장이 꾸준하고 미래가 예측 가능한 기업에 적용할 수 있는 평가 방법은 DCF가 유일하다. 위의 기업들 중에서 꾸준한 성장을 보이는 곳은 애플, 알파벳, 제너럴 다이내믹스다. DCF 접근법으로 계산하면 애플은 저평가되고, 알파벳, 제너럴 다이내빅스, 월마트는 고평가된 결과가 나온다.

그런데 어떤 접근법으로 계산해도 아마존과 넷플릭스의 높은 주가는 정당화되지 않는다. 과거의 주가를 기준으로 해서 계산하는 PSR 중앙값 가치를 이용해도 지금 주가보다는 낮게 나온다.

2009년 이후에 버크셔 해서웨이가 세 개의 상장회사를 인수할 때 치렀던 가격을 살펴보면 위의 접근법을 조금이나마 더 자세히 이해할 수 있다. 버크셔 해서웨이는 2010년에는 벌링턴 노던 산타 페를, 2012년에는 화학제품 회사인 루브리졸을, 2016년에는 항공 부품과 철물 제조 회사인 프리시젼 캐스트파츠를 인수했다. 버핏이 치른 인수 가격과, 인수 발표 시기를 기준으로 적용한 다양한 가치평가 계산식을 아래에 정리했다. 버핏이 적정한 인수 대금을 치렀다고 가정해 보

자. 그러면 순자산가치, 그레이엄 수, EPV는 지나치게 보수적인 평가법이라는 뜻이 된다. 좋은 기업의 주식을 그런 헐값에 살 수 있을 리가 없다. DCF와 피터 린치 적정 가치는 세 기업의 적정 가치를 꽤 합리적으로 계산해 준다.

기업	인수 발표일	인수 가격	순자산 가치	그레이엄 수	EPV	DCF	피터 린치 적정 가치	PSR 중앙값 가치
BNSF	2009년 9월	100	35	68	17	91	103	69
루브리졸	2011년 9월	135	34	65	52	114	142	64
프리시전 캐스트파츠	2015년 12월	250	81	31	79	249	169	210

인수 발표가 나기 전까지만 해도 이 세 회사의 주가는 대략 30~40% 정도 낮았다. 이 차이가 주가를 DCF 모델의 결과와 비교해서 마련해야 하는 안전마진이다. 앞의 표에 나오는 대기업들에 이 안전마진을 적용한 결과, DCF 모델과 대비한 안전마진을 보여주는 기업은 애플 빼고는 하나도 없었다.

내재가치 계산식에 포함되는 요소들과 적용 분야와 유형을 한눈에 보기 쉽게 정리하면 다음 표와 같다.

가치평가 방법	자산	수익창출력	자산과 수익창출력의 결합	성장 포함	적용 분야
순현금	x			포함하지 않음	청산 매각, 손실 발생 중

순순운전자본	x			포함하지 않음	
순유동 자산가치	x			포함하지 않음	
순자산가치	x			포함하지 않음	은행, 보험
(순이익의) 현금흐름할인		x		포함	포함 매출과 순이익이 예측 가능
그레이엄 수			x	포함하지 않음	고정자산 비중이 높은 기업
수익창출력 가치			x	포함하지 않음	고정자산 비중이 높은 기업
피터 린치 적정 가치		x		포함	고성장 기업
PSR 중앙값 가치				해당 없음	순환주기 동안 평균 이익률이 안정적인 기업

수익률 기반 가치평가 접근법

수익률 기반 가치평가rate of return-based valuation는 말 그대로 투자 자본의 잠재적 수익률을 관찰하는 접근법이다. 가치평가 비율이나 내재 가치를 기반으로 하는 평가 방법처럼 대중적으로 사용되지는 않지만, 이 접근법은 투자자가 기대할 수 있는 수익률을 직접적으로 알려준다.

수익률 기반 가치평가는 투자의 수익창출력에 초점을 맞춘다. 대안 투자인 CD(양도성 예금증서), MMF, 채권, 부동산의 수익률과 비교할 수 있다는 것이 이 접근법의 장점이다. 원칙적으로만 따지면 투자자는 가장 높은 위험조정 수익률을 벌어주는 자산에 투자해야 한다.

주식의 잠재 수익률을 계산하는 방법은 두 가지로, 하나는 이익수익률earnings yield이고 하나는 선행수익률forward rate of return이다.

이익수익률

이익수익률은 간단히 말해 PER의 역수다.

이익수익률 = 주당순이익 / 주가

예를 들어 주식의 PER이 20이라면 이익수익률은 1/20 또는 5%다. 이익수익률 관점에서는 사업이 벌어들이는 순이익이 주주의 수익률이다. 즉 이익수익률은 주주가 치른 대금의 수익률이 되는 것이다. 그 수익이 반드시 현금일 필요는 없다. 현금배당일 수도 있고, 자사주매입이나 부채상환, 재투자 등을 통한 주주가치 상승일 수도 있다.

가끔은 EBIT/EV, 다시 말해 이자와 법인세 차감 전 순이익을 기업가치로 나눠서 이익수익률을 계산하기도 한다. 이것 역시 PER 가치평가의 변형인 EV/EBIT의 역수다. 이 계산법은 주주가 치른 진짜 매수 대금을 기업가치라는 형태로 계산에 반영한다는 장점이 있다. 단점이라면, 이자와 법인세가 주주의 실질 비용이 된다는 것과, 실효금리와 실효세율이 비슷한 기업들을 비교할 때에나 계산 결과가 도움이 된다는 것이다.

이익수익률 계산에서는 기업의 성장을 감안하지 않는다. 그러나 고성장 기업은 시간이 지날수록 수익을 많이 벌고 가치도 점점 올라가기 마련이다. 성장까지 감안하는 계산법은 선행수익률이다.

선행수익률

돈 약트만이 투자 접근법으로 사용하는 방법이 선행수익률이다.* 그가 정의한 선행수익률은 정상 잉여현금흐름 수익률에 실질성장률과 인플레이션을 더한 값이다. 그의 관점에서는 주식도 채권과 다르지 않으므로 채권처럼 잠재적 수익률을 가지고 투자 가치를 평가하는 것이 맞다. 선행수익률 계산법은 아래와 같다.

선행수익률 = 정상 잉여현금흐름 / 주가 + 성장률

정상 잉여현금흐름이란 이전의 시장 순환 주기에 걸쳐 나눈 기업의 평균 잉여현금흐름이다. 여기서 성장률은 미래의 잉여현금흐름이 얼마나 빠른 속도로 증가할지를 의미한다. 주가가 낮거나 성장률이 높다면 당연히 주식의 선행수익률은 올라간다.

*

미국 소매 대기업에 두 공식을 적용했을 때의 결과는 다음과 같다.

기업	이익수익률(%)	이익수익률(EBIT/EV)(%)	선행수익률(%)
코스트코 홀세일	3.5	5.6	11.5
달러 제너럴	6.1	10.4	15.3
달러 트리	3.9	6.0	19.1
타깃	7.8	10.2	6.0
월마트	6.5	9.0	7.8

● GuruFocus, "Investing Great: Donald Yacktman Answers GuruFocus Readers' Questions", http://www.gurufocus.com/news/171597.

계산 결과만 놓고 보면 달러 제너럴의 이익수익률과 선행수익률이 다른 소매기업들보다 더 높으므로 투자 전망이 더 좋은 기업이다.

이익수익률과 선행수익률 계산법은 증시 전체에도 적용이 가능하다. 결과로 나온 값을 CD, MMF, 채권의 수익률과 비교할 수 있다. 투자자는 주식 투자의 불확실성과 변동성 때문에 보통은 주식 위험 프리미엄이 미국 단기 국채의 무위험 수익률보다 높기를 원한다. 금리가 잠재적 수익률에 은근슬쩍 끼어들어 증시의 투자 매력에 영향을 미치는 것도 이런 이유에서다. 다음 장에서는 시장 전체의 가치평가 방법을 자세히 설명할 것이다.

*

이번 9장을 갈무리하기 전에 당부하고 싶은 말이 있다. 투자자는 가치평가 계산 결과에 짓눌려서는 안 된다. 어차피 모든 가치평가 계산은 다 가정을 전제로 한다. 그렇기에 투자자가 회사의 사업 실적을 잘못 가정한다면 가치평가 계산도 아무 소용이 없다. 가치평가가 극단으로 치닫지 않는 한, 길게 보면 투자수익을 더 크게 좌우하는 것은 가치평가 계산이 아니라 사업의 실적이다. 따라서 투자자는 좋은 기업을 찾아내고 합리적인 가치평가에 따라 주식을 매수하는 데 더 신경을 써야 한다.

제 10장

시장 순환과 가치평가

구루포커스를 시작한 후부터 친구들이나 사용자들은 내게 이번 주, 이번 달, 또는 올해 증시가 어떨 것 같은지 자주 묻는다.

"변동이 심할 겁니다."

나도 JP 모건의 이 말보다 더 나은 대답을 하고 싶은 마음은 굴뚝같다.

가치투자자에게 있어서 증시라는 것은 존재하지 않는다. 다만 투자자들이 주식을 거래할 수 있는 시장이 존재할 뿐이다. 증시의 움직임은 개개 주식들의 움직임이 총체적으로 모인 것이다. 그러나 대다수 참가자들은 남들의 움직임에 이끌리고, 그들의 움직임이 모여 증시 전체처럼 보이는 물살을 만들어낸다. 또한 투자자들이 시장지수 ETF 거래를 늘리고 ETF에 있는 개별 종목들의 움직임에는 별로 관심을 기울이지 않는 탓에 증시가 한 방향으로 움직이는 것 같은 착각이 들기도 한다. 아마도 이게 사람들이 말하는 증시일 것이다.

증시의 단기 움직임은 예상할 수 없지만 그동안 나는 몇 가지 귀중한 교훈을 배웠다. 시장 전체의 움직임에는 관심이 거의 없는 가치투자자도 귀담아들어야 할 교훈이다. (1) 주식 시장은 장기적으로는 언제나 상승한다. (2) 주식 시장에도 사이클이 있다. (3) 현재의 시장 가치평가가 높을수록 미래의 수익률은 낮아지고, 가치평가가 낮으면 미래 수익률은 높아진다. 이 원칙들만 새겨 두어도 시장이 극단으로 치달을 때 많은 도움이 될 것이다.

시장은 장기적으로는 언제나 상승한다

주식 시장 전체는 장기적으로는 언제나 상승한다. 따질 필요도 없는 사실이다. 시황이 안 좋을 때면 투자자의 뇌리에서는 그런 사실이 까마득히 사라지지만, 불황일수록 투자자는 확신과 낙관을 가져야 한다. 우리가 먹고사는 데 필요한 것을 직간접적으로 공급하는 기업들의 시장 가치가 오르거나 내려가는 것, 이것이 증시의 방향이다. 시간이 지나면서 인구성장과 생활 수준 향상에 따라 이 기업들이 생산하고 제공하는 제품과 서비스의 양도 늘어난다. 인플레이션은 이런 제품들의 평균 가격을 상승하게 한다. 매출과 이익이 올라가고, 그러면서 기업들의 가치도 자연스럽게 올라간다.

가끔은 시장 가치가 떨어진다. 아주 오랫동안 아주 크게 바닥을 헤맬 때도 있다. 시장 붕괴는 고통스럽다. 언론은 세상이 끝날 것처럼 떠들어대고, 모든 것이 0을 향해 치닫는다. 그러나 사후약방문일 수 있지만, 과거의 모든 시장 붕괴는 위대한 수익률을 보장하는 좋은 주식에 투자할 수 있는 호기이기도 했다. 언젠가 시장은 또 추락할 것이다. 그러나 조금만 생각해봐도 미래의 인간은 오늘보다 제품과 서비스를 더 많이 소비할 것이 분명하다. 전체 경제는 더 많은 이익과 더 많은 가치를 산출할 것이다. 투자 수익은 매수 가격에 반비례한다. 매수 가격이 낮을수록 수익률은 올라간다. 증시 추락은 높은 가치가 있는 주식을 헐값에 내놓으려는 사람들이 늘어나는 시기이고, 우리에게는 흡족한 수익을 거둘 기회가 늘어나는 시기이다. 너도나도 매도 행렬에 참가할 때 주식을 산다면 투자 수익에도 커다란 차이가 만들어진다.

로스차일드 남작도 18세기에 이렇게 해서 큰돈을 벌었다. 그가 남긴 유명한 말이 있다. "거리에 피가 낭자할 때 사라. 비록 그 피가 너의 피일지라도 말이다." 존 템플턴 경은 대공황 시절 NYSE에 상장된 기업들의 주가가 1달러도 안 되는 가격으로 떨어졌을 때 100주씩 사서 큰 수익을 올렸다.

템플턴도 워런 버핏도 지난 세기말에 다우존스 산업평균 지수가 100만을 넘어설 것이라고 예측했다. 현재 다우존스 지수는 2만 수준이다. 100만은 얼토당토않은 숫자처럼 보이지만, 2100년까지 다우존스가 그 지수에 도달한다고 해도 연평균 상승률은 4.8%에 불과하다. 지난 세기에 다우존스 지수의 연평균 상승에는 훨씬 못 미친다.

물론 이 책의 독자들 대부분은 2100년까지는 살지 못할 것이다. 존 메이너드 케인스의 말마따나 "결국 우리 모두는 죽는다." 그렇다고 100만을 향해 나아가는 다우지수의 대열에 편승하지 못한다는 소리는 아니다. 시장은 장기적으로는 언제나 우상향이다. 우리는 두려움에 빠져 뭔가 하지 않으면 안 된다고 느낄 때마다 이 단순하고 명확한 진리를 반드시 기억해야 한다.

시장에도 순환주기가 있다

먼 미래를 보면 시장이 오를 것이 확실하지만 그 오르막에 굴곡이 없다는 뜻은 아니다. 시장은 언제나 롤러코스터처럼 올랐다 내렸다 널 뛰기를 하면서 순환한다. 그러나 한 바퀴 다 돌고 난 다음에는 언제나 전보다는 더 올라가 있다. 사람들은 깜깜한 밤 같은 시절에도 태양은 언제나 다시 뜬다는 사실을 까먹는다. 또한 호시절의 밝은 햇빛이 언제나 이어지지는 않는다는 사실도 까먹는다. 시장은 이렇게 순환한다.

하워드 막스는 증시를 희열과 침울, 고평가와 저평가 사이를 오가는 추에 비유한다.● 진짜 추처럼 시장은 아주 잠깐만 가운데에 머문다. S&P 500이 20% 하락하는 것을 하락장이라고 정의한다면, 2차 대전이 끝나고 10년이나 하락장이 이어졌다. 10% 하락을 조정기라고 말한다면 같은 기간 조정기는 20번이나 있었다. 그리고 증시는 하락장을 이겨냈고, 조정기 없이도 S&P 500이 두 배 이상 상승하는 강세장도 여러 번 찾아왔다.

증시에도 순환주기가 있다고 말하는 이유는 인간 행동의 특성 상 경제 자체에 순환주기가 있기 때문이다. 그림 10.1은 2차 대전 이후 S&P 500지수, 미국 기업들의 역사적 세후 이익률, 경기 침체기를 보여준다. 그래프에도 드러나듯이 미국 기업들의 이익률은 순환한다. 기업의 이익률은 확장되기도 하고 축소되기도 하면서 계속 순환한다. 이익률 축소는 대개가 시장 축소를 이끄는 경기 침체와 관련이 크다. 2차 대전부터 지금까지 미국 경제에는 11번의 침체기가 찾아왔고, 그럴 때

● Howard Marks, "The Most Important Thing: Uncommon Sense for the Thoughtful Investor".

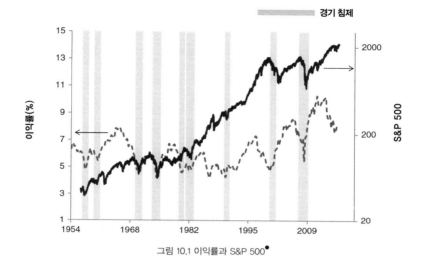

그림 10.1 이익률과 S&P 500●

마다 증시는 여지없이 휘청거렸다. 경기 침체기에는 이익률이 쪼그라들고 순이익은 형편없고 부실한 기업은 파산하고 탄탄한 회사마저도 줄어든 매출과 이익에 맞춰 직원들을 대폭 정리해고한다. 나쁜 뉴스 천지이고, 투자자들의 주머니 사정은 위축되며, 매수 분위기가 조성되지 않는다. 증시 전체가 나락으로 떨어진다.

그리고 나면 어김없이 회복기가 찾아온다. 경기가 침체되고 하락장이 이어지는 동안에는 증시 전반에 저평가가 진행되고 몰려드는 자본도 줄어들면서 좋은 투자 기회가 여기저기 생겨난다. 그리고 이 좋은 투자에서 얻을 수 있는 잠재 수익도 더 올라간다. 가치에 중점을 둔 투자자들은 기회를 인식하고 투자에 나선다. 용감한 몇몇 투자자도 가치투자자의 뒤를 따르고, 그러다 한발 앞서 시작한 투자자들의

● http://www.GuruFocus.com 2016년 10월 3일 기준.

성공을 눈여겨보고 이제는 안전해졌다고 판단한 군중이 우르르 또 뒤를 따른다. 주가가 연일 오르고, 수익을 좇아 더 많은 자본이 몰려든다. 주가가 오를수록 잠재 수익률은 줄어든다. 리스크를 낮게 잡는다. 이런 모멘텀 투자가 이어지다가 어느 순간부터 군중은 예상도 못했던 투자 손실을 입는다. 다시 하락세가 시작된다. 같은 식의 순환이 반복되고 또 반복된다.

투자자는 시장이 순환한다는 것을 잊지 말아야 하며, 지금이 순환 주기의 어디쯤인지를 파악해야 한다. 시장이 상승하고 투자 수익률이 장밋빛일 때는 시장의 가치평가 전체가 하늘 높은 줄 모르고 치솟을 수 있다. 증시의 고평가에는 과잉 자본 투입과 과잉 설비 투자가 으레 뒤따른다. 가치평가가 높을 때일수록 주가는 나쁜 뉴스에 민감하게 반응한다. 그리고 나쁜 뉴스는 시장 하강을 촉발한다. 가치평가가 평균으로 회귀하고, 추는 반대 방향으로 움직인다.

그림 10.1의 점선은 미국 기업의 이익률인데, 이것만 봐도 2009년부터 시작된 새로운 경제 순환에서 지금이 어디쯤인지를 알 수 있다. 이익률은 2011년부터 2013년 동안 10%를 넘으며 고점을 찍었다. 2016년 10월 기준으로 이익률은 8%대다. 하강 추세가 시작된 것이다.

시장 전체의 가치평가

중요하게 봐야 할 또 다른 매개변수는 시장 전체의 가치평가다. 개별 종목처럼 증시 전체에도 PER과 PSR을 이용한 가치평가가 가능하다. 하지만 경기순환을 타는 기업처럼 경제 전체도 순환을 탄다. 침체기에는 기업 전체의 이익률과 순이익이 낮아진다. 이때는 PER을 가지고 시장에 대한 가치평가를 행하는 것이 맞지 않다. 예일 대학교 로버트 실러 교수가 개발한 실러 PER이 시장을 평가하는 더 정확한 지침이다. 구루포커스닷컴에 들어가면 매일 업데이트한 실러 PER을 볼 수 있다. http://www.gurufocus.com/shiller-PE.php

실러 PER의 역사적 평균은 16.7이다. 2017년 2월 기준 실러 PER은 28.6으로 역사적 평균보다 71% 높다. 이것은 금융위기가 전개되기 직전인 2007년 가을과 비슷한 수준이다. 역사를 통틀면 지금보다 실러 PER이 높았던 시기는 대공황 직전과 닷컴 거품이 한창일 때의 고점밖에 없다. 지난 20년의 실러 PER도 2009년 증시 붕괴를 빼고는 언제나 역사적 평균보다 높았다.

버핏이 증시 전체의 가치평가를 할 때 이용하는 지표는 전체 시장의 PSR이다. 주가 대신에 미국 모든 기업의 시가총액을 넣고, 매출액 자리에는 미국의 국민총생산GNP를 넣는다. 결국 총시가총액/GNP의 비율이 되는 셈이다. 버핏은 이 비율을 일컬어 "특정 순간의 가치평가를 측정하게 해주는 단 하나의 최고의 방법일 것이다"라고 말한다.•

그렇다 해도 본질은 PSR이기 때문에 시장 전체가 고가인지 저가인지를 직접 알려주는 지표는 되지 못한다. 하지만 역사적 값과 비교는 해볼 수 있으며, 평균회귀 계산을 이용해 전체 시장의 미래 수익률을 예상해볼 수도 있다.

구루포커스닷컴에서는•• 매출액 자리에 GNP가 아니라 업데이트가 더 빠른 국내총생산GDP을 이용한다. 두 수는 의미는 다르지만 경제

• Warren Buffett and Carol Loomis, "Warren Buffett on the Stock Market", *Fortune*, 2001. http://archive.fortune.com/magazines/fortune/fortune_archive/2001/12/10/314691/index.htm.
•• GuruFocus, "Where Are We with Market Valuations?", http://www.gurufocus.com/stock-market-valuations.php.

전체의 생산수준을 측정한다는 점은 같으며, 두 수의 차이도 크지 않기 때문이다. 증시 전체의 시가총액으로는 미국 기업들의 시가총액 합산액이 아니라 상장기업과 비상장기업을 다 포함하는 "윌셔 5000 전체 시가총액 지수Wilshire 5000 Full Cap Index, 이하 윌셔 5000지수"를 사용한다. 미국 전체 기업의 시가총액을 더한 값은 분기별로 갱신되지만 윌셔 5000지수는 매일 갱신되기 때문이다. 윌셔 5000지수와 GDP를 대입해 나온 결괏값은 총시가총액과 GNP를 넣었을 때와는 다른 값이 나온다. 하지만 역사적 값과 비교하면 총시가총액을 사용했을 때와 전체적으로 비슷한 그림과 결론이 나온다.

그림 10.2는 1971년부터 지금까지의 총시가총액/GDP 비율을 보여준다. 그래프로도 알 수 있듯이 지난 40년 동안 이 비율은 큰 틀 안에서 오르락내리락했다. 가장 저점은 1982년 경기침체가 심했던 당시의 35%대이고, 가장 고점은 2000년 기술주 거품이 극에 달하던 시기의

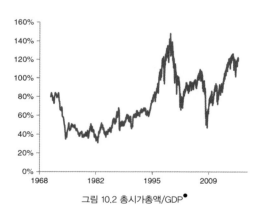

그림 10.2 총시가총액/GDP●

● http://www.GuruFocus.com 2016년 10월 18일 기준.

구루들의 투자법

148%다. 1982년에는 시장이 아주 심하게 저평가됐고 2000년에는 말도 안 되게 고평가됐다. 역사적 평균은 78%다. 2016년 10월 이 비율은 역사적 평균보다 55% 정도 높은 120% 웃선이다. 2007년 증시 붕괴 직전보다 높으며, 더 높았던 시기는 2000년의 고점밖에 없다.

실러 PER도 총시가총액/GDP 비율도 2017년 2월의 시장이 상당히 고평가돼 있음을 암시한다. 그런데 여기서 변수는 금리다. 지금의 사상 최저 금리 기조가 일정 기간 이어질 것이라고 가정하면 시장이 고평가돼 있다고 보기에도 무리가 있다.

이익률 추이도 시장 전체 가치평가도 지금 시장이 이번 순환기의 막바지 단계에 이르렀음을 시사하지만, 이것이 하락세의 시작이라고는 단정하기 힘들다. 시장 순환의 막바지 단계에서 투자자는 아주 조심스럽게 행동해야 하고 재무적으로도 심리적으로도 하락세를 맞이할 준비를 해야 한다. 더불어, 관심 목록을 업데이트하는 것도 잊으면 안 된다!

미래의 시장수익률 예상

시장 전체에 대한 가치평가는 하락세 언제 시작될지 증시의 단기 미래가 어떨지를 알려주지 못하지만, 미래에 얼마만큼의 시장수익률을 기대할 수 있는지 예상할 때는 도움이 된다. 지금까지의 도움은 꽤 만족스러운 편이었다.

증시 전체의 미래 수익률은 다음 세 가지 요소가 결정한다.

1. 사업 성장

어떤 특정 사업의 가치를 결정하는 것은 이 사업에서 창출되는 이익이다. 그 사업의 가치가 성장한다는 말은 거기서 나오는 순이익이 성장한다는 뜻이다. 사업 가치가 성장하고 시장이 결국 그런 성장을 인정한다면 가치의 성장은 주가 상승에 반영된다. 그리고 시장은 언젠가는 사업의 가치를 인정하기 마련이다. 경제 전반의 가치를 관찰한다면, 전체 증시의 가치 성장은 전체 기업이 벌어들이는 순이익의 성장에서 나온다. 장기적 관점에서 보면 전체 기업의 순이익 성장 속도는 경제 성장 속도와 같다.

2. 배당

배당은 투자 수익의 중요한 한 부분이다. 배당은 기업의 현금 순이익에서 나온다. 모든 조건이 동일하면 배당성향이 높을수록 원칙적으로 성장률은 낮아진다. 따라서 기업이 착실히 배당을 지급하는데도 순이익이 계속 증가한다면, 주주는 사업 가치 상승 외에도 배당이라는 별도의 추가 수익까지 챙기게 되는 셈이다.

3. 시장 가치평가의 변화

사업 가치는 하루아침에 변하지 않지만 주가는 그럴 수 있다. 시장의 가치평가가 PER을 이용하건 PSR이나 PBR을 이용하건, 어떤 평가든 장기적으로는 평균으로 회귀한다. 현재의 높은 가치평가는 미래의 낮은 수익률과 무관하지 않다. 반대로 현재의 낮은 가치평가는 미래의 높은 수익률을 불러올 수 있다.

우리가 궁금한 것은 하나다. 지금의 수준에서 시장은 미래에 얼마의 수익을 벌어줄 것인가? 세 가지 요소가 미치는 영향을 다 감안해서 투자 수익률을 추정하는 공식을 만들 수 있다.

투자 수익률(%) = 배당률(%) + 사업 성장률(%) + 가치평가 변화(%)

처음 두 항목은 있는 그대로 대입하면 된다. 세 번째 항목은 일정 기간을 정하고(T) 이 기간의 처음 비율과 마지막 비율을 가지고 계산할 수 있다. 시작 비율을 Rb로 하고 마지막 비율을 Re라고 한다면 수익률 공식에서 가치평가 변화 항목은 다음과 같다.

$$(Re/Rb)^{1/T} - 1$$

이렇게 해서 투자 수익률 공식이 완성됐다.

투자 수익률(%) = 배당률(%) + 사업 성장률(%) + $(Re/Rb)^{1/T} - 1$

이 등식으로 현재의 Rb인 가치평가 수준에서 증시가 벌어들일 미래의 수익률을 계산할 수 있다. 여기서 우리가 T로 이용한 기간은 8년이다. 그 정도면 경제가 한 바퀴 완전히 돌기 때문이다. 8년 기간을 사용하면서 우리는 시장의 순환이 끝날 즈음에는 가치평가 비율도 역사적 평균으로 회귀한다고 가정한다. 시장 전체 가치평가를 위해 총시가총액/GDP 비율을 사용할 경우, 이 역사적 평균은 약 78%다.

그림 10.3은 예상 기대 수익률이며, 모델의 신빙성을 입증하기 위해 역사적 실제 수익률도 함께 표시했다. 실제 수익률은 윌셔 5000지수에 나온 실제 데이터로 계산했다. 예를 들어 1990년의 실제 수익률을 구할 때는 1990년부터 1998년까지 윌셔 5000지수의 연간복합수익률을 계산하는 방식이다. 지금으로서는 2008년의 실제 수익률까지만 계

산이 가능한데, 2016년 윌셔 5000지수가 가장 최신의 데이터이기 때문이다.

이 수익률 계산은 증시 수익률의 장기적 추이를 대략적이나마 예측해준다고 볼 수 있다. 1970년대와 1980년대 초의 예상 기대 수익률은 실제 수익률보다 높았고, 1980년대 후반과 1990년대의 예상 기대 수익률은 실제 수익률보다 낮았다. 이런 차이가 벌어진 이유는 금리 변동일 것이다. 1970년대에 금리가 가파르게 오르면서 증시는 역풍을 맞았다. 1980년대 금리가 내려가면서 증시는 순풍에 돛을 달고 순항하면서 기대 수익률보다 높은 실적을 냈다. 1990년대 중반부터는 10년 수익률로 측정한 장기 금리가 6% 아래로 떨어졌다. 그리고 실제 수익률은 예상 기대 수익률을 바짝 뒤쫓았다.

그림 10.3 예상 수익률과 실제 수익률●

● http://www.GuruFocus.com 2016년 10월 6일 기준.

2017년 2월 계산 결과에 따르면, 앞으로 8년간 증시의 예상 수익률은 배당을 포함해 연간 마이너스 0.5% 정도로 기대된다. 투자할 마음이 없어지는 예상 수익률이다. 예상 수익률이 이것보다 낮았던 적은 2000년 기술주 거품이 정점일 때 뿐이었다.

가치평가 비율이 1970년부터의 역사적 평균으로 회귀할 것이라는 가정을 전제했기 때문에 지나치게 보수적인 계산일 수도 있다. 그러나 실제 수익률과 예상 수익률의 비교 결과를 보면 딱히 보수적이지도 않다. 지금의 저금리 기조가 계속 유지된다면 가치평가 비율은 높은 수준을 계속 유지할 것이다. 현재의 총시가총액/GDP의 비율인 120%가 8년 뒤까지도 유지된다면, 기대 수익률은 훨씬 높은 연간 5%가 나온다. 8년 뒤의 가치평가 비율이 지금과 역사적 평균의 중간쯤이 된다면 예상 수익률은 2% 남짓이다. 즉, 수익률 계산에서 배당이 기여하는 부분을 제외한다면 앞으로 8년 동안 시장은 보합세를 유지할 것이라는 뜻이 된다.

그렇다고 해서 주식 시장에서 기회가 오지 않을 것이라는 말은 아니다. 증시는 지금까지도 그랬듯이 앞으로도 계속 순환할 것이다. 지금 현재는 어느 한 극단에 가까워져 있는 것이라고 봐야 한다. 그리고 다른 극단으로 움직이는 속도는 여느 투자자의 짐작보다 훨씬 빠를 것이다. 그리고 그런 변동장은 증시의 순환을 이해하고 준비를 해온 투자자에게는 무궁무진한 기회의 장이 될 것이다. 2000년 닷컴 거품이 한창이었을 때 예상 기대 수익률은 0에 수렴했고 실제로도 그 후 10년 동안 수익률은 제로에 가까웠다. 하지만 그 10년 동안 경제도 증시도 두 번의 하강 사이클을 겪었다. 이 하강기로 가치평가 비율은 훨씬 낮아지고 예상 수익률은 반작용으로 크게 올라갔으며 그 후 몇 년

간의 실제 수익률도 그러했다. 장담하건대, 앞으로 10년 동안 증시에는 여러 번의 하강기가 찾아올 것이다. 시장은 언제나 순환한다. 시장이 더 높은 수익률을 제공하기 위해 낮게 포복하는 시기는 분명히 찾아온다.

당연한 말이지만 시장이 추락하는 동안 주식을 사야겠다고 마음먹는 투자자는 얼마 없다. 나쁜 뉴스만 들려오고 하락세가 이어지지만, 이럴 때야말로 매력적인 가치평가 비율과 높은 예상 수익률이 등장한다. 투자할 마음은 들지만 증거가 더 필요한가? 그렇다면 내부자의 행동을 살펴보면 된다.

내부자의 행동 추이

기업 중역이나 이사회 일원 등 기업 내부자는 집단 전체로 보면 시장이 추락할 때 훨씬 이성적으로 행동한다. 놀랄 일은 아닐 것이다. 그들은 사업을 잘 알고 있으며, 사업 분석에 공시 정보를 이용하는 능력도 더 뛰어나기 때문이다. 더 중요한 것은 이 내부자들이 다루는 돈이 남의 돈이 아니라 자기 돈이라는 것이다. 예전 연구에 따르면 내부자들은 대개 가치투자자들이다. 그들은 저PER 주식에서는 상대적으로 순매수자들이고, 고PER 주식에서는 순매도자들이다. 따라서 시장 가치평가가 높을 때면 매도 주문을 많이 내고 시장에 매도 행렬이 이어질 때는 매수 주문을 많이 낸다. 1987년 10월 19일 다우지수가 22.6% 하락한 블랙 먼데이 직후에 내부자들은 대량 매수 주문을 냈다(매수자의 90%였다). 이 연구가 분석한 1975년부터 1989년까지의 기간 동안 내부자들의 매수 주문이 가장 많았던 날은 1987년 10월 20일이었다.[*] 내부자들이 회사 정보에 정통하다는 사실로 미루어 짐작하면 내부자들의 이런 매수 행동은 앞서 2주 동안의 주가 하락에 반응해 증시가 붕괴한 것은 비이성적인 반응이었다는 반증이기도 하다. 내부자들은 신속하게 기회를 움켜잡았다.

지난 10년의 데이터도 내부자들의 행동이 30년 전과 달라지지 않았음을 보여준다. 내부자들은 시장의 매도 행렬에 동참하지 않는다. 그림 10.4는 2004년부터 집계한 내부자들의 매달 주식 매도 횟수다. 공개 시장에서의 내부자 매도 건수만 집계했으며, 주식의 거래량이나 금액에는 가중치를 부여하지 않았다.

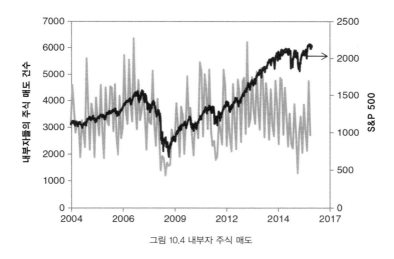

그림 10.4 내부자 주식 매도

● H. Nejat Seyhun et al., "Overreaction or Fundamentals: Some Lessons from Insiders' Response to the Market Crash of 1987," *Journal of Finance*, Vol. 45, No. 5 (February 1990), pp. 1363–1388.

비교를 위해 앞의 그림에는 S&P 500지수도 표시했다. 내부자 주식 매도의 전체 모양이 S&P 500지수의 모양과 아주 흡사하다는 사실을 눈여겨봐야 한다. 내부자들은 2007년 시장이 정점일 때 주식을 가장 많이 내다팔았다. 그리고 2008년 9월부터 2009년 4월까지 금융위기가 최악으로 치달으며 시장이 바닥을 기던 시기나, 미국 정부의 셧다운 위협이 있던 2011년, 그리고 시장 조정기인 2015년 말부터 2016년 초까지는 내부자들의 매도 주문이 가장 적었다.

매도자들은 시장 전체와는 정반대로 행동한다. 그들은 증시가 바닥일 때 주식을 내놓지 않을뿐더러 시장이 하락하면 매수 주문을 더 많이 낸다. 그림 10.5는 2004년부터 공개 시장에서 이뤄진 내부자들의 매수 횟수다. 2007년 말 시장이 하락하기 시작했을 때 매수자들은 매수 행위를 늘렸고, 금융위기가 최악일 때에는 가장 적게 매도했다.

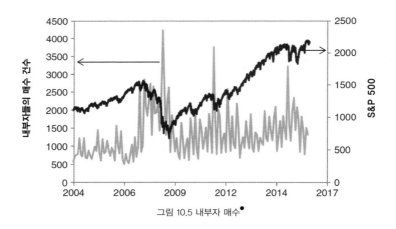

그림 10.5 내부자 매수●

● S&P 500과 윌셔 5000

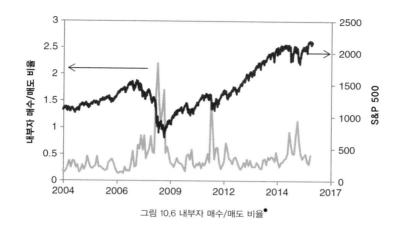

그림 10.6 내부자 매수/매도 비율●

2011년 미국 정부의 셧다운 위기와 2015년 말부터 2016년 초의 조정기 때에도 비슷하게 행동했다.

이 그래프만으로도 시장이 패닉에 빠져 무작정 팔기만 할 때 내부자들은 그 반대로 행동하고 있음을 알 수 있다. 그들은 자신들의 회사에 대한 확신을 유지했고 평상시보다도 더 많이 주식을 샀다. 그들의 매수는 몇 년 뒤 흡족한 보상을 거두었다.

그림 10.6은 내부자들의 월별 총 매도 건수와 총 매수 건수를 비율로 그린 결과를 보여준다. 대부분의 시간 동안 이 비율은 0.5 미만으로, 이는 내부자들의 매수 행위가 매도 행위의 50%도 되지 않는다는 뜻이다. 하지만 2008년 시장이 추락했을 때 이 비율이 오르기 시작해 2008년 10월에는 1이 됐고, 2008년 11월에는 2.4로 고점을 찍었으며, 증시가 바닥을 때린 2009년 3월에도 다시 올라 1.9를 찍었다. 2011년

● S&P 500과 윌셔 5000

8월, 그리고 2015년 8월부터 2016년 1월 사이에도 두 번의 고점을 찍었다. 각 고점은 증시가 눈에 띄게 하락한 후에 생겨났다. 낙폭이 클수록 내부자들은 매수 주문을 많이 냈다.

이 데이터에 따르면, 내부자 집단은 전반적으로는 시장이 추락할 때 이성적으로 행동했다. 그들의 총매수/총매도 비율은 증시 하강기 동안 종목에 대한 가치평가가 매력적인지 여부를 가늠하는 또 하나의 좋은 지표가 될 수 있다.

이번 10장에서 설명한 시장 전체 가치평가, 예상 수익률, 내부자 매수/매도 비율에 대한 자료는 구루포커스닷컴에서 매일 업데이트된다.

＊

경기순환과 가치평가를 이해한다고 해서 단기 증시는 물론이고 한두 해 뒤 중기 증시의 향방을 예측할 수 있는 것은 아니다. 하지만 과거를 비추는 후방거울만 바라보는 태도를 버리는 데는 도움이 된다. 대신에 투자자는 더 선명한 관점에서 미래를 바라볼 수 있으며, 시장이 희열에 휩싸이거나 두려움에 침잠할 때에도 이성을 유지할 수 있다.

개별 기업을 분석할 때에는 해당 사업의 순화주기와 미래에 가능한 시장 수익률에 대한 제반 지식을 갖추는 것이 좋다. 그러면 경영진의 자본배분 결정이나 공격적인 회계 원칙, 그리고 연기금 수익 가정과 관련된 순이익의 질을 더 정확하게 평가할 수 있기 때문이다.

버핏은 개별 종목 분석에 집중하는 바텀업bottom-up 가치투자자를 자처하며 증시 전체에 대한 말은 상당히 아끼는 편이다. 하지만 경기순환, 금리의 역할, 시장 전체 가치평가, 예상되는 미래 수익률과 리스크를 그는 누구보다도 깊이 이해하고 있다. 이런 주제에 대해서는 하워드 막스의 『투자에 대한 생각The Most Important Thing』을* 꼭 읽어보기를 권한다.

길게 보면 우리는 언제나 낙관주의를 잃지 말아야 한다. 지금의 증시는 경기순환의 마지막 단계이므로 투자자는 방어적 태도를 유지하면서 조만간 찾아올 하강기를 준비해야 한다. 투자자는 언제나 좋은 기업에만 투자한다는 관점을 유지해야 한다. 그러면 그 기업들은 힘든 시기를 이겨내고 더 강해져서 시장으로 돌아갈 수 있다.

좋은 기업에만 투자해야 한다. 지난 10년 중 그 어느 때보다도 지금이야말로 가장 중요하게 지켜야 할 원칙이다.

● Howard Marks, "The Most Important Thing: Uncommon Sense for the Thoughtful Investor".

몇 년 동안, 심지어 피터 린치와 워런 버핏의 책을 읽은 후에도 나는 주식 투자에서 무수히 실패를 맛보았고 돈도 많이 잃었다. 지금 생각해도 오싹한 실수는 2007년에 말도 안 되게 저평가돼 있다는 생각에 주당 170달러에 시어스 주식을 산 것이었다. 그리고 이삼 개월 후 시어스는 좋은 소매회사가 아니고 내 아내도 시어스에 쇼핑하러 가는 일이 없다는 사실을 퍼뜩 깨달았다. 나는 매수가와 비슷한 금액에 얼른 주식을 팔았다. 이 투자로 돈을 잃거나 하지는 않았지만, 그때부터 지금까지도 종종 악몽을 꾼다. 2개월 전, 2장을 집필하던 시점에 시어스 주가는 14달러를 겨우 넘었다. 지금은 7달러도 안 된다. 이 일은 나에게 사업의 질을 다시금 생각하게끔 하는 계기가 됐고, 아무리 저평가돼 있다는 판단이 들어도 절대로 저질 기업은 사지 말아야겠다는 각오를 다지게 만들었다.

좋은 기업에서도 나는 실수를 했다. 좋은 기업을 충분히 오래 보유하지 않았던 것이다. 그래서 스타벅스나 다나허Danaher 같은 위대한 기업에서 더 수익을 낼 기회도 놓쳤다.

반대로 버크셔 해서웨이나 처치 앤 드와이트, 에빅스, 오토존을 비롯한 몇몇 좋은 기업에서는 실수를 하지 않았다.

내가 지난 12년 동안 배운 내용은 구루포커스 가치 스크리너, 차트, 데이터, 리서치 툴에 그대로 녹아들어 있다. 나는 내 교훈을 모두와 나누기 위해 이 책을 썼다. 주식 분석을 업으로 삼지 않는 사람에게도 조금이나마 도움이 되기를 바라는 마음에서다. 나는 내 아이들에게 투자의 버팀목이 될 올바른 기본틀을 줄 수 있기를 바란다. 그래서 아이들에게는 대학에서 회계 과목을 꼭 이수하라고 조언한다.

마지막으로, 이 책의 가장 중요한 지침을 정리하고자 한다.

1. 저실적주를 사는 순간 영구 자본손실의 리스크에 노출된다. 아무리 싼값에 샀어도 리스크는 여전하다.
2. 좋은 기업은 꾸준하게 흑자를 내는 기업이다. 두 자릿수 영업이익률, 두 자릿수 투하자본수익률, 두 자릿수 성장률을 유지하는 기업이다.
3. 좋은 기업만 사야하고 합리적인 가격에 사야한다.
4. 가치 함정을 조심하라.
5. 경기와 시장의 순환을 잊지 마라.

이 책의 내용에서 절대로 잊지 말아야 할 것을
딱 하나만 꼽는다면 "좋은 기업만 사라!"다.
좋은 기업만을 고집해야 하며, 합리적인 가격에 사야하고,
계속 공부해야 한다. 이것이 구루들의 투자법이다.

구루들의 투자법

구루들의 투자법

구루들의 투자법

: 대가들이 말하는 가치투자의 공식

1판 1쇄	2020년 5월 12일
1판 2쇄	2020년 6월 12일

지은이	찰리 티안
옮긴이	조성숙
펴낸이	김승욱
편집	김승욱 심재헌
디자인	최정윤
마케팅	송승헌 이지민
관리	윤영지
홍보	김희숙 김상만 지문희 우상희 김현지
제작	강신은 김동욱 임현식

펴낸곳 이콘출판(주)
출판등록 2003년 3월 12일 제406-2003-059호
주소 10881 경기도 파주시 회동길 455-3
전자우편 book@econbook.com
전화 031-8071-8677
팩스 031-8071-8672

ISBN 979-11-89318-18-5 03320